옛 절터에서 전하는 역사 탐방

국보와 보물이 있는
옛 절터 이야기

글·사진 김남용

일진사

머리말

많은 시간이 흘렀습니다. 불교에 별반 관심이 없던 제가 전국에 흩어져 있는 옛 절터들을 찾아나서기 시작했을 때만 해도 그러다 말겠지 했건만……. 어떤 이유에서인지 잊혀진 옛 절터들을 계속 찾아갔던 수많은 기억들이 어렴풋이 지나갑니다.

비록 지금은 폐허로 변해 버려 무성한 잡초속에 여기저기 흩어져 우리들의 관심밖에 있던 유물·유적들이 오히려 더 따뜻하게 다가왔습니다. 옛 절터에서 나는 과거로 돌아가 그 때의 주인공들과 이야기를 나눌 수 있었으며, 옛 사람이 된 듯한 착각속에 빠져버리곤 했습니다.

산야에 묻혀 있는 옛 절터는 과거와 현재의 우리 문화를 연결시켜 주는 고리임과 동시에 고대 불교사를 이해할 수 있는 소중한 기록이기도 합니다.
인적조차 드문 어느 절터는 보존·관리가 잘 되어 있는가 하면, 유지보수가 안 되어 흉물스럽게 변해 버린 가슴 아픈 옛 절터, 건설 장비로 인해 파괴되고 훼손되어 가는 절터의 안타까운 모습도 보았습니다.
옛 절터는 우리 민족의 소중한 문화이고, 후손들에게 물려줄 무한의 보고(寶庫)인데…….

저의 더딘 옛 절터 기행을 이해하여 주시고, 기꺼이 책으로 만들어 주신 출판사와 책을 쓰는 동안 안타까운 마음으로 지켜보며 조언과 자료를 제공해 주신 모든 분들에게 감사드립니다.

어느 여름날 도봉산 자락에서
김 남 용

Contents 차례

01 강원도 ... 6

- [강릉] 굴산사지 당간지주의 위엄이 서려 있는 곳 8
- [양양] 진전사지 선종 사상의 탯자리 18
- [원주] 거돈사지 천년을 지켜온 느티나무 25
- [원주] 법천사지 사리탑비에 깃든 아름다움 37
- [홍천] 물걸리사지 강원도에서 보물이 가장 많은 곳 51

02 경기도 ... 60

- [안성] 봉업사지 고려시대의 진전사원 62
- [안양] 중초사지 국내 유일의 마애종이 있는 곳 76
- [양주] 회암사지 태조 이성계가 머물던 절 83
- [여주] 고달사지 남한강의 중요한 교통 요충지 98
- [하남] 춘궁동사지 황룡사 금당에 필적할 만한 규모 108

03 경상남도 ... 116

- [산청] 단속사지 속세와 인연을 끊다 118
- [합천] 영암사지 모산재와의 절묘한 절경 127

04 경상북도 ... 138

- [경주] 감은사지 충효의 정신이 깃들어 있는 유적 140
- [경주] 황룡사지 동양 최대의 사찰이었던 곳 153
- [의성] 빙산사지 얼음 계곡의 옛 절터 170

05 서울특별시　　　　　　　　　　　　　　182

[서울] 원각사지　서울 한복판 노인들의 쉼터 ············ 184
[서울] 삼천사지　임진왜란 때 승병들의 거사 장소 ········ 192

06 인천광역시　　　　　　　　　　　　　　202

[강화] 선원사지　팔만대장경을 만든 곳 ················ 204

07 전라남도　　　　　　　　　　　　　　　214

[강진] 월남사지　월출산 대가람의 흔적 ················ 216
[담양] 개선사지　통일신라시대 대표적인 석등 ············ 226

08 전라북도　　　　　　　　　　　　　　　232

[익산] 미륵사지　백제시대 대표적인 사찰 ·············· 234
[남원] 만복사지　『만복사 저포기』 장소 ················ 249

09 충청남도　　　　　　　　　　　　　　　262

[당진] 안국사지　소박한 충청인의 얼굴을 가진 석불 ······ 264
[보령] 성주사지　통일신라시대의 대표적인 선종사찰 ··· 272
[부여] 정림사지　백제시대 대표적인 석탑이 있는 곳 ······ 284
[서산] 보원사지　백제의 미소 옆에 서서 ··············· 291
[논산] 개태사지　백제의 기를 누르기 위해 세운 절 ······· 304

10 충청북도　　　　　　　　　　　　　　　314

[청주] 흥덕사지　금속활자본 『직지』를 인쇄한 곳 ········ 316
[충주] 미륵리사지　국내 유일의 북향 불상이 있는 곳 ··· 326
[충주] 청룡사지　7백년 전 보각국사와의 만남 ·········· 347

용어해설 ·· 357

01 Gangwon-do*

강원도

[강릉] 굴산사지

掘山寺址

당간지주의 위엄이 서려 있는 곳

강릉에서 서남방 약 6킬로미터, 행정상으로는 강원도 강릉시 구정면 학산리에 위치한 굴산사지(강원도 기념물 제11호)는 신라 문성왕(文聖王, 851) 때 고승 범일국사(梵日國師, 810~889)가 창건한 굴산사(掘

멀리 일출이 시작되는 새벽의 당간지주 전경

山寺)의 옛터이다. 굴산사는 신라 불교 종파인 구산선문(九山禪門)의 하나로 사굴산파의 본산이었다. 대하드라마 '태조왕건'에서 폭군으로 일생을 마감한 궁예의 첫아들(양길의 딸인 미랑과의 사이에서 난 아들)을 유폐시켰던 장소도 바로 굴산사였다.

옛부터 강릉에는 살아서는 학산(鶴山)이요, 죽어서는 성산(星山)이라는 말이 있다. 이는 대관령 아래 학산은 사람들이 살기에 좋은 땅이라는 뜻이고, 성산에는 무덤으로 쓸 명당이 많다는 얘기이다.
　굴산사지는 현재 농경지로 변해 있어서 확실한 규모와 가람 배치는 알 수 없으나, 절터 반경이 약 2킬로미터에 다다르고, 전체 넓이는 약 15만 평에 이르렀다고 한다. 굴산사 스님들이 밥을 짓느라고 쌀을 씻으면 그 물로 동해바다가 하얗게 물들었다고 하는 다소 과장된 이야기가 전해오는 것으로 보아 과거 굴산사 규모를 짐작하고도 남음이 있다.

범일국사는 명주도독 김술원(金述元)의 아들로 이 지역 토호세력의 신망을 한몸에 받았던 고승이었다.
　『삼국유사』에 의하면, 흥덕왕 6년(831)에 당나라로 유학을 떠나 여러 고승들을 순방하던 중 제안대사를 만나 성불하는 법을 물었다고 한다. 제안대사로부터 "도(道)는 닦는 것이 아니라 더럽히지 않는 것이며, 부처나 보살에 대한 소견을 내지 않는 평상의 마음이 곧 도이다."라는 말을 듣고 크게 깨우쳤다고 한다. 그 후 여러 선사들을 찾아다니며 선문답을 하여 인가를 받았고, 847년에 귀국하여 백달산(대전광역시 대덕구와 동구에 걸쳐 있는 산으로 계족산이라 부르기도 함)에 머무르다 명주도독의 청으로 사굴산 아래 굴산사를 지었다고 한다. 범일국사가 개창한 구산선문 사굴산파는 당시 영동지방의 호족과 지식인, 승려, 민중들의 지지와 존경을 받았다. 굴산사의 폐사 시기는 고려의 멸망 무렵에서 조선 초기 이전으로 추정되고 있다.

굴산사지 당간지주(幢竿支柱 : 사찰의 입구에 세우며 깃대를 지탱하기 위해 세운 두 개의 돌기둥)는 국내에서 가장 큰 당간지주의 하나로서, 험준한 산악과 첩첩산중 강원도 산간지역에서는 보기 드물게 넓은 개활지 들판 한가운데 우뚝 서서 화려했던 굴산사의 옛 모습을 보여 주고 있다. 외롭지만 당당함을 잃지 않고 늠름한 기상을 간직한 채 5.4미터의 거대한 돌덩이가 땅에서 솟아오른 듯 서 있다.

우리나라의 대표적인 당간지주로는 8세기 통일신라시대에 만들어진 경상북도 영주시에 있는 부석사(浮石寺) 당간지주를 꼽지만, 굴산사 당간지주(보물 제86호)도 이에 못지 않은 9세기를 대표하는 작품이다.

당간지주를 둘러보니, 아무런 장식이나 무늬도 보이지 않는다. 오히려 돌을 다듬을 때 생긴 정자국만이 더욱 정겹게 느껴진다. 아래에서 3분의 1쯤

굴산사지 당간지주 (보물 제86호)

돌을 다듬을 때 생긴 정자국들

되는 곳에는 둥근 구멍의 간공이 보이는데, 그 크기가 얼마나 큰지 배구공도 집어넣을 수 있을 것 같다.

추수가 끝난 황량한 들판에 서 있는 당간지주, 지금은 흔적도 없지만 가람의 주인이었던 스님들과 부처의 자비를 구하는 민중들의 염원이 그 땅에서 숨쉬면서 과거의 영광을 몸소 대변해 주는 것 같다. 과거에는 화려했던 많은 전각들로 채워졌을 이곳, 지금은 농경지로 변해버린 너른 들판에 혼자 우뚝 서 있는 모습이 쌀쌀한 가을 바람에도 아랑곳하지 않고 더욱 웅장해 보인다.

당간지주 앞에는 석불좌상(石佛坐像)이 있는 곳을 알리는 조그마한 표지판이 보인다. 표지판의 안내를 따라 자그마한 길을 건너면, 허름한 농가 앞마당 건너편에 보호각이 보인다.

반가운 마음에 다가가서 살펴보니 석불좌상의 얼굴 부분은 전혀 알아볼 수 없었고 하반신 또한 형태를 거의 알 수 없을 정도로 파손되어 있었다. 더구나 석불 몸체 곳곳에 균열을 막기 위해 흉하게 땜질이 되어 있으며, 머리 위에는 어색한 모양의 자연석이 올려져 있었다. 특히 얼굴 부분은 누군가

석불좌상(문화재 자료 제38호)의 얼굴 모습

掘山寺址

범일국사 부도 (보물 제85호)

가 예리하게 깎은 것 같은 느낌을 주었다. 마구잡이식 변형과 파손의 피해로 인해 보호받지 못하는 문화재는 이렇게 난도질 당한 모습을 후손들에게 보여 주고 있는 것이다. 그러나 훼손된 모습이 어쩌면 부질없는 겉모습에 불과할 뿐, 그 속에 담겨 있는 넉넉함과 당당한 어깨, 손을 가슴에 올린 겸허한 모습은 보는 이의 가슴을 뭉클하게 한다.

석불좌상을 뒤로 한 채 석천(石泉)과 부도, 그리고 학바위를 찾아 나섰다. 그런데 안타깝게도 여러 차례의 홍수 때문에 석천은 매몰되어 군데군데 돌덩이만 쌓여 있다. 무심한 돌덩이들만 쌓여 있는 석천을 바라보며, 굴산사지 석재들 위쪽 오솔길을 따라 올라가니 허름한 집이 나오고 바로 옆에 부도가 보인다. 부도는 굴산사 창건주인 범일국사의 사리탑으로 전해지고 있다.

범일국사 부도는 사자(獅子)를 돋을새김한 8각의 지대석(地臺石 : 기초부에 까는 돌받침) 위에 접시 모양의 받침돌을 놓고, 그 위에 기단부를 놓았다. 기단부는 화려한 구름 무늬로 조각되어 있으며, 천인(天人)과 공양상(供養像)이 입체적으로 조각되어 있다. 기단부 위의 받침돌에는 연꽃 무늬가 섬세하게 조각되어 있다.

범일국사 부도의 사자상과 천인상

부도 탑신부는 팔각의 탑신(塔身, 몸돌)과 옥개석(屋蓋石, 지붕돌)을 얹었다. 상륜부(相輪部 : 부도 맨 위에 놓인 장식)는 귀꽃이 표현된 보개(寶蓋 : 부도 상륜의 보륜과 수연 사이의 지붕 모양의 장식)와 연꽃 무늬를 돌린 보주(寶珠 : 부도 상륜부에 놓인 둥근 모양의 구슬)가 남아 있다.

부도를 보고, 학바위를 보기 위해 밭을 지나 언덕 위로 난 계단을 따라 올라가는 길에 농가 뒤쪽으로 기와 조각들이 가지런히 쌓여 있는 것이 보인다. '학(鶴)' 이름이 붙은 학바위는 아름드리 소나무 숲 사이로 여러 개의 바위가 뒤엉켜 있는 중 가장 위쪽에 자리 잡고 있다.

전설속의 학바위

이 학바위에는 범일국사의 탄생에 얽힌 전설이 전해오고 있는데, 범일국사 어머니가 처녀 때 우물 속에 있는 해를 떠 마신 후 잉태를 했고 아이를 낳게 되자 처녀가 애비 없는 자식을 낳았다는 소문이 두려워 아이를 마을 뒷산 바위 밑에 버리자 학이 날아와 돌보는 것을 보고 다시 데려다 길렀다고 전해진다.

굴산사지에 있던 두 구의 석불은 당간지주 옆에 새로 지은 대웅전에 있었다. 사진장비를 메고 대웅전 안으로 들어가려고 하자, 마침 마당에서 작업을 하고 있던 할머니 두 분이 경계의 눈초리를 보낸다. 사진장비를 메고 있는 나에게 왜 왔냐고 다짜고짜 묻고는, 석불 두 구에 대한 사진촬영은 절대 안 된다고 하였다. 이미 많은 사람들이 왔다간 흔적이 보인다. 아무리 사정

석불이 봉안되어 있는 당간지주 옆의 대웅전

을 해도 막무가내여서 할 수 없이 대웅전의 석불들만 구경을 요청하자, 대웅전 옆의 문을 열어 주었다. 대웅전 안에서 서울에서 왔다고 읍소해도, 사진촬영은 절대 안 된다며 호통을 친다. 내가 대웅전

당간지주 근처의 암자에 있던 옛날 옥개석

을 나오자 얼른 문을 걸어 잠근다. 할 수 없이 석불 두 구에 대한 사진촬영은 포기해야만 했다.

대웅전 앞의 새로 만든 탑 아래에 옛날 옥개석이 보인다. 굴산사지에서 가지고 왔다고 한다. 탑신은 어디 가고 옥개석만 덩그렇게 놓여 있다.

새로 지은 대웅전에서 벌판을 보니 멀리 서 있는 당간지주의 모습이 보인다. 어느 곳에서 보아도 당간지주의 웅장함은 살아있는 듯했다.

저 너른 벌판에 당간지주를 비롯해 온갖 전각들이 서 있었을 과거의 굴산사. 다행히도 지금까지 남아 있는 당간지주, 석불좌상, 범일국사 부도, 학바위 그리고 석불까지, 여기저기 흩어져 있는 유물들은 과거 굴산사의 웅장하고 화려했던 모습을 짐작하게 해 주고 있다.

현재 굴산사지는 마을 사람들의 논밭으로 변해 있었다. 한편으로는 안타까운 마음이 들었지만 부처님의 큰 은덕과 자비심이 오늘의 중생들에게 베푸시는가보다 하는 생각이 미치자, 넉넉함을 베풀었던 옛 스님의 마음이 우리네 속좁음을 일깨워 준다.

대웅전에서 바라본 당간지주

[양양] 진전사지

陳田寺址

선종 사상의 탯자리

양양 진전사지(강원도 기념물 제52호)는 통일신라 불교가 교종에서 선종으로 교체되는 시기에 그 싹을 틔운 곳으로, 우리나라 불교사에서 중요한 의미를 지닌 유적지이다. 고대 통일신라시대의 불교는 국가불교, 귀족불교를 중심으로 이루어져 있었다. 귀족 중심의 불교는 당시의 신분 질서와도 일치하였는데, 왕은 곧 부처로 상징화되었고, 귀족은 보살로, 일반 민중은 중생으로 생각되어졌다.

그러나 선종(禪宗)의 종조(宗祖), 도의선사(道義禪師, 생사년도 미상이나 760년에서 770년 사이에 출생한 것으로 추정)는 '경전이나 해석하고 염불을 외우는 일보다 본연의 마음을 아는 것이 중요하다' 는 것을 강조하였는데, 이 주장은 엄격한 신분 질서가 존재하던 당시로서는 엄청난 개혁사상이었으며, 인간의 평등을 내세운 민주적인 가치관의 표현이었다고 할 수 있다.

당시 경주의 승려와 귀족들이 도의선사의 외침을 '마귀의 소리' 라고 배격한 것은 당연한 일인지도 모른다. 이러한 당시의 어려운 상황으로, 도의선사는 경주를 떠나 먼 곳으로 가서 은신할 뜻을 세웠으며, 그가 당도한 곳이 설악산 자락의 진전사(陳田寺)였다. 따라서 진전사는 우리나라 불교 선종이 처음 꽃핀 곳이며, 선종 사상의 탯자리인 셈이다.

설악산의 맑은 물을 담아두는 둔전저수지 옆 둔전계곡을 따라 올라가다

보면 주위의 높은 산과 계곡의 맑은 물, 청명한 하늘이 어우러져 형언할 수 없는 경치를 자아내고 있다. 설악산에서 발원한 물줄기는 둔전계곡을 거쳐 동해바다까지 흘러간다. 바로 그 물길 중간에 진전사지(陳田寺址)가 위치하고 있다. 사방에서 흘러나오는 짙은 나뭇잎 향기는 옛 스님들의 수행을 알려주는 듯한 정취에 빠지게 한다. 고즈넉한 숲 계단 위로 한 걸음 한 걸음 천천히 올라가면 숲 사이로 그 유명한 진전사지 삼층석탑의 끝자락이 보이기 시작한다.

높이 5미터의 진전사지 삼층석탑(국보 제122호)은 보는 순간 거대한 하나의 조각품을 보는 듯한 착각속에 빠지게 한다. 밑의 기단부터 윗기단 그리고 1층 탑신까지 여러 가지 불교 내용에 관한 것들이 섬세하게 조각되어 있는데, 먼 길을 달려온 것이 헛되지 않음을 느끼게 해 준다. 빼어난 솜씨의 돌을새김 장식을 통해 지금까지 보아온 탑들 중에서 가장 화려한 조각품들을 보여 주고 있다.

삼층석탑 윗기단과 1층 탑신

삼층석탑 아랫기단의 광배를 갖춘 비천상

맨 아랫기단에는 연화좌 위에 광배를 갖춘 비천상이 각 면에 두 구씩 조각되어 있다. 비천상은 천의(天衣)를 바람에 날리며 연화좌 위에 앉아 있는 모습을 조각하여 놓았다.

바로 윗기단에는 다시 팔부중상

陳田寺址

진전사지 삼층석탑 (국보 제122호)

(八部衆像 : 불교를 수호하는 8종류의 신)이 두 구씩 조각되어 화려함의 극치를 보여 주고 있다. 여기에서 모자란듯이 다시 1층 탑신에는 여래좌상(如來坐像)이 각 면에 한 구씩 조각되어 있다. 마치 석탑 전체를 하나의 거대한 조각품으로 만들려고 한 듯한 인상을 준다.

1층 탑신의 여래좌상을 자세히 보면, 모두 연화대 위에 결가부좌한 좌상으로 두광(頭光)과 신광(身光)을 모두 조각하여 뛰어난 조각 솜씨를 보여 주고 있다. 이처럼 탑신에 부처상을 조각한 경우는 매우 드물다.

또한 탑신과 옥개석은 한 개의 돌로 간결하게 만들었고, 추녀의 귀가 약간 치켜 올려져 있어 경쾌한 아름다움을 주고 있다. 풍경을 매달았던 구멍의 흔적도 보인다.

진전사지 삼층석탑은 지나치게 화려하지도 않으면서 너무 수수하지도 않은 모습으로 산등성이에 우뚝 서서 역사의 변화를 지켜내고 있었다.

삼층석탑을 보고 있노라면 탑의 아름다움에 빠져 잠시 주위를 둘러보는 것도 잊어버리게 된다. 정신을 가다듬고 탑 주위의 옛 절터를 둘러보았다. 터의 곳곳에 과거의 흔적이 남아 있었다. 진전사지 한쪽 옆에는 발굴조사에서 출토된 돌들을 정리하여 놓았다.

풍경을 매달았던 흔적의 구멍들

절터 위쪽으로 올라가면, 땅에 박혀 있는 주춧돌들의 모습도 볼 수 있다. 과거 절들이 이곳에 자리잡고 있었다는 것을 보여 주고 있는 것이다. 그러나 과거의 건물은 흔적도 없이 사라지고, 무심한 돌들만 남아 천 년의 세월을 대변해 주고 있었다.

발굴 출토된 돌들

건물 주춧돌들이 땅에 박혀 있는 모습

　신라 헌덕왕 13년(821) 도의선사에 의해 창건된 진전사지의 폐사 시기는 알 수 없다. 다만 조선시대 숭유억불정책으로 폐사되었을 것으로 추정되고 있을 뿐이다. 또한 전해오는 이야기에 의하면, 고려말 불교가 타락일로에 빠지고 조정백관의 부정과 방탕으로 민생이 도탄에 빠지자 강원도 산간지역 등 조정의 힘이 미치지 못하는 곳에 도둑떼들이 많이 생겨났다고 한다. 설악산을 중심으로 도둑떼들이 진전사와 신흥사를 여러 차례 약탈하여 많은 피해를 당하자, 도둑들의 노략질과 횡포에 견디지 못한 스님들이 절을 떠남으로써 폐사가 되었다고 한다. 절이 폐사될 때 진전사 터 위에 있는 연못에 범종과 불상을 던져 수장하고 떠났다고 한다.

　옛 흔적을 뒤로한 채 그 산등성이를 따라 위쪽으로 500미터를 올라가면 빽빽한 소나무 숲으로 둘러싸인 아늑한 곳에 도의선사 부도(보물 제439호, 표기는 진전사지 부도로 되어 있다)가 자리잡고 있다.
　도의선사 부도로 추정되는 진전사지 부도는 우리나라 석조 부도의 첫 출

진전사지 부도 (보물 제439호)

팔각의 괴임돌(열여섯 개의 앙련이 조각됨)

옥개석의 추녀 끝이 올라간 모습과 보주

발점이 되며, 세워진 시기는 9세기 중반으로 보고 있다. 진전사지 부도는 높이 3.17미터로 전형적인 부도의 형태인 팔각원당형이 아니라 석탑의 형식을 갖고 있다. 기단부는 진전사지 삼층석탑과 같이 이중기단(二重基壇) 형식을 취하고 있다. 석탑을 보고 있는 듯한 기단의 구조는 다른 부도에서는 찾아볼 수 없는 특이한 모습이다. 윗기단에는 각 면석에 우주(隅柱 : 바깥기둥)와 탱주(撐柱 : 안기둥)를 새기고 그 위에 부도의 탑신을 괴기 위한 괴임돌을 두었다. 팔각의 괴임돌은 열여섯 개의 앙련으로 돌려져 멋스러움을 내고 있다. 부도의 탑신도 팔각으로 만들었으며 탑신의 한쪽 면에만 문짝 모양의 조각을 하였을 뿐 다른 조각이나 장식은 보이지 않는다. 탑신 위의 옥개석도 팔각으로 되어 있으며, 추녀 끝이 살짝 위로 올라간 모양이 경쾌해 보인다. 보주는 원형으로 아래쪽에 앙련의 모습이 보인다.

 진전사지는 선종의 출발지로서 중요한 의미를 갖고 있는 곳이고, 그런 의미를 상징적으로 나타내 주는 것이 부도(浮屠)이다. 부도는 스님의 사리를 모시는 일종의 탑으로, 경전 위주의 교종에서는 볼 수 없었던 새로운 불교 유적이기 때문이다.
 따라서 진전사지 부도는 우리나라 부도의 효시라는 점에서 그 중요성을 찾을 수 있다. 또한 석탑의 이중기단 위에 팔각형의 탑신을 올려 놓은 석탑과 부도의 혼합 형태를 가지고 있는 점도 특이하다.

 현재 부도 옆의 소나무 숲 사이에서 새로운 사찰공사를 하고 있다. 옛 진전사를 복원하기 위한 공사인 듯하다. 우리나라 불교사에 하나의 획을 그었던 진전사지에 삼층석탑과 진전사지 부도가 지켜온 정신이 다시 되살아나기를 바라며, 과거의 형식을 존중하고 그 위에 새로움의 깊이를 더했던 옛 스님들의 지혜가 고스란히 배어 있기를 기대해 본다.

[원주] 거돈사지

居頓寺址

천년을 지켜온 느티나무

거돈사지(사적 제168호)를 찾아가려면 남한강을 끼고 한적한 시골 길을 달리게 된다. 먼 산을 배경으로 간간히 보이는 남한강은 한 폭의 동양화 같은 경치를 자아낸다. 어디선가 불어오는 시원한 강바람과 산바람이 한결 가을 정취를 느끼게 해 준다.

이곳은 지금 개발이 안 되어 사람 발길이 뜸한 지역이지만, 옛날에는 서울까지 왕래가 수월해 물길을 이용한 각종 물자 운송이 번창했던 곳이다.

거돈사지 찾아가는 길의 남한강변 전경

남한강 물줄기를 따라 옛날 대 사찰들이 많이 지어진 것은 아마도 강을 이용한 운송과 관계가 있었을 것으로 생각된다.

또한 통일신라시대에 이르면 지방 호족들이 그 지역에 강력한 세력을 구축하게 되므로 자연히 지방 호족들이 관여하는 사찰들은 사병(私兵) 육성의 근거가 되기도 하였다. 따라서 사찰은 신앙을 목적으로 함과 동시에 권력 기반으로도 이용되었기 때문에 지방 호족들은 사찰을 여러 곳에 세웠을 것으로 생각된다. 남한강변을 중심으로 대 사찰들(거돈사지, 법천사지, 흥법사지)이 자리잡고 있는 이유를 여기서도 찾아볼 수 있다.

거돈사지(居頓寺址)는 강원도 원주군 부론면 정산리에 위치하고 있다. 같은 부론면의 법천사지(法泉寺址)와는 아주 가까운 거리에 인접하고 있어서, 한 개의 작은 면에 과거 대 사찰이 두 개씩 있었다는 것은 옛날 번창했던 지역임을 입증하고 있는 것이다.

거돈사지는 1984년 정비·보수공사와 함께 한림대학교에서 1989~1992년 사이에 발굴조사를 하였다. 그 결과 거돈사는 신라 후기 9세기 경에 창건되고, 고려 초기에 확장·중창되었으며, 조선 전기까지 존속하였다는 사실만은 분명해졌다. 또한 임진왜란 때 소실되었다고 전해오기도 하는데, 그것을 뒷받침할 만한 문헌자료는 존재하지 않는다. 사실 우리나라의 많은 사찰과 문화재들은 주로 몽고 침입, 임진왜란, 6·25 등의 전쟁 중 화재로 대부분 소실되었다. 우리 민족의 가슴 아픈 역사가 다시금 떠오른다.

거돈사지에서 가장 먼저 눈에 들어오는 것은 높다랗게 쌓은 석축이다. 오래된 그 석축 위에는 천년 수령에 7.2미터의 몸둘레를 가진 커다란 느티나무 한 그루가 방문객을 맞아 준다. 느티나무 곁에 다가서니 마치 고향 마을을 찾아왔다는 듯한 푸근한 느낌이 든다.

석축 사이의 돌계단을 오르면 넓은 터에 낮은 야산이 절터의 삼면을 병풍

천년 수령의 느티나무와 높다란 축대, 그리고 거돈사지를 올라가는 계단

처럼 둘러싸고 있다. 또한 앞쪽으로는 개울가를 끼고 시원스럽게 트여 있어 자연과 어우러짐을 강조하여 지어진 사찰이었음을 느끼게 한다.

계단을 올라 거돈사지에 들어서면 맨 먼저 정면에 높이 4.5미터의 삼층석탑(보물 제750호)이 보인다. 한눈에 보아도 날씬하다는 인상을 준다. 거돈사지 삼층석탑은 통일신라시대의 일반적인 다른 석탑과는 달리, 사각의 이중기단 위에 삼층탑을 세운 점이 특이하다. 특히 거돈사지 삼층석탑에 하부기단이 설치된 것은 석탑의 왜소함을 극복하기 위한 것으로 보인다. 그러나, 탑신의 옥개석과 낙수면은 두꺼우면서도 끝부분이 살짝 들어올려져 있어 장중하면서도 운치 있어 보인다. 탑신에는 별다른 장식 없이 우주만 새겨 놓았다. 또한 상륜부는 노반 위에 보발만이 남아 있다. 전체적으로 탑신이 기단부에 비해 현격하게 줄어 왜소한 감을 주고 있으나, 2·3층 탑신의 높이가 1층에 비해 1/3로 줄어 있어 매우 안정적인 모습을 보이고 있다. 그리고 탑신 자체에 별다른 장식이 없고, 옥개받침이 5단인 점은 통일신라 초기의 석탑 형식을 충실히 계승한 흔적이 보인다.

거돈사지 삼층석탑(보물 제750호)과 연꽃 무늬가 돋보이는 삼층석탑 앞의 배례석

　삼층석탑 앞에는 연꽃 무늬가 돋보이는 배례석이 놓여 있다. 아마 원래 있던 위치가 아니라 어디에서 가져다 놓은 듯싶다.

삼층석탑 뒤에는 장대석 기단을 올린 금당지(金堂地)가 비교적 잘 보전되어 있다. 계단을 올라가면 정면에 불대좌와 주춧돌이 보인다. 금당은 절의 중심 건물로 규모가 정면 6칸, 측면 5칸의 주춧돌이 선명하게 남아 있다. 또한 금당지의 정면에는 2미터 정도 높이의 화강암으로 만든 부처님을 모시던 원형 불대좌(圓形 佛臺坐)를 볼 수 있다. 불대좌의 높이로 보아 금당에 봉안되었던 불상은 좌불이었음을 추측할 수 있다. 금당지를 중심으로 앞에 삼층석탑이 있고, 주변에 회랑과 중문터, 그리고 가람의 주춧돌과 기단 부분들이 곳곳에 남아 있다.

거돈사의 불대좌 위치는 금당 건물의 거의 중앙에 자리잡고 있다. 조선시대 중기 이후에 세워진 사찰의 불상 위치는 건물 중앙에서 뒤로 많이 물러나 있는 것을 볼 수 있다. 조선시대 초기 이전에는 금당 안에 일반 신도가 들어올 수 없고, 예배 공간으로도 이용되지 않았기 때문에 금당 안의 본존불의 위치가 가운데 자리잡고 있다.

그러나 조선시대에 들어오면서 숭유억불 정책에 의해 불교의 위치가 흔들리면서 일반인들의 예배 행위가 금당 안에서도 이루어지면서, 본존불의 위치가 뒤로 물러나게 되었다. 따라서 조선시대 중기 이후에는 불대좌 대

금당지

금당지에 있는 원형 불대좌

신에 수미단(須彌壇 : 불상을 안치하기 위해 설치한 높은 단)이 조성되기 시작하였다.

　과거 거돈사의 가람 배치는 당시 사찰로는 보기 드문 신라의 전형적인 일탑식(一塔式) 형식을 취하여, 남북을 중심축으로 하여 가운데 중문지(中門地)가 있고 중문지 앞에는 석축이 있다. 중문지 좌우에 회랑지(回廊地)가 동서로 나아가다가 북으로 꺾여 강당지(講堂地) 기단과 연결되는 구조를 지니고 있다.

　금당지 왼쪽의 100여 미터 부근에는 거돈사지에서 출토된 여러 가지 석조물들을 한군데 모아놓았다. 모아놓은 돌들을 자세히 살펴보니 여러 가지 문양의 돌들이 눈에 띈다. 또한 여러 가지 모양의 주춧돌과 겉 표면이 다듬어지지 않은 장대석들이 흩어져 있었다. 특히, 이해하기 어려운 무늬들이 새겨져 있는 석재들이 곳곳에 보여, 그냥 지나치기에는 아쉬웠다.

거돈사지에서 출토된 석조물들

금당지 위쪽으로 넓은 터에 차곡차곡 쌓여 있는 석축의 흔적이 보인다. 오랜 세월 동안 석축과 계단들이 비교적 잘 보전되어 있었다. 석축을 자세히 보면, 가장 자연스럽고 단순한 방법으로 쌓은 것임을 알 수 있다. 가공하지 않은 돌들을 자연 그대로 층을 맞

큰 돌과 작은 돌로 자연스럽게 쌓아올린 축대

추지 않고 큰 돌과 작은 돌을 쌓아올린 것이다. 이는 인위적이지 않으면서도 자연과 잘 어우러져 더 친근감을 주고 있다.

금당지 뒤쪽의 석축

천천히 계단으로 올라가 보았다. 여기저기 오밀조밀한 또 다른 계단들이 곳곳에 있어서 올라가기 편한 구조로 되어 있었다.

계단을 통해 석축 끝까지 올라가면, 맨 위에 과거 원공국사승묘탑(보물 제190호)이 있었던 자리가 그대로 보전되어 있다. 원공국사승묘탑(圓空國師勝妙塔)은 원래 거돈사지에 있던 것으로 서울에 거주하던 일본인이 가져간 것을 해방 후 회수하여 국립중앙박물관에 보관 중이다. 아마 용산국립박물관이 완성되면 다시 용산으로 옮겨가야 할 것이다. 아예 이 기회에 거돈사지 원래 위치로 옮기는 것이 어떨

축대 사이의 여러 가지 계단들

원공국사승묘탑이 있던 자리의 흔적

원공국사승묘탑 (보물 제190호)

까 하고 생각해 본다. 지금 원공국사승묘탑이 있던 자리에는 탑을 받치고 있던 기단 흔적만이 남아 있다.

원공국사승묘탑은 고려시대 대표적인 팔각 부도탑으로, 단정하고 아담한 크기를 가진 부도이다. 전체적으로 팔각원당형의 탑신에 목조 건축의 지붕을 연상케 하는 팔각지붕을 올려놓았다. 탑의 상륜부는 보개만 남아 있다. 현종 16년(1025)에 만든 것으로 추정된다.

원공국사승묘탑에서 조금 내려와 아래쪽을 보니, 거돈사지의 전경이 한눈에 들어온다. 금당지의 규모와 주춧돌 위치 및 배열이 확연히 드러나 보인다. 사방이 산으로 둘러싸인 척박한 산간지역에서 산을 깎아 터를 만들어 사찰을 지었을 가람의 옛 주인들을 떠올려 본다. 돌 하나 옮기기도 힘들

높은 위치에서 바라본 거돈사지 전경

居頓寺址

원공국사승묘탑비 (보물 제78호)

었을 산속에서 일구어낸 불심(佛心)이 화려한 겉치장들은 다 털어 버리고 그 초심(初心)만을 간직하고 있는 것이다.

거돈사지 동쪽으로 약 50여 미터를 올라가면 원공국사승묘탑비(圓空國師勝妙塔碑)를 만날 수 있다. 원공국사 지종(智宗, 930~1018)은 17세에 계를 받고, 고려 광종(光宗) 초기의 승과(僧科)에 급제한 뒤, 중국에 유학하여 법안종(法眼宗)을 배웠다고 한다. 당시 남중국에서 크게 유행하던 법안종은 선종(禪宗)계통이면서도 교선일치(敎禪一致)를 표방하였다. 이러한 교리는 당시 전제왕권 수립을 위해 적극적으로 개혁정치를 펴던 광종의 관심을 끌게 되었으며, 지종은 광종의 비호를 받으면서 법안종 세력을 고려 불교계에 크게 떨치게 되었다. 그러나 광종이 사망하자 그의 급진적인 개혁정치가 좌절되면서 법안종 세력도 급속도로 약화되었고, 지종도 89세인 1018년 거돈사에서 입적하였다. 지종이 입적하자, 현종은 국사로 추대하였고, 시호를 원공(圓空), 탑호를 승묘(勝妙)라고 하였다.

원공국사승묘탑비는 높이 2.45미터에 비교적 보존 상태가 양호해 보인다. 비신은 날씬하고 가는 편인데, 귀부(龜趺 : 거북 모양의 비석 받침돌)와 이수(螭首 : 용의 형체를 장식한 비석의 머릿돌)는 꽤 큰 편으로 다소 무거운 느낌을 주나, 조각 기법은 매우 생동감 있어 보인다.

귀부의 거북머리는 용머리처럼 생겼고, 특이하게 양쪽 귀 뒤가 물고기 지느러미같이 되어 있다. 이수에는 불꽃에 싸인 여의주를 다투고 있는 용의 모습이 섬세하고 생동감 있게 조각되어 있다. 특히 귀부의 등

귀갑문의 만(卍)자와 연꽃 무늬

거돈사지 당간지주

부분을 자세히 보면 귀갑문 안에 불교의 상징인 만(卍)자와 연꽃 무늬가 교대로 장식되어 있는 것을 볼 수 있다.

거돈사지 가까운 거리에 1995년 폐교된 구정산초등학교가 있다. 지금은 농장으로 바뀌어 아이들이 뛰놀던 운동장엔 비닐하우스가 들어섰다. 비닐하우스 옆에 거돈사지 당간지주가 야생 들꽃에 쌓여 외로이 누워 있다. 나머지 한 개의 당간지주는 그 위치를 모른 채 하나만 놓여 있다.

당간지주의 길이는 약 9.6미터 정도로 과거 거돈사지의 위용을 보여 주고 있다. 당간지주 표면에는 아무런 장식이 보이지 않아 소박한 모습을 하고 있다.

거돈사지를 떠나면서 높다란 석축 위의 나무들을 보았다. 나뭇가지 사이로 보이는 삼층석탑은 파란 하늘과 맞물려 더욱 아름다워 보였다.

[원주] 법천사지

法泉寺址

사리탑비에 깃든 아름다움

충주에서 여주를 거쳐 흐르는 남한강변에는 과거의 번영을 말해 주는 옛 절터가 여러 개 남아 있다. 대표적인 것으로 법천사지, 거돈사지, 흥법사지, 고달사지 등이다. 지금은 건물조차 남아 있지 않은 쓸쓸한 폐사지로 되었지만, 한때는 화려한 과거를 가지고 있던 대사찰들이다.

남한강의 본줄기는 충청도 중원쪽에서 흘러나오고, 여기에 강원도 원성에서 흘러나오는 섬강과 경기도 장호원 방향에서 흘러나오는 청미천이 여주에서 만나 남한강의 물길을 만든다. 섬강 줄기를 따라 문막 들판을 지나면 흥호리 마을이 나온다. 흥호리는 섬강과 법천천의 두 물줄기를 사이에 두고 경기도와 강원도가 마주보고 있고, 남쪽으로 아주 가까운 거리에 충청도 땅이 인접해 있다.

옛날에는 경기도·강원도·충청도의 생산물과 조세들이 모두 이곳 흥호리로 모여들었다. 따라서 고려 개국과 함께 번창했던 흥원창(興源倉)이 바로 여기에 위치하고 있다.

흥원창은 충주의 가흥창(可興倉)과 함께 남한강 물자 수송의 중심지였다. 흥원창은 강원도 지역의 조세미를 육로로 운송해 저장했다가, 남한강 뱃길을 따라 한양의 마포나루로 운반하는 중간기착지 역할을 하던 곳이었다.

즉, 흥호리가 위치하고 있는 부론면은 3도가 만나는 곳으로 강원도의 섬강과 충청도의 남한강의 물줄기가 만나는 지점에 위치하고 있다. 그래서 옛부터 물이 넉넉하고 땅이 기름지며, 물자 수송에 유리한 곳이었다.

고려시대 12개의 창고 중 하나인 흥원창이 있었던 곳임을 알리는 표지석

법천사지는 흥호리에서 4킬로미터 정도 떨어진 명봉산(鳴鳳山) 기슭에 자리잡고 있다. 강원도 원주시 부론면은, 특이하게도 많은 왕비가 배출된 곳이기도 하다. 법천리에서는 인목대비로 잘 알려진 선조의 계비(繼妃) 인목왕후 김씨가, 가까운 문막면 궁촌리에서는 고종의 후궁인 덕안궁 순헌귀비 엄씨가 태어난 고장이다. 또한 손곡리에서는 광해군의 어머니 공빈 김씨가, 노림리에서는 효종의 어머니 인열왕후 한씨가 출생한 곳이다. 우리나라에서 가장 많은 왕비를 배출한 면일 것이다.

왕비가 많이 배출된 것은 이 지역이 과거에 왕실과 깊은 관계를 유지하고 있었음을 짐작할 수 있다. 또한 이 지역에 법천사지·거돈사지의 대사찰들이 존재했던 것도 역시 왕실과 연관이 있었을 것이다.

법천사(法泉寺)는 '진리(法)가 샘물(泉)처럼 솟는다'는 의미를 지니고 있다. 과거 법천사의 경내로 추정되는 들판에는 현재 대부분 민가가 들어서 있고, 경작지로 변하였다. 법천사의 정확한 창건 연대는 알 수 없지만, 통일신라시대에 세워져 고려시대에 크게 융성한 사찰이었다. 창건 연대가 불분명한 것처럼 폐사된 시점에 대해서도 정확한 기록이 남아 있지 않다. 그러나 허균의 『유원주법천사기(遊原州法泉寺記)』에 기록되어 있는 다음 글을 통해 폐사 시기를 가늠해 볼 수 있다.

'… 금년(1609) 가을에 휴가를 얻어와서 얼마동안 있었는데 마침 지관(智觀)스님이 묘암(墓庵)으로 나를 찾아와 "일찍이 기축년(1589)에 법천사에서 1년을 거주하였다"고 하므로 가보고 싶은 흥미가 일어나 지관을 이끌고 일찍 길을 나섰다. … 난리(임진왜란)에 불타서 다만 터와 무너진 주춧돌이 토끼와 사슴이 다니는 길에 여기저기 남아 있었다.'

위의 글로 보아 법천사는 지관스님이 머물던 1589년까지는 존속하다가 1592년 임진왜란을 거치면서 소실되었고, 허균이 답사했던 1609년에는 폐사된 상태로 있었음을 알 수 있다.

조선 후기에 쓰여지는 각종 기록에도 법천사가 중창되었다는 기록은 확인되지 않고, 폐사된 것으로 기록하고 있다. 또한 1721년 법천사 터에 정시한(丁時翰, 1625~1707)의 사당인 광암사(廣巖祠)가 지어지는 것으로 보아도 임진왜란으로 폐사되고 중창되지 못한 것으로 추정된다.

마침 법천사지를 찾아갔을 때 강원도문화재연구소에서 발굴조사가 한창 진행 중이었다. 법천사지 입구에 발굴조사를 알리는 간판이 있다. 법천사지 입구에는 '서원'이라고 쓰여진 표지석이 서 있다. 이는 옛부터 마을 이름으로 불리던 원촌(院村)이라는 의미와 상통하는 것으로, 조선시대 서원이 있던 마을임을 뜻한다.

법천사지(강원도 기념물 제48호) 유물들을 보기 위해 올라가는 통로 주변에는 발굴조사가 진행 중이고, 여기저기에 발굴된 돌들이 쌓여져 있는 것이 보였다.

사진장비를 메고, 노끈으로 표시된 통로를 따라 산 위로 올라갔다. 나지막한 산자락의 움푹 파인 듯한 곳에 여러 가지 유물들이 한군데 모여 있다. 첫눈에 지광국사현묘탑비가 보이고, 그 앞에 과거 법천사의 유물이었던 여러 석조물들이 가지런히 정리되어 있었다.

발굴된 석재들

　석조물 중에는 석탑부재와 광배, 배례석, 연꽃 무늬 대석, 가공된 초석 등이 보이는데, 특히 석탑부재와 배례석, 그리고 광배를 한군데 모아놓았다. 석탑부재는 옥개받침이 4단씩으로 된 옥개석 두 개, 양쪽에 우주가 새겨진 탑신 한 개, 기단석 한 개로 이루어져 있다.

법천사지 지광국사현묘탑 및 각종 석조물 전경 (푸른 빛의 천막은 발굴조사를 위해 덮어 놓은 것이다.)

석탑부재, 배례석 및 광배

배례석 위의 연화좌

광 배

　석탑부재 앞에는 배례석이 놓여 있다. 배례석 위에는 커다란 연화좌가 보이고, 옆에는 안상(眼象)이 돌려져 있다. 배례석 앞에 놓여 있는 광배는 높이가 1.33미터이며, 중앙에 둥근 원을 중심으로 큼직한 이중의 원광(圓光)이 있다. 또한 원광 주위에 부처와 화염 무늬를 조각하여 화려한 느낌을 주고 있다.

각종 석조물에 조각되어 있는 문양들

  각종 석조물들을 자세히 보면, 여러 가지 문양을 가졌으며 매우 섬세하게 조각되어 있는 것을 볼 수 있다. 여기저기 그냥 땅 위에 방치되어 있는 석조물들은 하루빨리 법천사지 박물관을 지어 보관해야 한다고 생각한다.
  과거 사진 자료들을 보면, 광배 앞에 자그마한 부처가 있었는데, 실제로 와 보니 보이지 않았다. 만약 이 석조물들을 한밤중에 가져간다면 전혀 손 쓸 방법이 없어 보인다. 귀중한 문화재들을 이대로 방치해서는 안될 것 같은 안타까운 마음에 발걸음이 무거웠다.

  지광국사현묘탑비(智光國師玄妙塔碑)는 전체 높이 4.55미터, 비신 높이 2.95미터, 너비 1.41미터로 선종 2년(1085)에 건립되었고, 고려시대 석비를 대표할 만한 걸작으로 조각 수법이 매우 뛰어나다.
  지광국사현묘탑비를 바라보면 절로 감탄사가 나온다. 구름 무늬가 있는 지대석에는 거북이 올라앉아 있다. 용머리는 목을 길게 빼고 목에는 특이하게 비늘이 조각되어 있다. 또한 주둥아리가 길쭉한 용머리의 무게를 감당하기 위해 비스듬하게 돌로 받친 둔턱 받침까지도 있어 세심한 곳까지 신경 쓴 흔적이 보인다. 마치 바둑판처럼 조각된 거북의 등에는 칸칸마다 임금 왕(王)자가 새겨져 있고 거북의 등 가운데로 연꽃의 받침대를 마련하고 비신을 세웠다. 비신은 연한 청색의 점판암에 글을 새겼으며, 옆면에 꿈틀거리는 용을 정교하고 깊게 조각하였다. 마치 용이 하늘로 금방이라도 튀어 오를 것 같은 생동감이 넘쳐흐른다.

지광국사현묘탑비 (국보 제59호)

지광국사현묘탑비 용머리 부분

비신의 상단부

거북등의 귀갑문 안에 새겨져 있는 '왕(王)' 자

    비신의 상단부는 가운데에 '지광국사현묘탑비'라고 쓴 제액(題額)이 있고, 제액 양옆으로 사각의 틀을 만들어 그 안에 봉황을 새겨 넣었다. 비문은 고려초 문장가인 정유산(鄭惟産)이 지었고, 글씨는 당대의 명필 안민후(安民厚)가 구양순체를 기본으로 단아하게 썼다.

    비신 맨 위에는 안상을 파고 나무·토끼·새 등을 조각하였고, 그 주위에는 산·구름·비천·봉황 등이 새겨져 있어 화려하기 그지없다. 그리고 안상 주변에는 온통 화려한 보상당초문(寶相唐草紋)이 새겨져 있다. 갓 모양으로 생긴 이수는 모자를 쓴 듯한 형태이며, 네 귀에 귀꽃이 새겨져 있다. 이수 중앙에 상륜부를 두어 보주를 얹었다.

지광국사현묘탑비 비신의 옆면

지광국사현묘탑비의 주인인 지광국사는 속명이 원해린(元海鱗)으로, 삼중대사·승통·왕사·국사 등의 칭호를 받을 만큼 당대의 제일가는 고승이었다.

고려 문종 때의 인물로 984년에 태어났으며, 어려서 법천사에서 불경을 공부했고, 21세 때 왕륜사 승과 대선에 급제하여 대덕(大德)으로 뽑힐 정도로 총명하였다. 이후 크게 이름을 떨치게 된 해린은 역대 임금들로부터 특별한 예우를 받다가 문종 12년(1058)에 국사에 올랐으며, 84세 되던 1067년에 은퇴하여 본사인 법천사에 머물다, 문종 24년(1070)에 입적하였다. 시호는 지광(智光), 탑호는 현묘(玄妙)이다. 그가 어린시절 수학했던 법천사의 관웅(寬雄)스님은 법상종(法相宗)의 승려였고, 훗날 그 영향으로 지광국사는 법상종의 중흥주가 되었다.

우리나라 불교는 교종(教宗)과 선종(禪宗)이 서로 영향을 미치면서 혼재된 형태로 발전하였다. 법

경복궁 뜰에 있는 법천사 지광국사현묘탑 (국보 제101호)

상종은 교종 계열의 종파로 화엄종(華嚴宗)과 더불어 고려 중기 불교의 양대 세력이었다. 법상종은 본래 중국 당나라 때 성립된 종파로, 우리나라에는 신라 경덕왕 때 대현스님이 도입하였고, 원효대사가 기틀을 다졌다. 법상종은 고려 현종 때부터 부상하기 시작하였으며, 왕실의 원찰로 창건된 개경의 현화사(玄化寺)가 중심 사찰이었다.

당시 11세기 불교는 전 시대와 전혀 다른 형태를 띠게 된다. 정치 질서가 새로운 세력으로 개편되는 과정이었으며, 지방 호족연합 세력과 중앙의 문벌 귀족 간의 권력 투쟁이 격화되고 있었다. 신라말 고려초 호족 세력과 연합하여 새로운 왕조를 탄생시켰던 선종 세력이 비대해지자 왕권강화정책을 쓰던 고려 정부는 선종 세력을 견제하기 시작하였다. 이는 교종의 화엄종과 법상종을 후원하는 정책과 맞물려 있었다. 이러한 정치권의 변동 속에서 등장한 것이 교종의 중심 사찰이던 개경의 현화사와 남한강의 법천사였다.

그러므로 법천사는 남한강변에 세워진 선종 사찰인 고달사, 거돈사, 흥법사와는 다른 성격을 지닌 사찰임을 알 수 있다. 법천사지와 거돈사지는 불과 4킬로미터 거리를 두고 위치하고 있었지만, 교종계열인 법천사와 선종계열인 거돈사는 유구(遺構)의 형식이나 문양 등에서 차이를 보이고 있다. 법천사지의 지광국사현묘탑을 비롯한 석재 유구들은 화려하나, 힘이 떨어짐을 느낄 수 있다. 그러나 거돈사지의 원공국사승묘탑비를 비롯한 석재 유구들은 화려함은 떨어지나, 힘이 느껴진다. 이것은 아마 교종과 선종의 사상적 배경 및 차이에서 나타나는 것에 기인한 것이다.

지광국사현묘탑비 옆에는 그리 크지 않은 건물터가 있다. 현재는 비어 있으나, 옛날 탑비와 쌍을 이루던 지광국사현묘탑(智光國師玄妙塔)이 있던 자리로 생각된다. 높이 6.1미터인 사리탑은 지광국사 해린의 부도로서 현재 경복궁에 있다. 지광국사현묘탑은 원래 법천사지에 있던 것인데, 1912년 일본인이 몰래 일본으로 가져갔다가 발각되어, 3년 후인 1915년에 되돌려 받아 경복궁 뜰에 놓여지게 되었다.

지광국사현묘탑은 신라시대 이래 팔각원당형이라는 부도의 기본형에서 벗어나 평면방형을 기본으로 하는 새로운 양식을 보이고 있는 특이한 예로, 우리나라 사리탑 중 최대의 걸작으로 꼽히고 있다. 탑의 기단부는 여러 단을 두어 꽃·상여·신선 등을 장식하고, 탑신에도 창문 등을 새겼다. 지붕과 꼭대기에도 불보살상, 봉황, 연꽃 등의 화려한 무늬로 장식되어 있다. 이 탑은 지광국사 장례 때 사리를 운반하던 화려한 외국풍의 가마를 본 떠 제작된 것으로 추정된다.

탑의 상륜부

탑신에 새겨져 있는 페르시아 풍의 창문

지광국사현묘탑비 부근 산에서 아래를 보니, 현재 진행 중인 법천사지에 대한 발굴조사 광경이 한눈에 들어온다. 다시 옆의 언덕으로 올라가 멀리 바라다보니 들판 한가운데 서 있는 당간지주가 눈에 들어온다.

당간지주를 중심으로 지금은 모두 경작지로 변해버린 그 곳까지 모두 절

발굴조사 중인 법천사지 건물터

의 영역이었을 것이다. 눈을 돌려 산의 반대쪽 마을이 있는 들판을 보니, 다시 절터가 보인다. 법천사지는 산 아래뿐만 아니라, 넓은 들판에까지 자리잡고 있었던 것이다. 새삼 법천사지의 규모가 방대했음을 알 수 있다. 지금은 가까스로 살아남은 지광국사현묘탑비만이 웅장했던 법천사의 역사를 전하고 있다.

산 위에서 내려오는 도중 발굴 현장 쪽으로 눈을 돌렸다. 여기저기 쌓여 있는 석조물들 사이로 이리저리 발굴 현장을 살펴보는 두 사람이 보였다. 한 사람은 모자를 쓴 스님이고, 다른 한 사람은 카메라를 들고 있었다. 모자를 쓴 스님의 목소리가 귓가에 들려왔다.

"발굴한다는 구실로 다 엉망으로 만들고 있구먼…"

산 아래 마을 옆 들판에 있는 절터

들판 한쪽에 쌓여 있는 각종 석조물들

법천사지 발굴조사 보고서에 의하면, 철거 안된 민가 일대가 사역의 중심건물지로 판단되며, 발굴조사 결과 19동의 건물지가 확인되었다고 한다. 법천사지는 남한강 일대에서 가장 큰 규모의 사찰 중의 하나였던 것이다.

법천사지의 당간지주는 발굴 중인 산기슭에서 남쪽 방향으로 약 300미터 지점에 있는 넓은 밭 한가운데 서 있다. 당간지주 위치로 보아 옛날에는 현재 법천사지 입구와는 반대 방향이 법천사의 입구였을 것이다. 높이 3.9미터로 윗부분이 바깥쪽으로 둥글게 되어 있으며, 간결하면서도 부드러운 느낌을 준다. 두 기둥 사이에는 깃대를 밑에서 꽂아두기 위한 팔각형의 받침돌이 보인다.

법천사지 당간지주 (강원도 문화재자료 제20호)

당간지주 두 기둥 사이에 있는 받침돌

아쉬운 마음에 발길을 돌렸다. 많은 시간이 흘렀는지 배고픔이 느껴진다. 얼른 물 한 모금 마시고 차 시동을 걸었다. 법천사지를 떠나면서 모자 쓴 스님의 말이 계속 마음에 걸렸다.

[홍천] 물걸리사지

物傑里寺址

강원도에서 보물이 가장 많은 곳

옛 절터에 관한 기록을 뒤지다가 우연히 발견한 강원도 홍천 물걸리사지(강원도 기념물 제47호). 독특한 이름 때문에 계속 마음에 남아 있었다. 물걸리사지에 대한 자료 설명의 대부분은 '강원도에서 한 곳에 가장 보물이 많은 곳'으로 시작된다. 물걸리사지란 이름은 물(水)과 관계되는 이름일 것이라고 막연하게 생각되었다.

물걸리사지를 찾아가는 길은 홍천 읍내에서도 한참 멀리 떨어져 있었다. 옛 절터를 찾아가는 길에는 처음 만나는 것에 대한 설레임과 더불어 낯설은 곳에 대한 불안감이 동시에 존재한다. 특히, 보일듯 말듯 조그맣게 만들어 놓은 안내판 때문에 당혹스러움이 한두 번이 아니다.

어렵게 찾아간 물걸리사지 입구에는 시골다운 아담한 기미만세공원이 있다. 3·1만세운동 때 천여 명의 주민들이 모여 만세를 외쳤었다고 한다. 기미만세공원은 그 당시에 희생된 여덟 명의 열사를 추모하고, 당시

물걸리사지 입구에 있는 기미만세공원

의 3·1만세운동을 기리기 위해 만든 공원이다.

 기미만세공원을 오른쪽에 끼고 좁은 길을 따라 계속 올라가면 물거리사지에 도착한다. 마을 할아버지께 물걸리 지명에 대해 물어보았다. 할아버지는 대뜸 종이와 연필을 달라고 하더니, 물걸리(物傑里)와 동창(東倉)의 한자(漢字)를 써 주었다. 아울러 물걸리와 동창에 관한 얘기도 해 주었다.
 물걸리는 행정상 명칭이고, 옛날에는 동창이란 지명으로 불렀다고 한다. 또한 탑이 있던 곳이라서 탑촌이라고도 한다. 물걸리란 '만물이 모여드는 곳'이라는 뜻으로, 내가 전에 막연히 생각했던 물과 관계되는 지명은 아니었다. 지금은 한적한 산골마을로 변했지만, 옛날에는 영서지방과 영동지방의 각종 생산물이 모이던 곳이다. '지방 여기저기에서 거둬들인 조세를 보관하던 곳'이라는 의미에서 동창(동쪽의 창고)이란 이름이 붙었다고 한다.

 물걸리사지에 있던 사찰에 대한 기록은 전해지는 것이 없어 절 이름조차 알 수 없으나, 전해오는 말에 의하면 홍양사(洪陽寺) 터였다고 한다. 지금까

물걸리사지 전경

물걸리사지 삼층석탑 (보물 제545호)

지 절터에서 금동여래입상 및 각종 기와 조각 그리고 조선시대 백자 조각 등이 발견되었던 것으로 미루어 보면 통일신라시대부터 조선시대까지 절이 유지되었다고 추측할 수 있다.

절터에는 석조여래좌상(보물 제541호), 석조비로자나불좌상(보물 제542호), 불대좌(보물 제543호), 불대좌 및 광배(보물 제544호), 삼층석탑(보물 제545호) 등 보물 다섯 점이 보관되어 있다. 말 그대로 '강원도 한 곳에서 보물을 가장 많이 볼 수 있는 유적지'인 셈이다.

물걸리사지를 보호하기 위하여 낮은 울타리를 쳐 놓았다. 쉽게 넘어갈 수 있는 높이이다. 물걸리사지에서는 삼층석탑이 가장 먼저 눈에 띈다.

삼층석탑 기단부의 이끼는 오랜 세월 견디어 왔음을 알려주고 있다. 탑은 신라 하대에 만들어졌을 거라고 추측하고 있다. 탑의 위쪽에는 노반(露盤 : 탑의 꼭대기 층에 있는 네모난 지붕 모양의 장식)이 남아 있으나, 탑의 맨

홍천 물걸리사지 | 53

物傑里寺址

물걸리사지의 보물 네 점 : 왼쪽부터 불대좌 및 광배, 석조여래좌상, 석조비로자나불좌상, 불대좌 순으로 놓여 있다.

위를 장식하는 부분은 없어졌다. 우리나라 어느 곳에 있는 탑을 가 보아도 불행히도 탑의 맨 위를 장식하는 부분은 거의 남아 있지 않았다. 탑의 주위를 돌아가며 자세히 보니, 탑의 1층부터 3층까지의 탑신과 옥개석이 각각 하나의 돌로 만들어져 있었다. 또한 1층 탑신에는 우주를 새겼으며, 옥개석의 추녀 위쪽이 살짝 올려져 있어 신라시대 석탑의 특징적 요소를 갖고 있다.

 탑의 위쪽에는 자그마한 언덕이 있는데 마치 절의 대웅전 같은 전각이 보인다. 이 곳은 보물 네 점을 보호하기 위해 세운 보호각이다. 과거 절터 여기저기 흩어져 있던 보물들을 한곳으로 모으고, 이들 보물을 보호하기 위해 세운 건물이다.
 물걸리사지의 다섯 점 보물 중 탑을 제외한 네 점의 보물이 이 보호각 안에 모여 있었다. 건물은 문이 열려 있고, 문에는 창호지가 다 떨어져 너덜너덜한 채로 유지보수가 되어 있지 않았다. 신발을 벗고, 조심스럽게 건물 안으로 들어갔다. 네 점의 보물이 일렬로 모셔져 있었다. 가운데에 부처를, 양쪽으로 불대좌 및 광배를 놓아두었다.

 가장 왼쪽에는 비록 불상은 없어졌지만 부처 몸에서 나오는 빛을 표현한 광배와 부처가 앉았던 자리인 불대좌가 거의 완전한 형

불대좌 및 광배 (보물 제544호)

홍천 물걸리사지 | 55

태로 놓여 있었다. 또한 부처 머리의 빛을 나타내는 두광과 몸의 빛을 나타내는 신광이 두 줄의 선으로 구분되어 있었다. 선 안쪽으로는 화려한 넝쿨무늬가 그려져 있으며, 선 바깥쪽에는 불꽃 무늬가 가득 채워져 있다. 사람들을 구제하기 위한 아홉 명의 화불(化佛 : 사람들을 구제하기 위해 변화한 부처)들이 구름 위에 앉아 있는 모습으로 조각되어 있으며, 아홉 명의 화불들은 각각 다른 손 모양을 하고 있다. 광배를 받치고 있는 대좌는 팔각형의 모양을 가지고 있어, 신라시대에 만들어진 것으로 추정된다. 대좌의 윗단에는 앙련(仰蓮 : 꽃부리가 위로 향한 연꽃 무늬)이, 아랫단에는 복련(覆蓮 : 꽃부리가 아래로 향한 연꽃 무늬)이 새겨져 있다.

불대좌 및 광배 오른쪽에 있는 석조여래좌상(石造如來坐像)은 통일신라시대 후기에 만들어진 것으로, 오랜 풍화로 얼굴이 많이 마모되어 있어서 자세한 형체를 알아볼 수 없으나, 눈·코·입이 비교적 작게 조각되어 있다. 손 모양은 항마촉지인(降魔觸地印)의 모습을 하고 있다. 항마촉지인이란 왼손은 손바닥을 위로 향하게 하여 다리 위에 놓고, 오른손은 무릎 위에 얹어 땅을 가리키고 있는 모습을 말한다. 부처가 깨달음에 이르는 순간을 상징적으로 표현한 것이다.

석조여래좌상(보물 제541호)

바로 옆에는 같은 시기에 만들어졌을 것으로 추측되는 석

석조비로자나불좌상(보물 제542호)

석조비로자나불좌상대좌의 조각

조비로자나불좌상(石造毘盧慈那佛坐像)이 있다. 얼굴을 보니, 코가 깨어지고 심하게 마모되어 있었다. 손 모양은 지권인(智拳印)의 형태를 취하고 있다. 지권인은 두 손을 가슴 앞에 모으고, 한 손으로 나머지 손의 둘째 손가락을 감싸쥐고 있는 모습이다. 지권인은 진리를 상징하는 비로자나불상이 갖고 있는 형태이다. 일반적으로 왼손의 집게손가락을 오른손으로 감싸고 있지만, 이 불좌상은 반대로 되어 있다.

가장 오른쪽의 불대좌 역시 불상은 없어지고, 몸에서 나오는 빛을 나타낸 광배와 부처가 앉았던 자리인 대좌만이 남아

불대좌(보물 제543호)

있다. 대좌는 거의 완벽한 형태로 남아 있지만, 광배는 위가 깨어지고 마모가 심하게 진행되어 원래의 형태를 알아보기 어려웠다. 대좌는 3단으로 구성되어 있으며, 가운데 단에는 팔부중상(八部衆像)을 여덟 면에 한 명씩 조각하여 놓았다.

법당이 있던 자리의 흔적 (장대석이 놓여 있는 모습)

보호각 옆에는 은행나무가 아름드리 드리워져 있고 그 옆에 절터가 자리잡고 있었다. 절터에는 주춧돌과 장대석(長臺石 : 네모지고 긴 석재로 기단에 가로 길게 놓은 돌)들이 가지런히 깔려 있는 모습이 보인다. 과거 금당이 있던 자리의 흔적이었다. 금당지 뒤편에는 기와 조각들이 쌓여 있었다. 국립춘천박물관 발굴조사 자료에 의하면, 금당지는 정면 3칸(13.35미터), 측면 3칸(9.25미터) 규모의 정남향 가람이었다고 밝히고 있다.

그 중에서 팔각형으로 추정되는 둥근 모양의 돌이 눈에 들어왔다. 옛날 불상이 있던 불상대좌이다. 불상대좌의 옆면은 동물들의 모습을 조각하여 놓았다. 그 중에는 사자의 모습이 매우 정교하게 새겨져 있다.

금당지 옆에는, 크지 않은 강이 흐르고 있었다. 그러나 언덕 아래로 물이 흐르고 있어, 수로 같은 것은

불상대좌

불상대좌의 사자조각 모습

곤란했을 것이다. 아마 수행의 일부분으로 물을 길어다 사용했을 것으로 추측된다.

　물걸리사지는 한눈에 보아도 규모가 커 보이지 않았다. 물을 쉽게 사용할 수 있어야 하는데, 물걸리사지는 이런 점에서 절의 규모 확장에 제한을 받았을 것이다. 물을 쉽게 끌어다 사용할 수 있는 수로 등의 시설 없이는 사찰의 규모를 키울 수 없었을 것이다.

　물걸리사지에 온 지 시간이 꽤 흘렀다. 먼길을 달려 찾아왔건만, 막상 돌아가려니 발길이 쉽게 떨어지지 않는다. 이제 가면 이 먼길을 다시 올 엄두가 나지 않았다.

　물걸리사지를 떠나면서 왼쪽을 보니 마을 전경이 한눈에 들어온다. 물걸리사지는 강원도 산간지역에 비교적 넓은 들판을 지니고 있었다. 마을을 떠나면서 보니 마을 입구에 안내석이 있었다. 안내석에 있는 '동창마을'이란 글귀가 친숙하게 다가왔다.

02 Gyeonggi-do*

경기도

[안성] 봉업사지

고려시대의 진전사원

경기도 남쪽에 위치한 안성은 충청남·북도 지역에서 한양으로 올라오는 길목에 자리잡고 있다. 과거 안성지역은 고구려와 백제, 신라의 접경지역으로, 세 나라가 번갈아 차지할 만큼 군사·교통의 요충지였다. 과거 역사를 돌이켜 보면 여러 나라의 이해가 첨예하게 맞부딪치는 접경지역에는 문화가 발달하였다. 안성은 예로부터 삼남(경상도·전라도·충청도)의 모든 문물이 모이는 곳으로 구하지 못하는 물건이 없고, 생활 유기를 안성에 주문만 하면 금새 보기좋게 만들어 낸다는 의미의 '안성 맞춤'이 유래된 곳이기도 하다.

안성의 죽산지역은 북쪽으로 비봉산(372미터), 죽주산(250미터)이 솟아 있고, 남쪽으로는 남산(331미터)과 바깥걸미산(330미터)이 위치하고 있다. 비봉산과 남산 사이에는 죽산천이 흐르며, 죽산천은 청미천과 합류하여 동으로 흐르면서 넓은 곡창지대를 형성하고 있다. 이런 지형적인 환경 때문에 죽산지역은 지리적인 요충지로서의 역할과 함께 풍부한 농산물을 기반으로 각종 문화가 발달함으로써 많은 문화유적의 흔적이 남아 있다.

안성 봉업사지는 죽주산성이 있는 비봉산 자락의 이죽면 죽산리에 위치하고 있다. 봉업사는 언제 창건되고, 폐사되었는지 알 수 없다. 그러나 『신증

봉업사지의 당간지주와 오층석탑

동국여지승람(新增東國與地勝覽)』에 "봉업사는 비봉산 아래에 있다. 고려 때에 태조의 진영(眞影)을 봉안하였는데 공민왕 12년(1363)에 거가(車駕 : 왕이 탄 가마)가 청주를 떠나 이 절에 들러 진영을 참배하였다. 지금은 석탑만 남아 있다."고 한 기록으로 보아, 봉업사는 고려 태조의 진영을 모신 진전사원(眞殿寺院)으로 추측된다. 진전사원이란 죽은 왕의 진영을 모시고 위업을 기리며 명복을 비는 사찰이다. 즉 조선시대의 원찰(願刹 : 국왕과 관련된 것 등을 기원하는 사찰)에 해당된다고 볼 수 있다.

근래 발굴조사를 통하여 화차사(華次寺)라는 명문(銘文)이 새겨진 기와가 출토된 것으로 보아 이곳에 원래 통일신라시대의 화차사라는 절이 있었는데, 고려시대 때 태조의 진전사원으로 확장·중창되면서 봉업사로 불리게 된 것으로 추정되고 있다. 따라서 봉업사는 고려말까지 국가의 중요한 역

奉業寺址

죽산리 오층석탑 (보물 제435호)

할을 담당하던 사찰이었으며, 조선 초기까지 존재하였던 것으로 추정된다.

현재 봉업사지에는 죽산리 오층석탑(보물 제435호)과 죽산리 당간지주(경기도 유형문화재 제89호)를 중심으로, 죽산리 삼층석탑(경기도 유형문화재 제78호), 죽산리 석불입상(경기도 유형문화재 제97호) 등이 가까운 거리를 두고 여기저기 흩어져 있다. 또한 봉업사지와 멀지 않은 곳에 죽주산성 및 매산리 석불입상, 장명사지(長命寺址), 칠장사, 봉업사지 석불입상(보물 제983호) 등의 불교 유적들이 위치하고 있다. 따라서 봉업사지와 죽산리, 매산리를 합하여 우리나라 불교 문화의 보고(寶庫)라고 말하기도 한다.

봉업사지에서 제일 먼저 눈에 띄는 것은 당간지주와 오층석탑이다. 당간지주와 오층석탑은 같은 울타리 안에 보전되어 있다.

당간지주의 높이는 4.7미터이며, 남북으로 1미터 간격을 두고 마주 서 있다. 자세히 보니 남쪽 기둥은 위쪽 부분이 깨져 있어서 아쉬움을 준다.

죽산리 당간지주 (경기도 유형문화재 제89호)

당간지주로부터 약 30미터 뒤에, 높이 7.8미터의 단아한 오층석탑이 수줍게 서 있다. 오층석탑은 여러 장의 크고 널찍한 지대석 위에 단층기단을 만들고, 그 위에 5층 탑신을 올렸다. 1층 탑신의 남쪽면에는 작은 감실이 보인다. 자세히 보면 감실을 설치했던 작은 못자국들까지 선명하게 남아 있다. 탑의 위쪽 상륜부는 남아 있지 않지만, 옥개석

1층 탑몸돌에 감실을 설치했던 못자국들

에는 풍탁을 매달았던 작은 구멍들도 보인다.

오층석탑 북동쪽으로는 멀리 죽산리 삼층석탑이 보인다. 과거 봉업사는 당간지주와 오층석탑, 그리고 멀리 보이는 죽산리 삼층석탑 사이에 있던 것으로 생각된다. 그러나 지금은 논과 밭으로 변하여 그 흔적이 전혀 남아 있지 않지만, 당간지주 입구부터 삼층석탑까지를 머릿속으로 그려 보면 절의 규모가 상당했음을 가늠해 볼 수 있다.

당간지주 옆길을 따라 위쪽의 마을이 있는 곳으로 걸어갔다. 이 정도의 규모를 가진 절이었으면 마을 여기저기 흔적이 남아 있을 것 같았다. 길 옆에 낯익은 석조물이 눈에 들어온다. 절구통과 물담는데 사용되었던 작은 수조가 놓여 있다. 누군가의

마을 집 입구에 놓여 있는 건물의 주춧돌

절구통

수조

관리 손길이 미치지 못한 듯 방치되어 있었다.

어느 집 입구에는 건물의 주춧돌로 사용되었던 석조물이 놓여 있다. 과거 봉업사의 각종 흔적들이 마을 여기저기에 이렇듯 흩어져 있었다.

죽산리 삼층석탑으로 발걸음을 옮겼다. 죽산리 삼층석탑은 당간지주 및 오층석탑으로부터 약 400여 미터 떨어진 비봉산 아래 위치하고 있다. 죽산리 삼층석탑 주위로는 한창 발굴조사가 진행 중이었다.

죽산리 삼층석탑은 지대석의 일부가 땅에 묻혀 있고, 상륜부는 사라져 버렸다. 이 탑은 신라말의 고승 혜소국사(慧炤國師, 972~1054)가 건립한 탑이라고 전해지고 있으며, 고려 전기에 만들어진 것으로 추정하고 있다.

죽산리 삼층석탑 (경기도 유형문화재 제78호)

죽산리 삼층석탑 위쪽에는 자그마한 언덕이 있는데 이 언덕에 올라서면, 마치 마을을 지키기 위해 아래를 굽어보고 있는 죽산리 석불입상이 서 있다. 석불입상과 옆에 있는 석탑부재들은 죽주산성 근처에서 옮겨온 것이라고 한다. 석불입상은 둥근 연꽃 무늬의 대좌 위에 서 있으며, 옷은 두 어깨를 모두 덮은 통견(通肩)에 법의는 U자형으로 옷주름이 촘촘하게 새겨져

죽산리 석불입상(경기도 유형문화재 제97호)

있다. 불상 앞에 또 다른 연꽃 대좌가 있는 것으로 보아 석불입상이 또 있었을 것으로 추정된다.

계단을 올라 석불입상을 뒤로 하고 정면을 보니 삼층석탑과 저 멀리에 오층석탑과 당간지주가 보인다. 마치 과거 봉업사 전경이 한눈에 들어오는 듯하다.

죽산리 봉업사지를 둘러보고 봉업사지 바로 옆에 위치하고 있는 매산리사지로 발걸음을 옮겼다.

매산리 석불입상(경기도 유형문화재 제37호)은 고려시대 몽고군을 물리친 송문주와 김윤후 장군의 우국충정을 기리고, 그들의 명복을 빌기 위해 만들었다고 전해진다. 매산리 석불입상은 죽주산성을 등지고 죽산천을 바라보고 서 있으며, 2층 높이의 누각 안에 모셔져 있다. 마을 사람들은 이 누각을 미륵당(彌勒堂)이라 부르고 있다. 매산리사지는 현재 낮은 담장으로 둘러쳐진 보호각 내에 매산리 석불입상과 오층석탑이 남아 있다. 미륵당 문을 열고 들어가자 자그마한 오층석탑과 함께 거대한 느낌을 주는 석불입상이 보인다.

미륵당의 오층석탑(향토유적 제20호)을 보는 순간, 죽산리 석불입상 옆에 있던 삼층석탑이 생각났다. 두 탑의 공통점은 탑으로서 완전한 형태를 갖추지 못하고 있으며, 현재 위치가 원래 위치가 아니라는 점과 기단 갑석

매산리 석불입상과 오층석탑 전경

미륵당 오층석탑 (향토유적 제20호)

매산리 석불입상 (경기도 유형문화재 제37호)

상부의 모양이 배불림 형식으로 되어 있다는 것이다. 탑신부재가 많이 없어져 정확한 모습을 알 수 없으나, 탑신 체감의 비례로 보아 오층석탑이었을 것으로 추측된다.

　매산리 석불입상은 전체 높이 약 6미터 정도로서 경기도 최대의 미륵불이다. 머리 위에 사각형의 보개(寶蓋)를 쓰고 있는데, 이것은 고려 초기 불상에서 흔히 볼 수 있는 양식이다. 자세히 위쪽을 보니 이마를 덮고 있는 꽃문양이 아름답게 보인다. 오른손은 두려움을 없애 주는 시무외인(施無畏印), 왼손은 중생의 소원을 모두 들어준다는 의미를 가진 여원인(與願印) 모양을 하고 있다. 손가락은 유연하게 구부려 멋을 내고 있다. 불상의 두 귀는 어깨까지 늘어져 있으며, 굵은 목에는 삼도(三道)를 표현한 세 줄기의 주름이 나타나 있다. 다만, 불상의 머리 부분의 크기가 신체의 다른 부분에 비해 거대해서 전체적으로 신체 비율이 맞지 않는 느낌을 준다. 불상 뒷부분을 자세히 보니 마치 만들다 만 것처럼 투박하게 처리되어 있었다.

　매산리 석불입상과 봉업사지는 같은 사역이라고 할 수 있을 만큼 가까운 거리에 위치하고 있다. 과거 봉업사지 사찰의 영역이 당간지주와 오층석탑, 그리고 삼층석탑, 죽산리 석불입상은 물론 이곳 매산리 석불입상까지 넓은 영역을 포함하고 있었던 것이 아닐까 생각해 본다.

　매산리 석불입상 뒤로는 매산리 비봉산 죽주산성이 있다. 죽주(竹州)는 죽산(竹山)의 옛 이름이다. 17번 국도를 따라 용인 방면으로 약 500여 미터를 가다보면 죽주산성을 알리는 안내 간판이 보인다. 가파른 언덕길을 따라 죽주산성으로 올라갔다. 멀리 죽주산성의 성문이 보인다. 죽주산성에는 고려말 몽고군을 물리친 송문주 장군을 기리는 전공 영각이 있다.

　죽주산성에 올라 바라보면 안성 시내는 물론 이천·장호원까지 한눈에 들어온다. 과거 안성지역이 충청도와 전라도, 경상도를 한양과 연결시켜 주는 전략적인 요충지임을 알 수 있다.

죽주산성(경기도 기념물 제69호)의 성문과 성곽

송문주 장군의 전공 영각

자료에서 읽었던 칠장사에 있는 봉업사지 석불입상이 생각났다. 차를 돌려 칠현산 칠장사로 향했다. 칠현산은 원래 아미산(阿彌山)으로 불리었으나, 혜소국사가 수도하던 어느 날 일곱 악인을 교화 제도한 일에 따라 칠현산(七賢山)이라 하고, 칠현산 칠장사(七長寺)라 하였다고 한다.

근래 들어, 칠장사가 널리 알려지게 된 것은 벽초 홍명희의 대하소설 임꺽정 때문일 것이다. 임꺽정은 평안도, 함경도, 강원도, 경기도, 충청도 등 5도를 휩쓸며 신출귀몰하게 활동하던 중 칠현산 칠장사로 들어가 속칭 '갖바치'라는 이름의 병해대사의 비호를 받는다.

갖바치는 가죽신을 만드는 천민 출신으로, 칠장사에 은둔하면서 마을 사람들에게 가죽신 깁는 법을 가르쳐 준다. 세월이 흘러 가죽신은 유기와 더불어 안성을 대표하는 특산품이 된다. 갖바치는 마을 사람들에게 병해대사로 불리다가 85세에 입적하였다.

칠장사는 임꺽정과 갖바치인 병해대사와의 일화뿐만 아니라 임진왜란 때 혜소국사비에 관한 일화, 그리고 혜소국사와 일곱 악인의 이야기 등으로 유서 깊은 절임을 알려준다.

칠장사 입구에는 높이 11.5미터의 철당간(鐵幢竿, 경기도 유형문화재 제39호)이 서 있다. 우리나라의 대표적인 철당간은 충청

칠장사 철당간 (경기도 유형문화재 제39호)

칠장사 대웅전 (경기도 유형문화재 제114호)

북도 청주 시내의 용두사지 철당간, 충청남도 계룡산 갑사 철당간이다.

칠장사 철당간은 지름 50센티미터, 길이 80센티미터 정도의 원기둥형 철통을 마치 대나무처럼 마디마디 연결하여 올린 것이다. 원래는 마디가 28개였지만 현재는 14개만 남아 있다.

칠장사 천왕문(天王門)을 지나면 아담하게 보이는 대웅전(大雄殿, 경기도 유형문화재 제114호)이 자리잡고 있다. 대웅전은 정면 3칸, 측면 2칸의 다포계 맞배지붕을 하고 있다.

대웅전 옆에 봉업사지에서 가져온 석불입상(보물 제983호)이 보인다. 석불입상은 통일신라시대의 불상으로 보이는데 봉업사지가 일찍이 폐사되면서 죽산중학교 교정에 있던 것을 칠장사로 옮겨왔다고 한다. 광배(198센티미터)와 불상(높이 157센티미터)이 하나의 통돌로 되어 있으며, 옷자락·수인·표정 등이 섬세하게 조각되어 있다. 얼굴 부분을 보면 뺨에 살이 오른 동그란 모양을 하고 있으며, 이목구비가 단정하고, 머리는 소발이다. 그러

봉업사지 석불입상(보물 제983호) 앞모습과 옆모습

나 얼굴 부분의 눈·코 부분이 약간 마모되어 있었다. 손모양을 살펴보니 오른손은 살포시 가슴에 얹고, 왼손은 살며시 내려 무릎 아래 옷자락을 잡고 있다. 양어깨를 가리는 통견식으로 표현된 가사는 얇게 불상의 몸을 덮고 있는데, 가슴이 넓게 U자형으로 파여 있다. 전체적으로 보면 두광 및 신광 그리고 화염문 등이 잘 표현되어 있는 우수한 작품이다. 특히 원형의 두광에는 화불(化佛)이 세 구 양각되어 있고, 두광 바깥쪽에 양각된 화염문은 불상 전체를 두른 거신광으로도 연결되어 있다. 대좌는 마모의 흔적이 전혀 없는 것으로 보아 최근에 만든 것으로 보인다.

대웅전을 끼고 왼쪽 언덕으로 올라가면 혜소국사비(보물 제488호)를 만날 수 있다. 혜소국사는 안성에서 태어나, 칠장사에서 여생을 마친 분이다. 혜소국사비는 고려 문종 14년(1060)에 세워졌으며, 비신·귀부·이수의 세 부분으로 나누어져 보관되어 있었다. 귀부와 이수는 모양이 웅장하고 화려한 느낌을 주고, 비신은 양옆에 아래 위로 길게 여의주를 가지고 노는 쌍용이 생동감 있게 조각되어 있다. 강원도 원주 법천사지 현묘탑비의 옆면에 조각되어 있는 쌍용 모습과 비슷한 느낌이 들었다.

혜소국사비를 자세히 보면 대각선으로 잘려진 흔적이 보이는데, 다음과 같은 전설이 전해 내려오고 있다.

혜소국사비 (보물 제488호) 중 비신

임진왜란 때 일본군 가토(加藤淸正)가 이 절에 들이닥쳤다. 그는 부하들을 시켜 경내에서 닥치는 대로 약탈과 노략질을 하였다. 그 때 갑자기 한 노승이 나타나 가토를 향해 호령했다.
"신성한 법당을 어지럽히지 말고 물러가라."
이 말을 듣고 분기탱천한 가토가 칼을 빼어 노승을 한칼에 베었는데, 노승은 간데 없고 대신 비석이 두 동강이 나서 피를 흘리고 있었다. 이에 가토는 혼비백산하여 그대로 도망쳐 버렸다.

혜소국사비를 보고 다시 언덕을 내려오는 길에 작은 지붕을 가진 암자가 눈에 들어왔다. 호젓한 주위의 풍경이 이 세상의 묵은 때를 씻겨내 주는 것 같았다.

[안양] 중초사지

中初寺址

국내 유일의 마애종이 있는 곳

현재 남아 있는 대부분의 절터는 심산유곡이나 교통이 불편한 외진 곳에 위치하여 쉽게 걸음할 수 없는 불편함이 있다. 그런데 서울 근교에도 과거 대사찰이었던 옛 절터가 있어 일요일 오후 시간을 내어 전철을 탔다. 오랜 시간 끝에 관악역에서 내려 경수산업도로를 건너 안양유원지 입구 방향으로 걸어가다 보면 유유산업주식회사 정문이 보인다. 중초사지(中初寺址)의 옛날 흔적들이 유유산업주식회사 정문 안쪽 바로 왼쪽에 위치하고 있다.

지금은 절터의 흔적을 전혀 찾아볼 수 없다. 다른 절터에서 무심히 굴러다니는 돌덩이조차 이곳에서는 볼 수 없다. 그러나 중초사지에는 국내 유일의 마애종과 다른 곳에서는 보기 힘든 당간지주가 있다. 유유산업주식회사 안에는 당간지주와 삼층석탑만이 자리잡고 있었다.

한눈에 보아도 당간지주의 우람한 자태가 과거의 중초사지의 규모를 짐작케 해 준다. 중초사지 당간지주는 높이 약 3.7미터이며, 양 지주가 동쪽과 서쪽으로 서로 마주보고 서 있다.

당간지주의 마주 대하는 안쪽면과 바깥면에도 아무런 장식 요소가 보이지 않는다. 다만, 양 지주의 윗부분은 내측면의 면 위에서 바깥면으로 내려오면서 위로부터 깎여졌다. 그리고 당간을 고정시키기 위한 구멍은 양 지주 모두 상·중·하 세 곳에 마련하였다. 상부는 내면 상단에 장방공(長方孔)을 마련하여 간(竿)을 장치하였고, 중·하부는 관통된 원공(圓孔)에 간을 시설하게 되어 있다. 당간지주의 기단부에는 밑바닥에 장대석의 기반석(基盤石)을 지주 사이와 양지주의 바깥쪽에 각기 한 장씩 깔아 놓았다. 간대는 지주 사이의 장대석 중심부에 둥근 구멍을 뚫었으며, 그 주변에 둥근 띠가 둘러져 있다.

중초사지 당간지주는 보물 제4호로서 통일신라시대의 것으로 알려져 있다. 중초사지 당간지주는 서쪽 지

당간지주의 기단부

중초사지의 당간지주와 삼층석탑

중초사지 당간지주 (보물 제4호)

中初寺址

주의 바깥면에 글귀가 새겨져 있어 이를 통해 정확한 연대를 알 수 있다. 만들어진 시기는 물론 여러 가지 정보를 알 수 있기 때문에 다른 곳에서는 볼 수 없는 소중한 우리의 문화유산인 것이다.

그러나 비바람에 훼손이 심하여 가까이 다가가 자세히 보아도 정확한 글자를 알 수 없었다.

그러나 각종 자료를 인용하여 당간지주의 글자를 풀어보면, '흥덕왕 1년(826) 8월 6일 중초사 동쪽에 있는 승악(僧岳)에서 돌 하나를 쪼개 둘을 얻었고, 8월

당간지주 서쪽 지주에 쓰여 있는 글귀들

28일에 작업을 시작하여 9월 1일에 옮겨왔으며 827년 2월 30일에 공사를 마쳤다' 라고 되어 있다. 또한 당간지주 조성에 참여한 법사 10명의 이름이 열거되어 있다. 즉 현대 기준으로 말하면 '공사실명제' 를 지킨 국내 유일의 당간지주라는 가치를 지니고 있는 것이다.

중초사지 당간지주의 명문은 당간지주의 확실한 조성 연대(造成年代)를 알 수 있을 뿐만 아니라 이곳에 있던 절이 중초사였음을 알려주는 귀중한 자료가 되고 있다.

당간지주 바로 옆에는 삼층석탑(보물 제5호)이 서 있다. 삼층석탑은 고려 중기에 조성된 것으로 추정되며, 높이가 2.22미터이다. 본래의 자리는 당간지주 동북쪽으로 약 80미터 가량 되는 밭 한가운데 무너져 있었는데, 유유산업 건물이 세워지면서 1960년 지금의 자리로 이전하여 복원되었다고 한다. 탑은 전체 무게를 받치는 기단을 1층으로 쌓고, 그 위에 3층의 탑신을 올렸다. 기단과 1층 탑신의 4면에는 우주를 새겼으며, 옥개석은 매우 두

꺼워 급한 경사를 이루고 있다. 전체적으로 보면 기단부가 필요 이상으로 크게 만들어져 있어서, 지나친 안정감을 주고 있는 듯하다. 탑의 상륜부는 남아 있지 않았다.

유유산업 정문을 나와 옆으로 난 길을 따라 유유산업 뒤쪽으로 걸어갔다. 마애종은 중초사지 당간지주로부터 약 200여 미터 떨어진 곳에 있었다. 과거에는 아마 같은 사찰 안에 어우러져 있었던 유적으로 보인다. 머릿속으로 당간지주와 마애종으로 이어지는 상상의 원을 그려보았다. 과거 웅장했던 절의 크기와 규모가 얼핏 그려지는 듯했다.

중초사지 삼층석탑 (보물 제5호)

마애종의 보호각

마애종(磨崖鐘)이란 암벽에 새긴 종이란 뜻으로, 안양시 석수동 마애종은 승려가 종을 치고 있는 장면을 암벽에 새긴 것이다. 마애종은 자연 암벽에 조각되어 있어서 오랜세월 동안 비바람에 심하게 마멸되어 최근에 안양시에서 보호각을 설치하였다. 보호각 때문에 가까이 다가갈 수 없게 되어 보호각 나무 창살 사이로 사진을 촬영해야 했다.

종은 건물의 대들보에 쇠사슬로 연결되어 있고, 그 왼쪽에 승려가 긴 막대기를 사용하여 종을 치고 있는 모습을 사실적으로 나타내고 있다. 이 마애종은 전형적인 한국종을 묘사하고 있는데, 소리의 울림을 돕는 음통(音筒)과 종을 거는 고리인 용뉴(龍紐)가 비교적 정확하게 새겨져 있다. 또한 종의 상단 표면에는 상대(上帶)와 유곽(乳廓)의 모습이 보이고, 종의 중간 부분에는 연꽃 문양과 당좌(撞座)가 새겨져 있다. 그러나 하대(下帶)의 문양

마애종(경기도 유형문화재 제92호)의 모습

은 뚜렷하게 보이지 않는다. 마애종은 종의 모양이나 종을 거는 고리, 종의 몸통 표현 등으로 봐서 고려 전기 작품으로 추정된다.

마애종은 우리나라 유일의 것으로 귀중한 문화재이다. 현재는 경기도 유형문화재로 등록되어 있지만, 필자의 좁은 소견으로는 마애종의 희귀성과 역사성으로 볼 때 적어도 보물로 격을 올려야 하지 않을까 생각해 본다.

마애종을 한동안 보고 있노라니 저녁 노을과 함께 은은히 울려퍼지는 종소리가 귓전에 들리는 듯하다. 누가 알아주지 않아도 묵묵히, 화려하지도 않고 뽐내지도 않으면서, 소박하고 정갈한 당시 스님들의 수행을 떠올리며 잠시나마 숙연한 마음을 가져본다.

국가지정문화재의 종류
- **국보** : 보물에 해당하는 문화재 중 인류 문화의 견지에서 그 가치가 크고 유례가 드문 것(서울숭례문, 훈민정음 등)
- **보물** : 건조물·전적·서적·고문서·회화·조각·공예품·고고자료·무구 등의 유형문화재 중 중요한 것(서울흥인지문, 대동여지도 등)
- **사적** : 기념물 중 유적·제사·신앙·정치·국방·산업·교통·토목·교육·사회사업·분묘·비 등으로서 중요한 것(수원화성, 경주포석정지 등)
- **사적 및 명승** : 기념물 중 사적지·경승지로서 중요한 것(경주불국사경내, 부여구두래일원 등)
- **명승** : 기념물 중 경승지로서 중요한 것(명주청학동의소금강, 상백도하백도일원 등)
- **천연기념물** : 기념물 중 동물(서식지·번식지·도래지 포함), 식물(자생지 포함), 지질·광물로서 중요한 것(달성의 측백수림, 노랑부리백로 등)
- **중요무형문화재** : 무형문화재 중 중요한 것(종묘제례악, 양주별산대놀이 등)
- **중요민속자료** : 의식주·생산·생업·교통·운수·통신·교역·사회생활·신앙 민속·예능·오락·유희 등으로서 중요한 것(덕온공주당의, 안동하회마을 등)

[양주] 회암사지

檜巖寺址

태조 이성계가 머물던 절

내가 회암사지(사적 제128호)를 찾은 것은 벌써 네 번째이다. 거리가 가까운 것이 가장 큰 이유이겠지만, 그보다는 아마 흥하던 절이 갑자기 사라져 버린 까닭이 궁금해서 일 것이다. 회암사지는 경기도 양주군 회천읍 회암리 천보산(天寶山) 기슭에 자리잡고 있으며, 조선을 창건

회암사지 입구에 서 있는 당간지주 (경기도 향토자료 제13호)

전망대에서 바라본 회암사지 전경

한 태조 이성계가 왕위에서 물러나 무학대사(無學大師, 1327~1405, 고려 말·조선 전기 승려)와 함께 머물던 절로 유명하다. TV 대하사극 '용의 눈물'이 방영된 후부터 일반인들의 관심이 고조되면서 찾아오는 사람들의 발길이 잦아지고 있다니 새삼 대중 매체의 보이지 않는 힘이 느껴진다.

회암사지를 찾을 때마다, 가장 먼저 반겨주는 것이 수풀속에 서 있는 당간지주이다. 원래 두 쌍씩 모두 네 개였으나, 현재까지 한 개는 발굴되지 못하고 있다. 당간지주는 높이 3.25미터이며, 화강암 재질로 되어 있다. 세 개의 당간지주는 모두 동일한 형태를 가지고 있으며, 몸체에는 별다른 장식이 없다.

현재 회암사지는 발굴조사가 진행 중인 관계로 일반인들의 출입은 금하고 있어, 회암사지 전망대에서만 보는 것이 허락되어 아쉬움을 주고 있다. 전망대에서 보는 회암사지의 규모는 생각한 것보다 웅장하다. 땅속에 묻혀 있는 기단부의 규모와 숫자를 대충 눈으로 헤아려보며 과거 회암사의 규모를 상상해 본다.

  회암사지는 우람한 천보산에 둘러싸여 있는 아늑한 터에 자리잡고 있었다. 앞쪽으로는 임진강과 한강이 만나고 있으며, 뒤로는 일곱 개 봉우리가 있다고 하는 칠봉산으로 둘러싸여 있어 전형적인 배산임수(背山臨水)의 명당자리임을 한눈에 알 수 있다.

  회암사 창건은 고려시대 인도 승려 지공(指空, 1320~1376, 고려말 고승, 인도에서 태어나 고려와 원나라에 불교를 전파)에 의해서였다고 알려지고 있다. 회암사는 창건된 뒤 고려말 나옹(懶翁)이 262간(間)의 전각으로 이루어진 가람으로 중창했으며, 3,000여 명의 승려가 머무는 동방 제일의 가람으로 발전되었다. 이후 조선이 건국되면서 회암사는 왕실의 적극적인 후원 아래 운영되어 왔다. 회암사의 중흥에는 이성계의 왕위 등극을 예언하고, 한양(서울)으로 수도를 정하는 등 조선 건국에 깊숙이 관여한 무학대사의 영향이 컸을 것으로 짐작된다. 무학대사는 왕사(王師)로 책봉되어 회암사에 머물면서 지공과 나옹의 사리탑을 세웠다고 전해진다.

  태조 이성계는 왕자의 난(王子의 難 : 조선 초기 왕위 계승권을 둘러싸고 1398년과 1400년에 태조 이성계의 왕자들 사이에 벌어진 두 차례의 난) 이후 함흥에 머물다가 태종과 신하들의 청에 못이겨 귀경길에 올랐으나, 양주를 지나면서 아예 회암사에 주저앉게 되었다. 이로 인해 태종은 아버지인 태조와 나랏일들을 의논하기 위해 그 당시의 국가 최고기관이었던 의정부를 지금의 의정부시로 옮겨왔던 것이다. 지금 의정부시의 지명은 그 당시 국가 최고기관인 의정부에서 유래되었다.

  회암사지 맨 아래쪽 입구에서 위쪽의 천보산 방향으로 보면, 낮은 곳에서부터 위의 높은 곳으로 층층이 쌓아올린 석축 기단들이 보인다. 이 석축 기단들을 보고 있노라면, 마치 속세에서 한 걸음 한 걸음 수행을 통해 부처님

서쪽의 거대한 석축

의 세계로 다가가는 것 같아 경건한 마음을 들게 한다. 회암사지는 남쪽 낮은 지형으로부터 북쪽 위쪽으로 올라가는 경사진 대지에, 계단 모양으로 8단의 석축을 쌓고, 그 위에 30여 개의 건물을 세웠던 흔적이 남아 있다.

답 석

회암사지 입구를 지나 위로 올라가면, 여기저기에 있는 계단들이 눈에 띈다. 회암사지는 각 건물의 중앙에 주계단을 배치하고, 양옆으로 보조계단을 배치한 것이 인상적이다. 그리고 답석(踏石 : 비가 오거나 물이 흐를 경우 신발이 젖지 않게 하기 위해 놓인 돌) 등을 이용하여 각 건물과 건물 사이의 움직임을 유기적으로 연결하였음을 볼 수 있다. 이는 사람들이 건물

주계단 위 양옆에 설치된 정료대

과 건물 사이를 이동할 때 편리함을 추구한 결과로 보여지며, 사찰을 지을 때 이동 거리 또는 행동 반경들을 고려한 인간공학적인 설계를 지니고 있다는 것을 한눈에 알 수 있다.

주계단을 오르면 양옆에 설치된 정료대(庭寮臺)를 볼 수 있다. 정료대는 야간에 행사가 있거나 무슨 일이 일어났을 때 불을 피우는 일종의 조명시설이라 할 수 있다. 예를 들어, 외부의 침입이 있거나 산짐승이 절 내에 들어왔을 때 관솔이나 장작을 쌓아 불을 피우기 위해 설치한 대이다. 회암사지에는 정료대가 곳곳에 설치되었던 흔적을 볼 수 있다. 밤에 정료대의 불빛이 회암사 여기저기에서 피워오르는 모습을 상상해 보면, 과거 회암사의 전체적인 규모와 웅장함이 눈에 선하게 들어온다.

특히, 주계단의 올라가는 양쪽 부분에는 태극 문양이 선명하게 보인다. 계단의 소맷돌에 양의와 음의가 서로 의지하며 맞물려 돌아가는 태극 무늬의 형상을 새겼다. 그런데 이 태극 문양은 보통 사찰에서는 사용되지 않는

주계단 양쪽의 소맷돌에 새긴 태극 문양

계단 양쪽의 소맷돌은 날개 모양의 날개석

문양이며, 회암사 같은 원찰에서만이 사용하는 문양이다. 태극 문양이 있는 돌을 법수석(法首石)이라 하며, 법수석 아래 지대석에는 구름 모양의 운석과 안상이 조각되어 있다. 따라서 이 태극 문양은 회암사와 왕실 간의 돈독했던 관계를 말해 주고 있는 것이다. 계단 양쪽의 소맷돌은 날개 모양의 날개석으로 치장되어 한결 웅장한 기운을 북돋우고 있다.

회암사지 동쪽으로 가면 현재 발굴이 진행되고 있는 것으로 보이는 구조물이 보인다. 이 구조물은 우물이 있던 자리이며, 현재 발굴조사를 위해 비닐 등으로 천장을 만들어 덮어놓았다.

우물이 있던 자리 앞에는 돌로 만든 수조가 눈에 띈다. 아마 이 수조는 우물에서 물을 길어 목욕하는 데 사용했을 것으로 추정되고 있고, 우물터 양쪽으로 찻물을 끓이던 다관받침석이 두 개 보인다.

고려시대 귀족층의 다례의식은 보통 2~3시간 정도가 걸렸다고 한다. 지금은 수조와 다관받침석만이 남아

돌로 만든 수조

있으며, 이를 통해 회암사가 다례의식에 관한 흔적을 보여 주는 대표적인 사적지임을 알 수 있다.

우물이 있던 자리를 지나 동쪽으로 약 20여 미터 가면, 커다란 맷돌이 두 개 놓여 있는 것이 보인다. 맷돌을 보면 일단 그 크기에 압도당한다. 회암

맷돌 (경기도 민속자료 제1호)

사는 많은 승려와 방문객들에게 식사를 제공하기 위해서는 이 정도의 맷돌이 필요했으리라. 엄청난 크기의 맷돌은 당시 절의 규모를 대변해 주고 있는 듯하다. 또한 맷돌 옆에는 커다란 두 개의 돌로 만든 수조가 보이는데, 아마 맷돌로 콩을 갈아 두부를 만들던 시설이 아니었을까 생각해 본다. 자료에 의하면, 회암사에서 동시에 식사할 수 있었던 인원이 이천 명을 넘었다고 한다.

회암사지를 답사할 때 그냥 지나치기 쉬운 것이 기단에 있는 조그마한 구멍들이다. 어떤 용도로 쓰인 구멍인지 궁금하였는데, 이는 천보산의 물을 아래로 흘려 보내기 위해 만든 수구(水口)들이라고 한다. 회암사지 곳곳에는 천보산의 물을 끌어다 사용한 흔적들이 보이는데, 과거 회암사에는 많은 사람들이 머물고 있었으므로 물이 많이 필요했을 것이다. 이를 위해 건물의 기단마다 보이는 수구, 그리고 암거(暗渠 : 지하에 매설하든지, 지표에 있으면 복개를 해서 수면이 보이지 않도록 한 수로를 말하며, 속도랑이라고도 한다) 등으로 이루어진 물 관리 시스템은 굉장히 정교하고 체계적임을 보여 주고 있다. 따라서 물을 가두기 위한 집수구와 작은 수조, 물을 빠지게 하기 위한 배수구 등의 흔적이 아직도 남아 있다.

여러 단계의 계단을 지나면 바로 회암사지의 중심지인 보광전(普光殿) 터에 다다른다. 앞부분의 커다란 장대석이 건축물의 규모를 대신하고 있다. 기단의 규모 등으로 미루어보아 보광전은 2층의 팔작지붕 구조로 짐작된

회암사지의 물관리 흔적 : 수구, 암거, 집수구, 배수구

다. 이 보광전의 발굴현장에서 월대(月臺)와 함께 잡상(雜像)과 수막새 등이 출토되었다는 것은, 회암사지가 궁궐 건축 양식을 보여 주고 있다는 증거이다. 특히 지붕 위의 잡상은 왕실과 깊은 관계가 있는 사찰에서만 볼 수 있는 물건이다. 현재 사찰 중에서는 남양주 수락산 아래의 흥국사 대웅전 지붕 위에서 볼 수 있는데, 흥국사도 과거 조선시대 왕실과 긴밀한 관계를 유지하던 사찰이었다.

회암사지의 북쪽 담장지에는 세 개의 단을 만들고, 그 안을 흙으로 채워 넣어 화단을 조성하였다. 이것을 화계(花階)라고 하는데, 창덕궁의 대조전

후원과 같은 구조로 되어 있어서 왕실과의 관계를 보여 주는 또 다른 증거이기도 하다.

화계의 윗부분에도 수로 구멍이 보인다. 이 수로 구멍은 산 위쪽 부분의 집수구로부터 수로를 따라 흘러온 물을 보내기 위한 것으로, 이 수로 구멍을 보면 위에 커다란 돌을 놓고, 수로의 기둥을 끼워 맞춘 흔적이 보인다.

끼워 맞춘 흔적이 보이는 수로 구멍

화계 아래 부분에는 윤장대(輪藏臺)의 흔적을 보여 주는 부분이 있어 눈길을 끈다. 윤장대란 경전을 넣은 책장에 축을 달아 회전하도록 만든 나무로 된 책장

위에서 바라본 화계

윤장대의 밑부분 흔적

을 말한다. 윤장이란 중심에 기둥을 하나 세우고, 8개의 문을 열어놓고 모든 경전을 올려놓은 다음 부착된 손잡이를 돌려가면서 염송하는 것을 말하는데, 이를 위해 만든 것이 윤장대이다. 이것을 돌리기만 하면 경전을 읽지 않아도 공덕을 쌓을 수 있다고 한다.

회암사지의 동쪽 뒤편에는 이름 모를 부도탑이 하나 있다. 이 부도는 전형적인 팔각원당형의 부도는 아니지만 기본틀은 갖추고 있다. 부도의 하대석의 기린상(어떤 이는 천마상이라고도 함)은 다른 부도에는 볼 수 없는 대단히 보기 드문 것이다. 네 개의 돌로 만든 중대석에도 각종 꽃을 새겼고, 24폭의 복련이 상대석의 팔부신중을 떠받들고 있다. 다만, 상륜부를 보면 보륜, 보개, 보주로 다른 부도와는 달리 마치 탑의 형식을 갖추고 있는 점이 특이하다. 부도의 처마쪽을 보면 약간 깨져 있는데, 이는 일본인들이 자기 나라로 옮겨가려고 한 흔적이라고 한다. 이 부도의 해체·복원시 일본의 도자기와 동전이 나왔는데, 우리 민족의 슬픈 역사를 보는 것 같아 가슴이 아프다.

일부에서는 이 회암사지의 부도가 보

회암사지 부도 (경기도 유형문화재 제52호)

우(普雨, 1515~1565, 조선시대 중기에 불교의 전성시대를 이룸)의 것이라고 주장하기도 한다. 보우는 회암사를 중심으로 숭유억불정책의 조선시대에 불교 중흥을 위해 애쓰다가, 유생들에게 '요승(妖僧)'으로 매도당한다. 그 당시 불교 중흥을 같이 꾀하던 문정왕후(文定王后, 1501~1565)가 죽은 뒤 제주도에서 피살되었다.

회암사의 폐사 시기는 정확히 알 수 없다. 일반적으로 고려 중기에 창건되어, 숭유억불정책을 펼치던 조선 중기의 인조(仁祖, 1595~1649) 초까지 중창과 보수를 계속하면서 번창되었던 것으로 여겨진다.

『명종실록』에 따르면, "유생들이 회암사를 불태우려 한다."는 기록이 있고, 임진왜란이 진행 중이던 선조(宣祖, 1552~1608) 28년 "회암사 옛터에 불탄 종이 있다."고 기록되어 있다. 이에 비추어 회암사의 폐사에는 유생에 의한 방화나 임진왜란 때의 소실로 요약할 수 있을 것이다.

그러나 발굴조사하는 과정에서 도자기와 불상 등의 목이 모두 잘려진 채 발굴된 것으로 보아 누군가가 의도적으로 폐기한 듯한 인상을 주고 있어,

새로 지은 회암사 전경

무학대사 부도(보물 제388호)와
쌍사자 석등(보물 제389호)

선각왕사비 (보물 제387호)

檜巖寺址

회암사의 폐사 원인을 불분명하게 만들고 있는 것이다.

비록 예전의 회암사는 없어지고 회암사의 옛터만이 남아 있지만, 회암사지로부터 10여 분쯤 더 올라가면 대한불교조계종 제25교구 본사인 봉선사(奉先寺)의 말사로 새로 만든 '회암사'가 눈에 들어온다.

새로 지은 회암사 경내에 가면 언덕 위에 있는 지공, 나옹, 무학대사의 부도와 석등을 만날 수 있다. 세 분 대사의 부도가 한 곳에 모여 있는 모습은, 회암사지에서 느꼈던 빈 절터의 허전함을 한순간에 사라지게 한다.

특히, 무학대사의 부도(보물 제388호)는 빼어난 느낌을 주고 있으며, 그 앞에 있는 쌍사자 석등(보물 제389호)은 다른 두 분의 석등과는 달리 두 마리의 사자가 석등을 받치고 있다. 새끼사자라는 인상을 줄만큼 앙증맞은 모습과 쪼그린 자세, 그리고 펑퍼짐한 엉덩이가 귀여운 느낌마저 준다. 무학대사의 부도와 쌍사자 석등은 각각 따로 보물로 지정되어 있는 것으로 보아 그 뛰어남을 미루어 짐작하게 한다.

쌍사자 석등의 뒷모습

무학대사 부도 위쪽에는 나옹선사의 부도와 석등, 그리고 3.06미터 높이의 선각왕사비(禪覺王師碑, 보물 제387호, 선각왕사는 나옹의 호)가 놓여져 있다. 나옹선사의 부도는 여주의 신륵사에도 있다. 여주의 신륵사 부도는 계단 위에 안치된 석종형 부도로서 그 빼어남을 자랑한다.

나옹선사의 부도가 회암사지와 여주 신륵사에 있는 이유는 다음과 같다.

원래 나옹선사는 경기도 양주 회암사에 머물었으나, 나옹선사의 법문을 듣기 위해 너무나 많은 사람들이 몰려들자 정권 말기 민심이반을 고민했던 왕으로부터 한양과 거리가 아주 먼 밀양의 영원사(瑩源寺)로 옮겨가라는 명을 받는다. 길을 떠난 병든(이미 독극물에 의해 쇠약해졌다고도 함) 나옹선사는 지금의 여주 신륵사(神勒寺)에서 잠시 머물다가 세속 나이 57세에 입적하였다. 나옹선사가 열반한 뒤 사리 일부는 신륵사에, 나머지는 평소 머

회암사지의 나옹선사 부도와 석등 (경기도 유형문화재 제50호)

여주 신륵사의 나옹선사 부도 (보물 제228호)

지공화상의 부도와 석등 (경기도 유형문화재 제49호)

물던 회암사 언덕에 부도를 만들어 모셨다.

그 위 좀더 높은 언덕에 지공화상의 부도와 석등이 있다.

인도 출생의 승려 지공은 충숙왕 15년(1328) 원나라를 걸쳐 고려에 들어와 인도의 아라난타사(阿羅難陀寺)를 본떠 회암사를 창건하였다고 한다. 자기가 태어난 나라를 떠나 이역만리 고려까지 와서 불법을 전한 행적에 약간 마음이 뭉클해진다. 지공화상의 부도는 동그랗게 생긴 보주를 여러 개 얹은 모습이 특이한 느낌을 주지만 다른 두 분의 부도만큼 빼어남을 주지는 못한다.

회암사를 떠나면서 나옹의 글이 생각난다.

청산은 나를 보고 말없이 살라하고
창공은 나를 보고 티없이 살라하네
사랑도 벗어놓고 미움도 벗어놓고
물같이 바람같이 살다가 가라하네

[여주] 고달사지

高達寺址

남한강의 중요한 교통 요충지

고달사는 신라 경덕왕 23년(764)에 창건되었다고 전해지고 있다. 이 시기는 신라가 한강유역을 차지하고 있었으며, 신라는 남한강의 유리한 수로를 확보하기 위해, 그 배후지에 거대한 사찰 건립의 필요성을 느꼈을 것이다. 인근의 신륵사를 비롯하여 남한강 물길을 중심으로 거돈사지·법천사지·흥법사지 등도 수운(水運) 교통의 요충지에 자리잡고 있다.

고달사는 고려시대 광종 때 이르러 도봉원, 희양원과 함께 나라 안에서 으뜸가는 3대 선원으로 고달원이라 불렸으며, 왕실의 비호를 받았다. 또한 국가가 관장하는 대사찰이었다. 사방 30리가 고달사 땅이었으며, 수백 명의 스님들은 도량이 넘쳤다고 한다.

'도의 경지를 통달한다'는 뜻을 가지고 있는 고달사(高達寺). 이 고달사의 석조물은 모두 '고달'이란 석공이 조성했다는 이야기가 전해오고 있다. 석공 '고달'은 가족들이 굶어 죽는 줄도 모르고 석조물의 완성에 온 힘을 기울였고, 작업이 끝난 후 스스로 머리를 깎고 스님이 되었으며, 훗날 도를 이루어 큰 스님이 되어 '고달사'라 불렸다는 전설이 있다.

문헌에 나타난 고달사에 대한 기록을 보면, 『신증동국여지승람』에 고달사에 대해 쓰여진 것으로 보아, 조선 중기까지는 번창했던 것을 알 수 있다. 마지막 문헌에 언급된 고려말 나옹선사의 제자인 무학대사가 나옹선사 입적 후 신륵사(神勒寺) 옆 고달사에 은신하였다는 기록으로 볼 때, 고달사는 고려시대 우왕(禑王, 재위 1375~1388) 이후에 폐사된 것으로 추정되나 그 이유에 대해서는 정확한 기록이 없어 아쉬움만 남는다.

더위가 한창 기승을 부리던 7월의 마지막 일요일, 고달사지에 대한 어렴풋한 기억 때문에 곤히 자고 있던 가족을 깨웠다. 혼자 가기에는 아까운 생각이 들었으며, 아이들에게도 옛 절터와 국보·보물을 보여 주고 싶었기 때문이다.

고달사지(사적 제382호)는 행정상으로는 경기도 여주군 북내면 상교리에

고달사지(사적 제382호) 전경

여주 고달사지 | 99

위치하고 있다. 상교리 입구에 있는 커다란 둥치의 나무를 돌아서면 널따란 절터가 나타난다. 고달사지를 둘러싸고 있는 혜목산(현지에서는 우두산으로 불림) 아래 좌우 야산을 끼고 고달사지가 자리잡고 있다. 현재 고달사지에는 국보 4호인 고달사지 부도와 보물 제6·7·8호가 있다.

고달사지 석불대좌 (보물 제8호)

고달사지에 들어서면 가장 먼저 눈에 띄는 것이 우리나라에서 가장 크고 잘생긴 석불대좌(石佛臺座, 보물 제8호)이다. 석불대좌는 옛날 고달사의 금당지로 추정되는 건물터의 중심부에 자리잡고 있다.

높이 1.57미터인 대좌의 크기로 보아 위에 얹혀 있던 불상의 크기와 법당의 규모들을 짐작할 수 있으나, 불상은 간데 없고 거대한 대좌만 쓸쓸히 빈 절터를 지키고 있다. 불상을 놓기 위한 대좌가 일반적으로 원형이나 팔각모양인데 반하여, 고달사지 대좌는 사각형의 독특한 모양을 하고 있다. 석불대좌는 지대석과 하대석·중대석·상대석으로 구성되어 있으며, 전체적으로 크고 웅장한 느낌을 준다. 다가가서 자세히 보면 하대석의 안상과 복련 조각이 상대석 앙련의 사실적인 묘사와 어울려 장엄하고 정교한 조각품과 같은 인상을 준다.

석불대좌에서 몇 발자국 더 올라가면 기울어져 있는 소나무가 퍽 인상적이다. 마치 고달사지의 흥망을 알려주는 듯 심하게 기울어져 있다. 소나무 옆에는 거대한 돌거북이 눈에 띈다. 이 웅장한 돌거북은 고달사를 중흥시킨 원종대사(元宗大師, 869~958, 통일신라말~고려초 승려)혜진탑비(慧眞塔碑, 혜진은 시호, 보물 제6호)이다. 그러나 비신은 보이지 않고 귀부와 이수만 남아 있다.

비신은 1916년에 넘어져 여덟 조각으로 부서져서 그 당시 경복궁의 국립중앙박물관으로 옮기고, 지금은 귀부와 이수만이 고달사지에 남아 있다.

원종대사혜진탑비는 높이 2미터에 달하며, 현재 남아 있는 우리나라 귀부와 이수 중에서 가장 규모가 커서 보는 이를 압도한다. 거북의 치켜 올라간 눈꼬리와 정면을 응시하는 눈, 꽉 다물어 옆으로 길게 찢어진 입에는 양 끝으로 물갈퀴 형상이 조각되어 있다. 또한 뚜렷하게 새겨진 거북의 등, 땅을 꽉 누르고 있는 발과 선명한 발톱 등이 보는 이로 하여금 감탄을 자아내게 한다. 비신을 안치할 비대좌에는 구름 무늬를 깊게 돌출시켜 장식하였고, 앞면에는 중앙의 전액(篆額 : 비석의 위쪽에 전자〈篆字〉로 쓴 글)을 중

원종대사혜진탑비 (보물 제6호)

원종대사혜진탑비의 이수의 전액 안의 글씨

원종대사혜진탑비의 귀부 (거북 머리)

심으로 구름과 용무늬로 장식했으며, '혜목산 고달선원 국사 원종대사지비(慧目山 高達禪院 國師 元宗大師之碑)'라고 쓰여 있다.

이수 양 옆에는 두 마리의 용이 서로 뒤엉켜 있어 역동적인 느낌을 준다. 뒤로 돌아가 뒷모습을 보니 거북이의 꼬리 조각모습이 저절로 웃음을 자아내게 한

원종대사혜진탑비의 옆모습

다. 원종대사혜진탑비의 귀부와 이수는 장수를 누리는 거북과 하늘을 나는 용을 사실적으로 조각하였다. 즉, 무병장수를 기원하는 마음을 담은 거북과 천하를 호령하는 기상을 가진 용이 합쳐져 힘이 넘쳐흐르는 기운을 느끼게 한다.

원종대사혜진탑비의 귀부와 이수를 보고 위쪽으로 약 10미터 올라가면

원종대사 귀부와는 완연히 구분되는 자그마한 귀부가 보인다. 전체가 통돌인 귀부는 비신도 이수도 없어지고, 거북의 머리마저 사라진 채로 마치 무엇을 기다리고 있는 듯이 바닥에 웅크리고 앉아 있다.

고달사지 귀부

고달사지 위쪽으로 울창한 나무 숲이 보인다. 빽빽한 나무 사이로 마치 하늘까지 뻗어 올라간 계단이 보인다. 100여 미터의 계단을 힘겹게 올라가자 어렴풋이 고달사지 부도의 윗부분이 보인다.

숨을 고르고 마지막 계단을 올라서자 상상할 수도 없는 거대한 부도가 눈앞에 다가선다. 지금까지 보아온 수많은 부도와는 그 규모와 크기가 비교되지 않는다. 일단 그 장중함에 압도당하여 한동안 멍하니 바라보기만 하였다. 이런 깊은 산골에 국보 제1호 남대문, 국보 제2호 원각사지 십층석탑, 국보 제3호 북한산 진흥왕 순수비에 이어 국보 제4호가 있을 줄 미처 몰랐다.

높이 약 4미터의 부도는 팔각의 지대석 위에 기단부·하대석·중대석·상대석·옥개석을 모두 갖춘 전형적인 팔각원당형의 고려시대 초기 부도이다. 하대석은 팔각으로 구성되어 있으며, 각 면에 안상이 새겨져 있고, 그 위에 연꽃이 조각되어 있다. 특히, 중대석의 둥근 몸둘레에는 거북을 중심으로 네 마리의 용이 구름 속을 노닐고 있다. 정교한 모습의 용머리와 힘이 넘치는 몸짓은 보는 이로 하여금 사실적인 느낌과 웅장함을 동시에 보여 주고 있다. 중대석 위에 큼직한 모습의 연꽃이 앙련으로 돌려진 받침 위에 팔각 상대석을 놓고 그 위에 탑신을 안치하였다.

고달사지 부도 (국보 제4호)

팔각 탑신에는 돌아가면서 사천왕과 자물통이 달린 문짝, 창살문을 교대로 조각해 놓았다. 사천왕은 법장을 지키는 신인데, 자물통은 잠시 이해가 되지 않았다. 문득, 자물통 안에 스님의 사리가 들어 있으니 열쇠로 잠가 보호한다는 의미가 아닐까 생각해 보았다.

자물통들은 팔각형의 탑신에 비해 상대적으로 크게 만들어졌으나, 날렵한 전각과 함께 추녀 끝의 귀꽃이 아름답게 조각되어 있다. 그러나 자세히 보니 성한 귀꽃이 서너 개뿐이어서 안타까운 마음이 앞선다. 다행히 부도의 상륜부에는 복발과 보개가 올려져 있다.

답사에 동행한 아이들을 부도 옆에 세우고 사진을 찍으려고 하는 순간에,

사천왕과 자물쇠, 창살, 용의 머리 모양

옥개석 처마 밑의 비천상

옥개석 처마 밑에 새겨진 그림이 눈에 들어왔다. 실례를 무릅쓰고 안으로 들어가 자세히 보니, 아름다운 비천상(飛天像)이 두 개 새겨져 있는 것이 아닌가. 악기를 두드리며 하늘을 나는 모습은 에밀레종에서 보았던 비천상을 연상케 한다. 나도 모르게 감탄사가 저절로 나왔다. 사실적으로 정교하게 조각된 아름다운 비천상이 여기에도 숨어 있을 줄이야.

처음 보는 거대하고 정교한 부도 앞에서 차마 발걸음이 떨어지지 않았지만, 고달사지에 있는 나머지 한 점의 보물인 원종대사혜진탑(보물 제7호)이 궁금하였다. 고달사지 아래 방향으로 난 계단을 내려가니 부도의 모습이 멀리서 보인다.

원종대사혜진탑은 높이 2.5미터로 전형적인 고려 초기 팔각원당형의 부도이다. 한눈에 보아도 마치 고달사지 부도의 축소판 같은 느낌을 갖게 한다. 정면 중앙의 거북머리와 그 좌우의 네 마리의 꿈틀거리는 용과 구름들까지 좀전에 본 고달사지 부도와 흡사하다. 다만, 원종대사 부도의 용은 머리를 오른쪽으로 돌리고 있는 점이 달라 보인다.

또한 원종대사 부도의 팔각 탑신에도 사천왕과 문의 모습이 보인다. 뒤로 돌아가니 거북의 등이 보이고, 앙증맞은 꼬리까지 조각되어 있는 것이 눈에 들어온다. 옥개석은 수평을 이루어 추녀 위로 향했으며, 여덟 귀의 전각은 반전이 큰 편이다. 전각 위로는 고사리 모양의 꽃이 조각되어 있으나, 세 개는 파손되어 없다.

용의 머리 모양

원종대사혜진탑 (보물 제7호)

고달사지에는 현재 남아 있는 것 외에 쌍사자석등(보물 제282호)도 있었는데, 이것은 지금 국립중앙박물관으로 옮겨 놓았다.

고달사지에 남아 있는 국보와 보물들을 보면서, 한 시대의 예술품에서 자기의 가족조차 외면한 채 혼신의 힘을 다해 작업을 했던 한 장인의 숨결을 느낄 수 있었다. 아마도 '고달'이 작업했던 부도와 귀부, 이수, 사천왕상 등은 장인의 혼을 뛰어넘어 부처님께 통하는 불심으로 다가갔을 것이다. 그리고 천년이 지나도 빛나는 예술품에 어찌 장인의 혼만이 담겼겠는가. 그 속에는 신심(信心)을 근본으로 수행했던 고달사의 잊혀진 스님들의 불심(佛心)도 배어 있을 것이라 생각하며 고달사지를 떠났다.

[하남] 춘궁동사지　春宮桐寺址

황룡사 금당에 필적할 만한 규모

경기도 하남시 춘궁동사지(사적 제352호)는 서울외곽고속도로의 차 소리가 들리는 서울 근교에 자리잡고 있다. 그 옛날에는 이곳도 수행을 하던 산사였을 터인데, 지금은 세월이 바뀌어 달리는 자동차의 소음속에 묻혀 있다.

춘궁동사지 정면으로는 멀리 이성산성이 보이고, 동쪽으로는 옛 마을 너머로 남한산성이 위치하고 있으며, 서쪽 방향의 자그마한 고개 너머로는 암사동의 몽촌토성을 비롯한 선사주거지·백제고분 등의 유적이 남아 있다. 과거 춘궁동사지의 금당은 신라의 경주 황룡사 금당에 필적할 만한 장대한 규모를 지녔다고 한다. 그러나 아쉽게도 거대한 규모를 자랑하던 절이 언제 창건되고 폐사되었는지에 대해 남아 있는 기록이 없다.

그러나 춘궁동 일대는 예로부터 고곡(古谷) 또는 궁(宮)마을로 불리기도 하였으며, 백제의 첫 번째 도읍지인 하남 위례성이 자리잡고 있던 곳이기도 하다. 이런 자료들로 비추어 춘궁동사지는 그 옛날 백제시대의 절터였으며, 조선 초기까지 남아 있었고 그 후에 폐사된 것으로 추정할 뿐이다.

왼쪽으로 고골낚시터를 끼고 돌아가, 판교~구리간 고속도로 아래의 굴다리를 지나자 눈 앞에 춘궁동사지 입구에 서 있는 안내 표지판이 보인다.

안내 표지판에는 '광주 춘궁동 동사지'라는 제목으로 표기되어 있다. 그러나 소재지는 '경기도 하남시 춘궁동'으로 되어 있다. 행정구역 개편으로 인한 혼란이 옛 절터 지명에도 나타나고 있는 것이다. 또한 동사지(桐寺址)라고 불리고 있는 것은 발굴 당시 출토된 기와에 쓰여 있던 '동사(桐寺)'라는 글귀 때문이다. 그러나 동사(同寺)라는 명문도 발견되어, 원래 '桐寺'인지 '同寺'인지가 불분명해졌다.

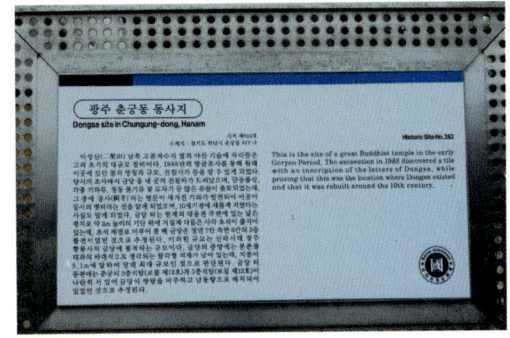

춘궁동사지 입구에 있는 안내 표지판

대부분의 유명한 옛 절터 옆에는 새로 지은 사찰이 있기 마련이다. 춘궁동사지에도 예외 없이 다보사라는 사찰이 자리잡고 있었다. 비교적 큰 대웅전에 여러 채의 부속 건물까지 갖추고 있는 사찰이다.

소나무 숲에서 보이는 기단 흔적들

높이 자란 소나무 숲 사이로 석탑이 보인다. 소나무 숲을 지나가면서 아래를 보니 여기저기 건물의 기단 흔적이 보인다. 반가운 마음에 걸음을 재촉하였다. 숲을 지나자, 비교적 넓은 평지에 커다란 두 개의 석탑이 우뚝 서 있다. 아래쪽으로 보물 제13

하남 춘궁동사지 | 109

춘궁동사지 두 기의 탑 전경

호로 지정된 삼층석탑이 보이고, 조금 위쪽으로 보물 제12호로 지정된 오층석탑이 위치하고 있다.

아래쪽의 삼층석탑은 높이 3.6미터로, 이중기단 위에 3층의 탑신을 올렸다. 실례를 무릅쓰고 보호 철칸을 넘어 앞으로 다가갔다. 탑 주위를 돌며 여기저기 자세히 살펴보니, 맨 아래 기단 면석에 세 개의 안상 조각이 보인다. 그런데, 자세히 보니 안상을 새긴 돌 색깔이 서로 맞지 않는 부분이 보인다. 아마 탑의 수리과정에서 나중에 안상을 조각하여 끼워 넣은 것 같다. 탑의 상층기

삼층석탑의 하층기단의 안상

단의 각 면에는 우주(隅柱 : 바깥기둥)와 탱주(撑柱 : 안기둥)가 새겨져 있다. 탑의 위쪽을 보니 탑신부에서 1층에 비해 2층의 높이가 급격히 낮아진 것을 볼 수 있었다. 불행히도 옥개석의 곳곳이 손상되어 있었고, 탑의 상륜부는 남아 있지 않았다.

바로 옆에 서 있는 오층석탑으로 발걸음을 옮겼다. 오층석탑의 높이는 삼층석탑의 약 2배가 되는 7.5미터이다. 마치 경주 감은사지석탑을 연상케 하는 당당한 체구를 드러내고 있었다. 아마 경기도에서 가장 큰 석탑일 것이다. 가까이 다가가 탑의 이곳저곳을 살펴보았다.

탑의 기단은 여러 장의 사각형 석재로 조립하였다. 1층 탑신은 특이하게도 상하 2단으로 나누어져 있어, 다른 탑에서는 보기 드문 형태이다. 1층 탑신의 하단은 네 장의 석재로, 상단은 한 장의 석재로 만들어져 있다. 2층 이상의 탑신은 각각 하나의 석재로 이루어져 있으며, 우주가 표현되어 있다. 탑의 위쪽의 옥개석들은 낙수면의 경사가 완만하고, 추녀가 수평을 이루다가 끝부분에 이르러 살

오층석탑 기단부의 사각형 석재

오층석탑을 아래에서 바라본 모습

春宮桐寺址

춘궁동사지 삼층석탑 (보물 제13호)

춘궁동사지 오층석탑 (보물 제12호)

짝 위로 올라가 멋을 내고 있다. 탑의 맨 윗부분에는 다행히 노반석(露盤石)이 보이지만, 찰주 등은 남아 있지 않았다.

 오층석탑은 고려시대에 만들어졌지만, 신라 석탑의 전형적인 양식인 정사각형의 탑으로 탑신부의 각층 비례가 조화를 이루는 등 탑의 양식면에서는 전체적으로 신라시대의 석탑을 충실히 계승한 것으로 평가되고 있다.

 두 개의 석탑을 살펴보고 나서 탑 주위를 둘러보았다. 초가을이라 온갖 풀꽃들이 무아지경을 이루고 있으며, 형형색색의 들꽃들이 마치 은하수처럼 펼쳐져 있었다.
 두 개의 탑이 있는 곳과 소나무 숲 사이에는 조그마한 도랑이 있다. 도랑을 건너려는데, 풀숲에 뒤덮여 있는 계단들이 살짝 보였다. 풀을 헤치고 자세히 보니 과거의 계단 흔적이 남아 있었다. 또한 오래되어 보이는 기왓장

계단의 흔적

들이 소나무 숲 한곳에 둥그렇게 쌓여져 있었다. 과거의 화려했던 영광이 세월의 흐름속에 묻혀가고 있었다.

마침 일요일이라 대웅전에서는 주지스님의 설법이 한창이다. 대웅전 앞의 마당을 보니 곳곳에 건물터의 주춧돌 흔적으로 보이는 돌들이 있었다. 돌들의 배열이 규칙적인 것으로 보아 커다란 건물 초석으로 보이며, 위치로 보아 아마 금당지였을 것으로 추측된다.

현재 다보사에 있는 과거 금당지의 돌들

그렇다면, 현재 다보사의 대웅전은 옛날 금당지 바로 위에 자리잡고 있는 것이다. 대웅전 앞마당에 과거 건물의 초석으로 사용되었을 것으로 보이는 돌들이 여기저기 널려 있었다.

일부 신자들이 좁은 대웅전 안을 피해 앞마당 나무 그늘 아래의 의자에 앉아 설법을 듣고 있었다. 나도 흐르는 땀을 식히기 위해 나무의자 한켠에 앉았다. 무심코 나무의자 아래를 보니 동그란 구멍 뚫린 돌이 있는데, 바로 옛날 금당의 불상대좌(佛像臺座) 흔적으로 보인다.

동국대 「광주 춘궁리동사지 발굴 보고서」(1988)에 의하면, 대웅전 불상대좌의 심초를

옛날 금당의 불상대좌 흔적

중심으로 초석들이 동서 27미터, 남북 27미터의 정방형을 이루고 있다고 되어 있다. 일부에서는 이를 목탑지라고 주장하기도 하는데, 만약 이것이 목탑이라면 우리나라 최대의 목탑이 될 것이다.

대웅전 아래 금당지의 초석들과 불상대좌를 합하여 옛날 대웅전 크기를 짐작해 보았다. 갑자기 금당 크기가 상상을 초월할 정도로 커졌다. 과거 춘궁동 절의 금당이 과거 경주의 황룡사 금당 크기와 맞먹는 큰 건물이었다는 것이 사실인 듯 싶었다.

이것은 춘궁동사지가 후삼국과 고려시대에 유행했던 거대한 사찰이었음을 보여 주고 있는 것이다. 또한 춘궁동사지 앞의 저수지와 현재 대웅전 뒤쪽의 산세가 하나의 분지를 이루고 있어 예사롭지 않은 절터임을 보여 주고 있다. 아마 옛날에는 현재의 대웅전에서부터 밑의 저수지에 이르는 거대한 규모의 사찰이 아니었을까.

다보사 주지스님의 설법이 계속되고 있었다. 갑자기 일어서기가 미안하여 시원한 나무 그늘 아래 앉아 있었다. 설법이 끝날 줄 몰랐다. 실례를 무릅쓰고 혼자 조용히 일어났다.

03 Gyeongsangnam-do*

경상남도

[산청] 단속사지

斷俗寺址

속세와 인연을 끊다

단속사지는 지리산의 한 자락인 옥녀봉(玉女峯) 아래에 위치하고 있으며, 행정구역상으로는 경상남도 단성면 운리 333번지 마을 한 가운데 자리잡고 있는 옛 절터이다.

예로부터 단속사지가 있던 마을을 탑동(塔洞)마을이라 불렀다고 하는데, 이는 탑이 있어서 그렇게 불렸으며 탑이 있었다는 것은 절이 존재했다는 증거이기도 하다.

일연의 『삼국유사』 '신충괘관(信忠掛冠)' 항에는 단속사 창건 설화에 관한 이야기가 다음과 같이 실려 있다.

첫 번째 창건 설화는 경덕왕 22년(763)에 현사(賢士) 신충(信忠)이 두 벗과 약속하고 벼슬을 버리고 남악(南岳)으로 들어가 왕이 두 번 불러도 나가지 않고 머리를 깎고 중이 되었다고 한다. 이곳에서는 임금의 진상(眞像)도 모셨는데, 금당 뒷벽에 있는 것이 그것이다. 과거 단속사에 신충이 임금의 초상화를 금당에 모신 것으로 보아 왕과 왕실의 안녕을 기원하는 곳이었다는 것을 미루어 짐작할 수 있다.

두 번째 창건 설화는 경덕왕 때 직장(直長) 이순(李純)이 일찍이 소원을 빌어 나이 오십이 되면 출가하여 절을 세우리라 했다. 경덕왕 7년(748)에 그의 나이 오십이 되자 조연소사(槽淵小寺)를 고쳐 큰 절을 만들고 이름을 단속사라 하였다.

이 설화로 미루어 보면 과거 단속사 이전에 이미 자그마한 절이 있었으며, 그 절을 크게 중창하여 단속사로 이름을 바꾼 듯하다.

단속사는 처음에 절 이름이 금계사(錦溪寺)였다고 한다. 절 이름이 금계사에서 단속사로 바뀌게 된 사연은 다음과 같다.

과거 단속사는 수백 칸이 넘는 절로서, 식객이 너무 많아 스님들이 수행하는 데 지장이 많았다고 한다. 어떻게 하면 식객을 줄일 수 있을까 하던 중, 한 도인이 '속세와 인연을 끊는다(단속, 斷俗)'는 의미로 이전의 금계사였던 절 이름을 단속사로 고치도록 하였다. 절 이름을 단속사(斷俗寺)로 바꾸자 사람들의 발길이 끊어지더니, 마침내 절이 망하게 되었다고 한다.

과거 단속사는 수백 칸이 넘는 규모를 자랑하였다고 한다. 단속사를 찾는 신도들이 절의 입구에 해당하는 '광제암문(廣濟巖門)'에서 짚신을 갈아 신고 절을 한바퀴 돌아 나오면 어느덧 짚신이 다 닳아 있었다고 할 정도로 규모가 컸으며, 또한 아침저녁으로 쌀을 씻던 물이 십리 밖 냇물에까지 미쳤다고 한다. 한편으로는 절 식구들이 먹을 양식을 찧는 물레방아가 수십 개 있었다는 이야기도 전해진다.

옛날 절의 입구에 해당하는 '광제암문'을 찾기 위해 마을의 여러 어르신께 여쭤보아야 했다. 수소

광제암문

문 끝에 단속사지 훨씬 못미처 용두고개 왼쪽 개울가의 나즈막한 절벽에 글씨가 새겨져 있는 것을 발견하였다. 작년 가을에 와서 못 찾은 것을 결국 찾았으니 그 기쁨이야 …. '광제암문'은 최치원(857~?)이 썼다고 알려지고 있다.

단속사지에는 두 개의 탑비가 있었다고 한다. 하나는 통일신라시대의 인물인 신행선사(神行禪師, 704~779)의 부도비이고, 또 다른 하나는 고려시대 최고 명필인 탄연(坦然, 1070~1159)의 부서진 비라고 한다.

탄연은 김생, 유신, 최우와 더불어 신품 4현이라 부를 만큼 글씨가 뛰어났던 인물이다. 이 부서진 것들을 수습하여 신행선사비편의 일부는 동국대 박물관에, 대감국사비편은 숙명여대 박물관에 보존되어 있다.

또한 김일손의 『속두류록(續頭流錄)』에 의하면, 신충이 그린 경덕왕의 초상이 단속사에 있었다고 하며, 『신증동국여지승람』에는 솔거가 그린 유마상(維摩像)이 있었다고 전하나 그 흔적을 알 길이 없다.

단속사지 입구에 들어서면 가장 먼저 눈에 띄는 것이 남명선생 시비(南冥先生 詩碑)인데, 이는 남명선생이 단속사에 머물 때, 단속사를 방문한 사명대사에게 준 시라고 한다.

남명선생 시비

현재 단속사지에는 복원된 당간지주와 삼층석탑 두 기, 그리고 과거의 흔적을 알려주는 석재들이 여기저기 놓여 있다.

그러나 삼층석탑 뒤에 금당지로 추정되는 곳에는 민가가 들어서 있어

단속사지 두 기의 탑 전경

단속사지 당간지주

절터 보존에 아쉬움을 주고 있다.

옛 절터를 찾을 때마다 먼저 당간지주를 찾는 습관이 생겼다. 아마 절의 입구에 해당되는 곳을 확인하고 싶은 마음에서 일 것이다.

단속사지 두 기의 탑에서 아래쪽의 마을 집 담장을 끼고 돌아가면, 소나무숲 옆에 우뚝 서 있는 당간지주를 볼 수 있다. 당간지주 앞에 서면 마을 뒤쪽의 단속산을 배경으로 삼층석탑이 살짝 보인다.

당간지주와 탑들 사이가 멀리 떨

斷俗寺址

단속사지 동삼층석탑 (보물 제72호)

단속사지 서삼층석탑 (보물 제73호)

어진 것으로 보아 당시 옛 절의 규모를 알 수 있다. 당간지주는 높이 3.5미터, 지름 50센티미터 규모로 당간지주 두 기의 윗부분이 떨어져나간 채 방치되고 있었던 것을 1984년에 복원하였다.

　탁 트인 골짜기를 내려다보고 동·서로 서 있는 두 기의 삼층석탑은 마치 경주 감은사지 동·서 탑을 축소시켜 놓은 듯하다. 그다지 높지 않은 5.3미터의 높이에 알맞은 비례와 잘 잡힌 균형으로, 보는 이로 하여금 안정감을 준다. 마치 맵시 있고 단아한 여인네 같은 인상을 준다.
　동·서 탑은 각각 보물 제72호와 제73호로 지정되어 있으며, 과거 단속사 금당지 앞에 나란히 서 있다.
　단속사지 동·서 삼층석탑은 규모와 기법이 거의 동일하여 같은 시대의 작품임을 알 수 있다. 이중기단 위에 3층의 탑신을 올렸으며, 쌍탑의 배치로 보아 통일신라시대 8세기 후반기의 전형적인 석탑이다. 옥개석은 비교적 얇고 부드러운 곡선으로 흘러내리다가 끝에서 날렵하게 들어올려졌다. 또한 처마의 네 귀에 풍경을 달았던 구멍이 남아 있다.
　단속사지 동삼층석탑의 상륜부는 노반과 복발, 앙화가 남아 있다. 그러나 서삼층석탑은 애석하게 앙화가 훼손되어 있다.

　동·서삼층석탑의 위치상 쌍탑 바로 뒤에 금당이 있었을 것으로 생각되었다. 그러나 금당지 위치로 예상되는 곳에 민가가 들어서 있었다. 실례를 무릅쓰고 대문 안으로 들어가 보았다. 집의 기단부를 보니, 과거 금당의 기단으로 보이는 곳에 바로 집을 지은 흔적이 보인다.
　귀중한 유산인 옛 절터가 제대로 관리되지 못하는 사이에 과거 금당지로 추측되는 기단 위에 집을 지은 것이다.
　집 주변 여기저기를 살펴보니, 바로 옆의 자그마한 집 앞에는 과거 단속사의 석재로 보이는 돌이 신발 받침대로 사용되고 있었다.

과거 금당터로 추측되는 기단 위에 지은 집

신발 받침대

　삼층석탑들을 지나 마을로 들어가는 길목에는 유서 깊은 매화나무가 있었다. 630년이 되었다는 이 매화나무는 강회백·강회중 형제가 과거 단속사에서 공부할 때 심은 나무라고 한다. 고려 우왕 때 강회백(1357~1402, 호는 통정(通亭))이 정당문학(政堂文學) 겸 대사헌 벼슬을 하게 되자, 벼슬의 명칭을 붙여 정당매(政堂梅)라고 부르게 되었다. 본래의 나무는 죽고, 현재의 나무는 100년 전에 심은 것이다.

정당매 (경상남도 보호수 12-41 제260호)

정당매를 기리는 사당

　수백 년 간 봄마다 예쁜 꽃망울을 터뜨렸을 매화나무 앞에서 갑자기 나의 존재가, 인간의 유한한 삶이 한없이 초라하게 느껴진다. 정당매 옆에는 '정당매 비각(政堂梅 碑閣)'이라는 현판을 가진 자그마한 비각이 있다.

　노후의 강회백은 단속사를 찾아 매화나무를 보고, 다음과 같은 시를 읊었다고 전해진다.

우연히 옛 산을 돌아와 찾아보니
한 그루 매화향기 사원에 가득하네
나무도 옛 주인을 능히 알아보고
은근히 눈속에서 나를 향해 반기네

　단속사지에는 수백 년의 수령을 자랑하는 매화나무들이 있는데 통정공 강회백(姜淮伯)이 심은 정당매, 남명 조식(曺植) 선생이 심은 남명매, 원정공 하즙(河楫) 선생이 심은 원정매를 산청의 삼매(山淸三梅)라고 부른다.

정당매 사당의 돌담을 끼고 위쪽으로 올라가면, 과거 단속사의 흔적을 살리려는 듯 새로 지은 절이 보인다. 아마 과거 단속사의 영역이 지금 새로 지은 절까지였을 것으로 생각된다. 새로 지은 절에 올라가

새로 지은 단속사 전경

'광제암문(廣濟巖門)'의 글씨가 있는 거대한 암석부터, 당간지주, 동·서삼층석탑 그리고 탑 뒤의 과거 금당자리 등으로 절의 규모를 머릿속에 그려 보았다. 상당히 방대한 규모가 상상되어진다.

과거 단속사는, 조선 초기에는 교종에 속했으나 정확한 폐사 시기는 알려져 있지 않다. 다만, 김일손이 쓴 『두류기행』을 보면 단속사에 관한 글귀가 보인다.

"절이 황폐하여 지금 중이 거처하지 않는 곳이 수백 칸이 되고, 동쪽 행랑에 석불 500구나 있는데, 하나하나가 각기 형상이 달라서 기이하기만 했다."

이로 미루어 조선 초기까지 지탱하여 오다가, 임진왜란과 정유재란 때 왜적의 침입으로 완전히 불타 버려 폐사된 것으로 추측된다.

맑은 날씨에 멀리 보이는 지리산 자락, 그리고 과거 영광을 안고 서 있는 당간지주와 동·서탑을 바라보며 한동안 자리를 뜨지 못했다. 매화가 피는 봄이 오면 정당매를 보러 다시 찾아오리라 마음속으로 다짐해 본다.

[합천] 영암사지

모산재와의 절묘한 절경

영암사지가 있는 황매산(黃梅山, 1,108미터)은 경상남도 서쪽의 가야산과 지리산을 연결하는 중간 지점에 있으며, 가야산과 더불어 경상남도 군립공원으로 지정되어 있다. 황매산은 봉우리의 모양이 매화가 활짝 피어 있는 모습과 같다고 하여 생겨난 이름이다. 아름다운 황매산자락인 모산재 아래 영암사지가 자리잡고 있다.

영암사지(사적 제131호)는 경상남도 합천군 가회면 둔내리에 있다. 현재까지 영암사에 대한 기록은 서울대학교 도서관에 탁본으로 남아 있는 「적연국사자광탑비(寂然國師慈光塔碑)」(1023년에 건립)의 비문에 1014년 적연국사(寂然國師)가 영암사에서 입적했다는 기록이 있어 그 이전에 세워진 것으로 짐작될 뿐이다. 또한 1984년 동아대학교 박물관의 발굴조사에 의하면, 영암사지는 9세기 중엽에 창건되어 고려시대 후기까지 존속되었음이 밝혀졌다.

영암사지를 찾아 올라가면 가장 먼저 맞이하는 것은 수백 년 됨직한 느티나무이다. 아름드리 느티나무를 돌아가면 튼튼하게 자리잡은 석축이 나타난다. 화강암 석재로 만들어진 석축은 일정하지 않은 화강암을 길쭉하게 옆으로 잘라서 안정감 있게 쌓아 올렸다. 석축을 자세히 보면 화강암 석재

영암사지 석축

들이 그 무게 때문에 밀리지 않도록, 머리 부분만 돌출시킨 돌못을 박아 석재들이 빠지지 않도록 치밀하게 만들어져 있다. 지금까지 여러 절터에서 보아온 석축 중에서 가장 정교하고 튼튼해 보였다.

돌못이 박힌 부분

    석축 옆의 등산로를 따라 허름한 집을 돌아가면 또 다른 석축 위에 있는 쌍사자석등(보물 제353호)과 삼층석탑(보물 제480호)을 만나게 된다. 옛 절터 앞마당에 있는 삼층석탑은 별다른 장식이 없어 소박하고 묵직한 느낌을 주는 석탑이다. 이중기단 위에 세워진 전형적인 신라 양식의 탑이나, 상륜부는 없어져 아쉬움을 주고 있다. 상층기단부와 1층 탑신이 약간 높은 느낌을 주고 있으나, 전체적으로 균형을 잃지 않고 있다.
    삼층석탑에서 모산재 쪽을 바라보면 저절로 감탄사가 나온다. 한눈에 보아도 예사롭지 않은 석축과 아름다운 쌍사자석등 그리고 그 뒤로 보이는 모산재의 황홀한 풍경이 더해져 한동안 말문을 잊게 만든다. 석축 앞의 공터에서 쌍사자석등을 올려다보면 모산재의 절경이 파노라마처럼 펼쳐진다. 영암사지에 서서 주위를 둘러보면, 주어진 자연과 건축이 자연스럽게 조화를 이루고 있다는 것을 느낄 수 있다. 옛 선조의 슬기와 지혜로움에 저절로 고개가 숙여진다.

삼층석탑에서 바라보면 쌍사자석등 아래의 석축이 보인다. 좌우에 무지

영암사지 삼층석탑(보물 제480호)과 뒤에 보이는 쌍사자석등 그리고 모산재의 풍경

합천 영암사지 | 129

靈巖寺址

영암사지 쌍사자석등 (보물 제353호)

무지개 돌계단의 측면

무지개 돌계단의 정면

개 돌계단이 층층다리로 설치되어 있는 것을 볼 수 있다. 양옆의 무지개 돌계단은 화강암을 길쭉하게 잘라 옆으로 직선적인 느낌을 주는 대신에 곡선감을 더해 부드러움을 가미하고 있다. 이 무지개 돌계단은 석재를 쌓아 만든 계단이 아니라 큰 돌을 쪼아 하나의 몸으로 된 돌계단이다. 이렇게 큰 돌로 계단을 만들었던 우리 옛 선조들의 뛰어난 장인 솜씨에 놀라움을 금할 길이 없다. 원래는 난간이 있던 것 같으나, 지금은 동자주(童子柱 : 짧은 기둥)를 세웠던 구멍 흔적만 남아 있다.

무지개 다리를 받치고 있는 디딤돌은 편안한 마음으로 계단을 올라갈 수 있도록 큼직하게 만들어져 있다.

석축 위 중심에는 높이 2.31미터의 쌍사자석등이 서 있다. 과거 영암사는 탑과 일직선상에 쌍사자석등이 있었고, 쌍사자석등 바로 뒤에 금당이 있었다. 즉, 탑과 쌍사자석등이 절의 중심축을 이루고 있는 것이다.

쌍사자석등은 팔각의 받침대 각 측면에 사자로 보이는 웅크린 짐승이 한 마리씩 양각되어 있다. 그러나 오랜 세월을 거쳐오면서 사자의 형태가 뚜렷하게 보이지 않는다. 석등은 간주석 대신에 쌍사자를 세웠는데, 가슴을 맞대고 마주서서 뒷발은 복련을 새긴 하대석 위에 세우고, 앞발은 들어서 상대석을 받치고 있다. 머리는 위를 향하고 있고, 날씬한 몸의 근육과 꼬리가 사실적으로 표현되어 있다. 화사석(火舍石)은 팔각으로 되어 있으며, 4면에 화창(火窓)을 내었다. 나머지 4면에는 사천왕상이 조각되어 있으나, 많이 부식되어 형체를 알아보기 힘들다. 화사석을 덮고 있는 옥개석도 팔각 모양인데, 처마끝이 살짝 올라간 모양이 일품이다.

쌍사자석등의 사자의 모습

현재 우리나라에는 영암사지 쌍사자석등을 포함하여 대표적인 세 개의 쌍사자석등이 있다. 나머지 두 개는 법주사 쌍사자석등(法住寺 雙獅子石燈, 국보 제5호)과 중흥산성 쌍사자석등(中興山城 雙獅子石燈, 국보 제103호)이다. 두 개의 쌍사자석등이 국보급인데 반하여 영암사지 쌍사자석등은 보존 상태 등에 문제가 있어 보물로 지정된 듯하다. 하지만 모산재의 절경과 어울려 다른 국보급의 쌍사자석등보다 더 정이 간다.

금당지 가운데 있는 불상을 놓았던 지대석

쌍사자석등 뒤쪽에 과거 건물 터인 금당지(金堂址)가 있다. 금당지에는 15여 개의 초석들이 보이고, 가운데에는 불상을 놓았던 지대석이 자리잡고 있다.

금당지의 초석들을 자세히 살펴보니, 불에 타 검게 그을린 흔적이 있는 초석이 보인다. 많은 세월이 흘렀는데, 아직도 과거의 불에 탔던 기억을 간직하고 있었다. 영암사의 폐사에 대한 기록은 남아 있지 않지만, 초석의 검게 그을린 흔적으로 보아 불에 타 사라졌음을 알 수 있다.

지대석 옆면의 조각 일부

과거 건물터인 금당지

기단 동쪽 오른쪽의 웃는 사자상

  금당지 면석에는 안상을 새겼으며, 뒤쪽 면석을 제외한 3면의 각각 2개 소에는 사자들을 부조해 놓았다. 기단이 건물 4면에 설치되어 있지만 사자는 기단의 앞과 좌우 측면에만 있고, 뒷면에는 없다. 특히 기단 동쪽 오른쪽에 조각되어 있는 웃는 사자상은 선명하게 남아 있다.
  기단 면석의 사자 조각에 사용된 석재들의 재질은 황매산 등에서 나온 풍화암으로 비와 바람에 급속한 마모현상을 보이고 있다. 과거 사진들에서는 뚜렷하게 보이던 사자 조각들이 이번에는 사자 윤곽만 희미하게 보일 뿐이다. 빠른 시간 내에 보호 조치를 취하지 않으면 앞으로 몇십 년 후에 우리 후손들은 사자 조각들을 볼 수 없을 것이다.

  영암사지 금당지의 동쪽 계단에는 소맷돌에 가릉빈가상(迦陵頻伽像)을 조각하였다. 가릉빈가는 새의 몸에 사람 머리를 한 인두조신(人頭鳥身)의 새를 말한다. 범어로 카라빈카(Kalavinka)라고 하며, 히말라야에 있는 설

계단의 소맷돌에 새겨져 있는 가릉빈가상

산(雪山)에서 태어났다는 상상의 새를 의미한다. 가릉빈가는 자태와 소리가 묘하고 아름다워 묘음조(妙音鳥), 미음조(美音鳥) 또는 옥조(玉鳥)라고도 하며, 극락정토에 사는 새라고 하여 극락조(極樂鳥)라고 부르기도 한다. 가릉빈가는 어떤 상황이나 장소를 미화하고, 이상화하려는 뜻으로 조각된다. 따라서 금당으로 오르는 계단 소맷돌에 가릉빈가를 조각한 것은 금당이 곧 극락정토라는 의미를 지니고 있는 듯하다.

금당지의 서쪽으로 난 길을 따라 30여 미터 올라가면 또 다른 금당지와

서금당지를 정면에서 본 모습 (중앙에 있는 것이 석등 부재)

합천 영암사지 | 135

만나게 된다. 아랫부분의 본금당지와 함께 서금당지가 자리잡고 있다.

서금당지 앞에는 석등 부재가 남아 있다. 과거 영암사에는 본금당지 앞에 있었던 쌍사자석등과 함께 두 개의 석등이 있었던 것이다. 그러나 불행히도 이 석등은 기단석을 비롯한 아랫부분과 간주석의 일부만 남아 있고, 화사석 등의 윗부분이 없어졌다.

서금당지 동쪽과 서쪽에는 두 기의 귀부(보물 제489호)가 있다. 그러나 양쪽 모두 비신과 이수가 없어졌다. 동쪽 귀부가 서쪽 귀부보다 규모가 크며, 용머리처럼 생긴 거북의 머리를 직각으로 세우고 입에 여의주를 물고 있는 모습은 모두 같다. 불행히도 비신이 없어져 누구의 비인지 알 수 없으나, 똑바로 뻗은 목과 용머리 모양의 귀두, 입에 여의주를 물고 있는 것 등으로 보아 9세기 이후 통일신라 말기의 작품으로 추정된다.

동쪽 귀부의 등에는 복선의 육각형의 거북등 무늬(龜甲文)를 조각하였으며, 등 가운데 비좌(碑座) 둘레에는 정교하게 인동문(忍冬紋 : 인동 넝쿨의 뻗어가는 형상을 도안한 무늬)을 새겼다. 얼핏보기에 서쪽 귀부가 동쪽 귀부보다 비교적 소박해 보인다.

그러나 두 귀부 모두 조각 솜씨가 정교하고, 생동감이 느껴지는 작품이다. 마치 암수 한 쌍을 표현한 것 같았다.

영암사지 동쪽 귀부 (보물 제489호)

영암사지 서쪽 귀부 (보물 제489호)

서금당지 정면에 있는 좌우 계단 모습

서금당지에 올라가는 계단은 정면 동쪽과 서쪽에 있다. 아래에 있는 본금당지에는 금당으로 올라가는 계단이 동서남북 방향으로 모두 네 개가 있는 반면에, 서금당지는 정면에 두 개만 있다.

서금당지에 올라서면, 네모 반

서금당지의 용도를 알 수 없는 네모난 시설물

듯한 사각 주위에 돌로 윤곽을 두른 시설이 보인다. 다른 금당지에서는 보지 못했던 시설물이다. 불상을 올려놓았던 지대석 같지는 않았다. 네모 모양의 시설물 안에는 마치 불에 탄 재 같은 것이 담겨 있는 듯하다. 아무리 추측해 보아도 도저히 용도가 떠오르지 않는다.

영암사지를 찾은 지 시간이 꽤 흘렀다. 높이 솟아 있는 모산재가 해를 가려서인지 해가 질 시간이 아닌 데도 주위가 어두웠다. 영암사지를 수백 년 지켜온 느티나무의 그림자가 더욱 커 보이고, 황홀한 모산재의 절경도 희미하기만 했다. 인적이 드문 옛 절터에 어둠이 찾아오면 옛 절터 주인들의 숨소리가 들리는 듯하여 차마 발길이 떨어지지 않았다.

04 Gyeongsangbuk-do*

경상북도

[경주] 감은사지

感恩寺址

충효의 정신이 깃들어 있는 유적

감은사지(사적 제31호, 경상북도 경주시 양북면 용당리)를 찾은 것은 아직 동이 트지 않은 시간이었다. 이른 새벽 어두운 길을 달리다 보면 왼쪽에 두 개의 검은 물체가 어렴풋이 보인다. 아직 날이 밝지 않은 시간에 엄청나게 큰 두 개의 탑 실루엣이 다가왔다. 주위보다 높게 다진 터 위에 사람을 압도하는 듯한 거대한 두 개의 탑이 동·서로 나란히 서 있다.

새벽녘의 감은사지 동·서 탑

신라 30대 문무왕(文武王)은 삼국통일의 대업을 성취하였으나, 시시때때로 침입하던 왜구가 항상 걱정이었다. 그리하여 왜구의 침입을 염려한 문무왕은 그 대응책의 하나로 옛부터 왜구의 상륙지점으로 지목되어 왔던 위치에 '부처의 힘을 빌어 왜구의 침입을 막겠다'는 뜻을 지닌 국찰(國刹)을 착공하기로 하였다.

그러나 문무왕은 절의 완성을 보지 못하고 왕위에 오른 지 21년 만에 세상을 떠난다. 문무왕의 뒤를 이어 왕이 된 신문왕(神文王)은 부친의 뜻을 이어받아 682년에 절을 완공하였다.

당초에는 진국사(鎭國寺)라 불렀다고 하는데, 진국은 진호국가(鎭護國家)의 준말이며, 또한 왜구를 물리치려는 의미인 '욕진왜병(欲鎭倭兵)'의 뜻과도 서로 잘 맞는다. 감은사(感恩寺)로 이름을 고친 것은 문무왕의 별세 후 대왕의 은혜에 감사한다는 의미에서 절의 이름을 감은사라 하였다. 그러나 현재 감은사는 자취도 없이 사라지고, 절이 있었다는 절터 흔적만 남아 있다. 감은사는 황룡사, 사천왕사와 함께 호국사찰로 알려져 있으나, 불행히도 언제 절이 없어졌는지 밝혀지지 않고 있다. 감은사지는 불심을 통한 호국이라는 부왕의 뜻을 이어받는 한편, 동해의 용이 되어 나라를 지키겠다는 문무왕의 충(忠)의 뜻과 부왕의 은혜에 감사한다는 효(孝), 즉 충효의 정신이 깃들어 있는 절터이다.

감은사는 발굴 결과 금당(대법당)의 주춧돌이 지상으로 상당 부분 올라와 있는 구조로 되어 있고, 또한 법당의 섬돌 아래에 동쪽으로 굴을 파서 구명을 만들어 놓았기 때문에 이른바 용혈(龍穴), 즉 용이 절에 들어와서 돌아다니게 하기 위한 시설이라는 추정도 나왔다.

해가 서서히 떠오르면서 주위가 환해지기 시작했다. 엷은 안개와 함께 감은사지의 동·서 탑이 모습을 보이기 시작했다. 전체적으로 탑을 이루고 있는 돌 하나하나가 마치 살아서 숨을 쉬고 있는 것 같은 웅장함과 함께 통일신라의 힘찬 기상이 느껴진다. 저물어 가는 가을 단풍과 어울려 멋진 풍경을 연출해 낸다.

금당 앞에 서 있는 삼층석탑들은 높이가 13.4미터로 장대한 느낌을 주고 있다. 이중기단 위에 탑신을 세우고, 처마밑도 층간을 이루고 있다. 이중기단의 하층기단은 지대석과 면석을 각각 12매의 석재로 구성하였다. 그러나 상층기단은 면석 12매, 갑석 8매로 구성되어 있다. 기단을 이중으로 쌓는 형식은 새로운 탑의 형식으로서 이와 같은 양식은 이후로 한국 석탑의 표준으로 자리잡게 된다.

삼층석탑이 만들어진 시기가 공사를 끝마친 682년이면 신라가 백제와 고구려를 멸하고, 당나라가 신라까지 속국으로 하려는 야욕을 물리치고 홀로 서기에 성공한 시기와 일치한다. 또한 왕권의 안정과 강화를 이루어가면서 최대 전성기로 발돋음하던 시기였다.

감은사지 삼층석탑은 신라 국력이 왕성할 때 만들어진 것으로 이에 걸맞게 거대하고 독창적인 형태를 지니고 있다. 한국 석탑은 미륵사지 석탑을 출발점으로 감은사지 석탑, 고선사지 삼층탑, 불국사 석가탑 등을 거치면서 탑의 완성미를 이루게 된다. 감은사지 삼층석탑은 한국 석탑의 발전 과정에서 기본 모델이 되었던 것이다. 또한 사찰 배치 관점에서 보면 감은사지 삼층석탑은 옛 신라의 금당 앞 일탑 중심에서 삼국통일 직후 쌍탑 가람으로 가는 최초의 배치를 보이고 있다.

감은사지 동·서 삼층석탑의 가장 큰 특징은, 각 부분들이 하나의 돌로 이루어진 것이 아니라 수십 개에 이르는 부분 석재로 조립되었다는 것이다. 감은사지 삼층석탑을 자세히 살펴보면, 1층 탑신은 각 우주와 면석을 따로 세웠으며, 2층 탑신은 각각 한쪽에 우주를 조각한 판석 4매로, 3층 탑신은 1석으로 구성되어 있다. 또한 옥개석의 구성은 각층 낙수면과 옥개받침이 각기 따로 조립되었는데 각각 4매석으로, 결국 8매로 구성되는 셈이다. 옥개받침은 각층 5단으로 짜여 있고, 낙수면의 정상에는 2단의 높직한 굄이 있으며, 낙수면 끝은 약간 위로 올려져 있다.

상륜부는 1장으로 만들어진 노반석이 남아 있고, 그 이상의 부재는 없다. 탑의 맨 위는 쇠로 된 찰주가 우뚝 솟아 있으며, 노반석을 관통하여 탑신부에 꽂혀 있다. 탑의 외부로 노출되어 있는 찰주는 3층 탑신까지 들어가 고

감은사지 동·서 탑의 전경

感恩寺址

감은사지 동탑 (국보 제112호)

감은사지 서탑 (국보 제112호)

정되어 있으며, 높이는 5미터에 달한다. 탑의 내부는 기단과 1층 탑신 그리고 2층 탑신 내부까지 잡석(雜石)과 흙으로 단단히 채워져 있다.

　통일신라 초기의 석탑에서 주목되는 점은 탑의 각 부의 구성이 백제시대의 석탑과 같은 석재를 사용하고 있다는 것이다. 이것은 석탑이 목조 건축에 바탕을 두고 발전해 왔다는 증거라고 할 수 있다.
　탑의 완성도는 안정감과 상승감이라는 두 가지 요소로 좌우된다. 감은사지 탑의 3개의 탑신을 실측해 보면 그 폭과 높이가 각각 4:3:2로 나타나 뛰어난 안정감과 동시에 경쾌한 상승감을 주고 있다.
　또한 1960년대 석탑을 해체 복원할 때 3층 탑신에서 창건 당시 설치하였던 매우 정교하고 귀중한 사리장치(舍利裝置)가 발견되었다. 사리장치는 보물 제366호로 지정되어 국립중앙박물관에 보관·전시되고 있다.

　감은사지의 현재 모습은 1979년부터 2년에 걸쳐 전면 발굴조사를 실시하여 얻어진 자료를 통해 창건 당시의 건물대로 정비한 것이다. 발굴조사의 결과를 보면 감은사는 일금당쌍탑식 가람으로써 남북의 길이보다 동서 회랑의 길이가 길게 구성된 점과 금당(金堂 : 본존불을 모신 곳)을 중심으로 동서의 회랑(回廊 : 각 건물을 연결하는 통로)을 연결하는 중회랑인 익랑(翼廊)을 둔 점이 특이하다.

　감은사지 남쪽에는 정면 3칸, 측면 2칸의 중문지가 있고, 이 중문 좌우로 후면의 강당지(설법을 하던 곳)에 이르기까지 회랑으로 연결되어 있다. 중문 북쪽으로 금당 앞과 좌우에는 같은 형태의 삼층석탑 두 기가 있으며, 양 탑의 중앙부 후면에는 정면 5칸, 측면 3칸의 금당지가 있다.
　금당의 바닥구조는 H자형의 받침석과 보를 돌다리처럼 만들고, 그 위에 사각형의 석재 유구를 동서방향으로 깔아서 마치 돌마루를 얹어 놓은 것같

금당지

금당의 바닥구조

이 되어 있다. 그 위에 주춧돌을 배열하고 건물을 세웠던 특이한 구조로서, 금당의 정면에서부터 일정한 높이의 공간을 형성하여 동해의 용이 된 문무왕을 감은사의 금당에 들어오게 했다는 『삼국유사』의 기록과도 부합하고 있다.

금당지는 비교적 잘 보존되어 있으며, 곳곳에 사각형 초석과 대석, 금당 마루를 이루었던 장대석 등이 놓여져 있다.

감은사지 아래에는 정교하게 쌓은 석축이 있으며, 이 석축의 바깥으로는 현재 용담이라고 불리고 있는 연못이 하나 남아 있다.

연못의 석축은 과거 부두에 배를 대는 시설과 비슷하게 보인다. 따라

연못의 석축

감은사지 앞의 연못(용담)

경주 감은사지 | 147

서 옛날에는 동해로부터 물길을 따라 배를 타고 절에 드나들 수 있게 마련한 것으로 생각된다. 연못의 석축은 합천 영암사지에서 본 것처럼 중간 곳곳에 돌못을 박아 정교하게 쌓았다.

감은사지의 한쪽에는 '용당 탑마을 당나무'라고 쓰여 있는 나무가 한 그루 우뚝 서 있다. 마을 사람들은 마을의 평원함을 기원하기 위해 1년에 한 번 때묻지 않은 마을 사람을 뽑아 제를 지내고 있다.

용당 탑마을 당나무 옆에 감은사지에서 발굴·출토된 석조물들을 한군데 모아두었다. 그러나 감은사지를 찾아온 사람들은 거의 관심이 없어 보인다. 아마 두 탑의 명성에 가려

용당 탑마을 당나무

감은사지에서 발굴·출토된 각종 석조물들을 모아놓은 곳

톱날 무늬와 함께 가운데 태극 무늬가 있는 석재

서 지나쳐 버리기 쉬울 것이다. 모아놓은 돌들을 자세히 보면 건물의 초석 및 작업할 때 생긴 흔적들로 생각되는 돌들이 여기저기 보인다. 돌들을 꿰 맞추기 위하여 돌의 일부를 파낸 것처럼 만든 돌들도 보인다.

감은사지를 둘러보면 용도를 알 수 없는 석조물들을 보관하여 놓았다. 길이가 긴 석재들이 금당 앞 양탑 사이에 보관되어 있다. 특히 길이가 긴 석재 중 톱날 무늬와 함께 중앙 부분에 태극 무늬가 새겨져 있는 것이 보인다. 태극 무늬는 경기도 양주 회암사지 날개석에 있던 것과 비슷한 모양을 하고 있다. 태극 무늬와 톱날 모양의 기하학적인 무늬가 예삿돌이 아님을 보여 주고 있다.

가공한 석재

또한 옆에는 육각몸체로 정교하게 다듬고, 마치 한쪽을 다른 돌에 꿰 맞출 수 있도록 둥글게 가공한 석재도 보인다.

감은사지를 한눈에 담고 싶어서 북쪽의 언덕으로 올라갔

경주 감은사지 | 149

다. 작은 고추밭을 지나니, 무성한 대나무 아래로 감은사지 전경이 펼쳐져 있다. 금당지 양쪽에서 천삼백 년 동안 흔들림 없이 버티고 서 있는 두 개의 감은사지 삼층석탑은 삼국을 통일한 옛 신라인들의 기백을 보여 주고 있는 것 같다.

감은사지에서 동해쪽을 바라보면 동해구(東海口)가 보인다. 동해구는 신라시대 때부터 불리던 이름이다. 동해구는 '동해의 입'이라는 뜻으로, 동해의 바닷물이 이곳에서 사방으로 트인 십자형 수로를 통해 내륙 깊숙이 흘러 들었으며, 동시에 동해에서 신라 수도 경주에 이르는 최단코스이기도 하다.
과거 동해구가 교통의 관문인 동시에 국방의 요지였기에 빈번히 출몰하는 왜구에 맞서 문무대왕은 "죽어서도 바다의 용이 되어 이곳을 지키겠다."고 평생의 소원을 얘기했고, 그 유언에 따라 이곳을 장지로 삼았던 것이다. 동해구는 문무왕 수중릉과 감은사, 이견대 등을 이어주고 있다.

북쪽 언덕 위에서 바라본 감은사지

대종천 다리에서 바라본 동해구의 모습

감은사지를 벗어나 대종천 다리를 건너 문무왕 수중릉으로 향하면서 다시 감은사지를 돌아보았다. 대종천에서 바라보면 감은사지의 삼층석탑이 손에 잡힐 듯하다. 대종천은 토함산 동쪽을 감싸고 나온 물줄기가 함월산 기림사 쪽에서 흐르는 물줄기와 합쳐져 양북면 일대의 넓은 들을 지나 대왕암이 있는 동해바다로 흘러 들어간다. 과거에는 동해구로부터 대종천을 거쳐 감은사지 아래에 있는 연못인 용담까지 물길이 이어졌을 것이다.

동해구 바로 옆에는 해안 언덕 위에 세운 이견대(利見臺)가 있다.
자료에 의하면, '유언에 뼈를 묻으라고 한 곳이 수중릉인 대왕암(사적 제158호)이요, 절 이름은 감

이견대에서 바라본 대왕암

은사며, 나중에 용이 모습을 나타낸 곳이 이견대(사적 제159호)'라고 되어 있다.

이견대는 대왕암이 바라보이는 언덕에 있어 문무왕릉을 참배하기 위해 지어진 것으로 알려져 있다. 실제로 신문왕 이후에도 혜공왕, 경문왕이 이견대에서 대왕암을 향하여 제사를 지낸 사실이 『삼국사기』에도 실려 있다. 이견대라는 이름은 『주역』의 "대인을 보면 이롭다(利見大人)"라는 구절에서 따온 것이다. 대왕암의 주인인 문무대왕을 대인(大人)이라고 부른 것이 이채롭다.

대왕암은 바닷속에 있어서 직접 볼 수가 없다. 이견대에서 바라보는 것이 가장 좋은 방법이다.

감은사지로부터 이견대를 거쳐, 대왕암으로 이어지는 답사는 잠시나마 우리 조상들의 호국정신을 생각하게 해 준다. 감은사지는 과거 삼국을 통일했던 신라인들의 기백과 진취적 기상이 그대로 녹아 있는 절터이다.

[경주] 황룡사지

皇龍寺址

동양 최대의 사찰이었던 곳

황룡사지가 있는 동네 이름을 구황동(九黃洞)이라 한다. '구황'이란 지명은 신라 진흥왕이 궁궐을 지으려고 하자 아홉 마리 황룡이 나타나 승천하므로 궁궐 대신 절을 세우고 구황동이라 했다고 한다. 또 일설에는 황룡사를 비롯하여 분황사, 황복사 등 '황'자가 든 아홉 개의 절이 있다고 해서 유래된 지명이라고도 한다.

분황사지(芬皇寺址)와 황룡사지(皇龍寺址)는 서로 담장을 같이 하고 있다. 황룡사지를 답사하기 전에 잠시 분황사지에 들렀다. 분황사는 선덕여왕 3년(634)에 지어진 절로서, 우리 민족의 위대한 고승인 원효대사(元曉大師, 617~686)와 자장대사(慈藏大師, 590~658)가 거쳐간 사찰이다. 자장대사가 처음 절을 세울 당시의 주지였으며, 그 후 원효대사가 이곳에서 수도하여 '화엄경소(華嚴經疏)'와 '금강삼매경론(金剛三昧經論)'를 쓴 곳이기도 하다.

분황사지 입구에 들어서자 분황사탑(국보 제30호)이 먼저 눈에 들어온다. 분황사탑은 통일신라 이전에 세운 모전석탑(模塼石塔)으로, 원형은 몇 층이었는지 알 수 없으나, 지금은 3층만 남아 있다. 모전석탑이란 전탑(塼塔 : 벽돌을 구워서 쌓아올린 탑)의 형식을 취하고 있으나, 석재로 만든 탑을 말한다. 분황사탑은 화강암의 기단부 위에 바닷속의 안산암(安山岩)이라

분황사탑 (국보 제30호)

분황사탑 문 좌·우에 있는 금강역사

는 회백색 석재를 벽돌 모양으로 잘라서 쌓은 탑이다. 분황사탑의 1층 탑신에는 감실을 만들고 돌문을 달았으며, 입구마다 좌·우에 수문장인 금강역사(金剛力士)를 조각해 놓았다. 금강역사상의 조각은 아름답고 입체감이 두드러져 삼국시대의 뛰어난 조각기법을 보여 주고 있다. 또한 탑의 기단 네 귀퉁이에는 화강암으로 조각한 사자 네 마리가 새겨져 있다.

분황사지 한쪽 구석에는 과거의 흔적을 보여 주는 석재들이 보관되어 있

분황사 구석에 놓여져 있는 석재들

신라시대 우물인 석정

었다. 석재들 중에는 물을 담을 때 사용했던 석조와 건물의 초석으로 사용하기 위해 가공 처리한 흔적이 보이는 주춧돌도 보였다. 주춧돌의 크기와 규모로 보아 당시에는 대단히 큰 규모의 사찰이었음을 짐작할 수 있다.

관광안내 책자의 분황사는 분황사지라고 하여야 옳을 것 같다. 현재 분황사지에 유일하게 세워져 있는 보광전(普光殿) 건물은 약사전으로 조선시대에 세워진 것이다.

또한 분황사지에는 고려시대에 세워진 원효대사비의 받침돌인 화쟁국사비

보광전

부(和諍國師碑趺, 경상북도 유형문화재 제97호)와 신라시대의 우물인 석정(石井, 경상북도 문화재자료 제9호)이 보전되어 있었다.

분황사지를 나와 황룡사지(사적 제6호)로 향했다. 황룡사지의 드넓은 벌판이 멀리 보이는 남산까지 이어져 있었다.

분황사지에서 황룡사지 입구로 들어서면 오른쪽에 당간지주가 보인다. 당간지주 주위는 이미 채소밭으로 변해 있었다. 돌담 위로 난 길을 따라 가까이 다가가 보았다. 당간지주의 아래쪽 당간을 받치는 간대를 특이하게도 거북이 모양으로 만들어 놓았다. 당간지주의 간대를 거북이 모양으로 조각한 것은 우리나라에서 유일한 것 같다. 당간지주의 위치로 보아 황룡사지 당간지주가 아니라 분황사지 당간지주로 추정된다.

황룡사지는 지난 1976년부터 1983년까지 8년에 걸쳐 대규모 발굴 작업이 진행되었다. 그 결과 이만오천여 평에 이르는 절터는 동서 288미터, 남북 281미터에 달한다. 현재까지 조사된 바로는 불국사의 8배 크기에 달하는 동양

당간지주 사이에 있는 거북이

경주 구황동 당간지주 (경상북도 유형문화재 제192호)

최대의 절이었다. 현재는 구층목탑 터의 주춧돌, 장육삼존이 있던 대좌를 비롯해 넓은 터를 채우고 있던 각종 건물의 흔적이 확인되었다. 황룡사지에 대한 발굴조사는 백제지역의 익산 미륵사지 발굴조사와 더불어 우리나라 고고학적 발굴사상 최대규모, 최장기간 진행되었다.

황룡사는 동으로 명활산(明活山), 서쪽으로는 선도산(仙桃山), 북으로는 소금강산(小金剛山), 남으로는 경주 남산(南山)이 교차되는 중심에 위치하고 있다. 황룡사 일대가 원래 연못이었음이 발굴조사 결과 밝혀졌으며, 이 연못을 메워서 건축되었음을 알 수 있다.

치미

옛날 황룡사의 규모를 추정할 수 있는 것 중의 하나가 망새(전통 건축물의 용마루 양쪽 끝머리에 얹는 상징적인 장식기와)라고도 불리는 건물의 치미이다. 치미는 화재를 예방하는 주술적인 기능도 함께 지니고 있다.

황룡사지에서 출토된 치미는 우리나라에서 발견된 치미 중 가장 큰 것으로, 높이가 182센티미터, 최대 너비 105센티미터로서 일본이나 중국에서도 아직까지 발견된 예가 없어 동양 최대의 치미라고 할 수 있다. 아울러 이러한 크기의 치미가 사용된 건물의 규모와 웅장함을 미루어 짐작할 수 있게 한다. 경주박물관에 가면 황룡사지에서 나온 기와와 치미가 황룡사 전시관에 전시되어 있다.

황룡사 인접 지역는 신라시대 옛 시가지 흔적도 발견되었는데, 황룡사지 서쪽, 남쪽으로 곧게 뻗은 신라시대의 옛길과 배수구 등을 볼 수 있다. 자세히 관찰하여 보면, 사람이 다니던 인도와 수레가 다니던 차도가 구분되어 있는 것을 볼 수 있다. 과거 신라시대에는 황룡사지를 중심으로 일종의 중심 번화가였던 것으로 생각된다.

황룡사는 신라 제24대 진흥왕 때 절을 짓기 시작하여 진흥왕 30년(서기 569), 즉 17년 만에 담장을 두르고, 사찰의 건물 배치가 완료되었다. 그러나 그것으로 절이 완성된 것이 아니었다. 그 뒤 574년에 5미터가 넘는 본존불(장육존상)을 만들고, 이 본존불을 모시기 위한 금당(金堂)이 10년 후인 진평왕 6년(584)에 비로소 완성되었다. 또한 선덕여왕은 당나라에서 유학하고 돌아온 진골 출신의 고승 자장대사의 권유로 구층목탑을 건립하게 되었다. 그러나, 당시 신라의 기술로는 건립이 어려워 백제의 장인 아비지를 초청하여 건립토록 하였다. 구층목탑은 선덕여왕 12년(643)에 착공되어, 이듬해에 완공되었다고 『삼국사기』에 기록되어 있다. 이로써 신라 4대왕, 93년 간에 걸친 대공사 끝에 황룡사가 완공되었다.

과거 신라시대 경주에는 "절들이 별처럼 늘어서 있고, 탑들이 날아가는 기러기처럼 많았다."고 『삼국유사』에 기록되어 있다. 이렇게 많은 절들 중에 황룡사는 국가적인 사찰이었기 때문에 역대 국왕의 거둥이 잦았고, 신라 국찰 중 제일의 자리를 차지하였다. 특히, 신라의 세 가지 보물인 진평왕 때 하늘로부터 받았다는 천사옥대(天使玉帶), 황룡사의 장육존상(丈六尊像), 황룡사의 구층목탑 중에 황룡사에 두 보물이 있었다는 것은 그 당시 황룡사가 차지하는 비중이 절대적이었음을 보여주고 있다.

또한 『삼국유사』에는 과거 황룡사에 솔거가 그렸다는 벽화가 유명하며, 현재 국내에서 가장 큰 성덕대왕신종보다 무려 4배나 크다는 범종이 있었다고 한다.

신라 최초의 절은 법흥왕 14년(572), 이차돈이 순교하던 그 해에 짓기 시작하여, 진흥왕 5년(544)에 완성된 흥륜사(興輪寺)이다. 당시 신라가 고구려·백제와의 잦은 전쟁에도 불구하고, 흥륜사에 이어 또 다시 황룡사를 지은 것은 다음과 같은 뜻이 포함되어 있다. 즉 불교가 도입될 당시 흥륜사의 창건은 불교가 새로운 국가 이념이며, 정신적 지주임을 선언한 것이었다. 이후 불교가 대중적인 뿌리를 내리고 강력한 왕권을 구축하며, 더 나아가 삼국통일을 이루기 위해서는 또 다른 사찰 상징물이 필요했을 것이다. 이와 같은 필요성에 의해 건립된 것이 황룡사이다. 즉 법흥왕은 흥륜사를 세워 불교 부흥을 기원했고, 진흥왕은 황룡사를 세워 국가 발전에 대한 기원과 왕권의 신장을 이룩했던 것이다.

황룡사지는 발굴조사 결과 가람 규모와 배치의 변화가 세 번 있었음이 밝혀졌다. 창건 당시의 1차 가람은 중문과 남회랑, 동·서회랑을 놓아 백제의 일탑일금당 형식이었다. 그러나 곧 5미터에 가까운 장육존상을 모시기에는 금당이 너무 작았던 것이다. 2차 가람은 645년 구층목탑을 건립하면서 완공된 것으로서, 내부를 구획하던 회랑이 없어지고 중문을 창건하여 가람의 남쪽에 새로 설치하였다. 또한 그 북쪽에 목탑·중금당·강당을 남·북 일직선상에 배치하고 중금당의 동·서쪽에 동·서금당을 남향으로 배치한 일탑삼금당의 배치 형식을 취하고 있다. 오늘날 우리들이 말하는 황룡사는 바로 이 2차 가람을 가리킨다.

2차 가람 완성 이후 여러 차례 걸쳐 수리와 중건이 계속되면서 황룡사의 가람 배치도 변화가 일어난다. 그 후 통일신라시대에 들어와 황룡사의 가람 배치는 다시 한번 변화가

황룡사지 복원 예상도

생기게 된다. 황룡사의 남쪽에서부터 남문, 중문, 탑, 금당, 강당이 중심선 상에 자리잡고, 중금당 좌·우에 각각 회랑을 갖춘 동·서 금당이 위치한 일탑삼금당의 독특한 가람 배치가 이루어진다. 또한 목탑 좌우에는 정방형의 종루(鐘樓)와 경루(經樓)가 세워진다. 현재 각 건물들의 초석이 잘 남아 있어서 남쪽으로부터 중문, 탑, 금당, 강당자리를 볼 수 있고, 회랑 자리도 초석 흔적들이 남아 있다.

황룡사 3차 가람의 구조에서는 종을 달았던 종루지가 있다. 황룡사의 동종은 754년에 49만여 근의 구리를 들여 만들었다고 『삼국유사』에 기록되어 있다. 현재 경주박물관에 있는 성덕대왕신종의 무게가 12만여 근이므로, 황룡사종의 크기를 미루어 짐작할 수 있다.

황룡사는 산속에 위치하고 있는 다른 절과는 달리 평지에 위치함으로써 아늑한 느낌을 받을 수 없다는 단점이 있다. 황룡사는 이를 보완하기 위하여 가람 배치를 남문 3칸, 중문 5칸, 목탑 7칸, 금당 9칸, 강당 11칸으로 점차 칸수를 늘려 절 안으로 들어갈수록 부처님의 넓은 세계로 들어서는 느낌이 들도록 배려하였다.

황룡사지 입구에 있는 안내판을 지나면 우물터가 보인다. 우물터의 크기는 과거 황룡사의 규모를 짐작케 해줄 만큼 넓었다.

우물터를 지나 조금 더 나아가면 신라삼보(新羅三寶) 중의 하나인 장육존불상이 있던 곳이 보인다. 당시 신라 최고의 보물이던 불상은 고려 때 몽고의 침략으로 흔적조차 없어지고, 현재는 대좌만이 금당터에 남아 있다. 이 황룡사지 장육존불상은 진흥왕 34년(573)에 만들기 시작해서, 그 이듬해인 574년 3월에 완성한 것으로 알려지고 있다.

장육존상에 대해서 『삼국유사』에 다음과 같이 적혀 있다.

황룡사 주위에 담장을 두르고 조영을 끝낸 후 얼마되지 않아 철과 황금을

황룡사지의 우물터

실은 큰 배가 남쪽 바다에 떠와서 하곡현(河曲懸) 사포(絲浦 : 울산 곡포)에 닿았다. 배를 조사해 보니 공문이 있었는데 이렇게 쓰여 있었다.

"서쪽 인도(西竺)의 아소카왕(阿育王)이 누런 쇠(구리) 5만7천 근과 황금 3만 근을 모아서 장차 석가삼존불(釋迦三尊佛)을 만들려다 이루지 못하고 바다에 띄우니 인연이 있는 나라는 장육존상(丈六尊像)이 이루어지기를 축원한다는 것이었다. 또한 불상 하나와 보살상 둘의 모형이 실려 있었다. 현의 관리가 왕에게 보고를 하자, 왕은 그 고을의 동쪽 높고 깨끗한 곳을 택해 동축사(東竺寺 : 동쪽 인도의 절)를 세우고 삼존을 안치하게 하였다. 그리고 배에 실려온 금과 구리를 서라벌로 실어다가 574년 장육불상의 주조가 한번에 끝나니 무게가 3만5천7근이요, 여기에 황금이 1만198푼이며, 두 보살 불상에 든 구리가 1만2천 근이요, 황금이 1만136푼으로 모두 황룡사에 모셨다."

지금 황룡사 금당지 중심부에는 자연석으로 된 거대한 대좌의 큰 돌이 세 개 남아 있는데, 그 모양과 크기로 보아 장육존상은 입상으로, 그 높이가 5

미터 안팎이었을 것으로 추정된다. 현재 남아 있는 대좌는 장육존상의 흔적을 알 수 있는 유일한 유물이다. 자연 그대로 생긴 바위의 윗면을 일단 평평하게 고른 뒤 장육존상의 발이 들어갈 수 있게 홈을 파고 넘어지지 않도록 고정시킨 것이다. 앞부분이 넓고 뒤로 갈수록 좁은 형태를 보이고 있는데, 이런 모양은 좌우 불상대좌도 거의 비슷하다.

현재 금당지에는 장육존상과 두 개의 협시불(脇侍佛)을 모셨던 대좌석이 남아 있다. 또한 이들 삼존불 대좌석 동·서쪽에는 모두 14개의 불대좌석의 흔적이 남아 있다. 아마 나한상·천왕상 등의 불상대좌였을 것이다. 그러나 안타깝게도 몽고군의 방화로 모두 녹아 없어졌기 때문에 장육존상과 삼존불, 여러 불상들의 모습은 전혀 알 수 없다.

장육존상 대좌석 (불상을 끼웠던 흔적)

장육존상 중 본존상의 대석

목탑지 전경

 부모님과 같이 온 아이들이 계단을 통해 금당지로 올라와 장육존상이 앉아 계시던 대좌석 위에 올라가 노는 모습이 보인다. 일반적으로 유명한 석조물에는 '접근금지' 등의 팻말이 있기 마련인데, 황룡사지 장육존상 및 삼존불 대좌석에는 이런 팻말이 보이지 않는다. 금당지 위로 징검다리 같은 것을 설치하였으면 하는 생각이 든다.

 금당지를 지나면, 황룡사의 중심이라 할 수 있는 구층목탑의 흔적지가 보인다. 지금은 초석만 남아 과거의 영광을 쓸쓸히 말해 주고 있다. 현재 남아 있는 각 초석은 지름이 약 1미터 내외로서 사방에 8개씩 질서정연하게 놓여 있으며, 그 중앙에 심초석(心礎石 : 중심 기둥의 받침돌)이 있다. 목탑지의 한변에 8개씩 모두 64개의 주춧돌이 있었으나, 지금은 59개의 주춧돌만 남아 있다.

황룡사지 목탑지는 한변의 길이가 약 22미터인 정방형(正方形)의 형태를 갖추고 있으며, 총면적은 약 490제곱미터(150평)이다.

목탑지 가운데 놓여 있는 심초석은 무게가 약 30톤에 달하며, 동·서 길이가 약 453센티미터, 남·북 폭이 약 300센티미터, 두께가 128센티미터의 크기에 달한다.

심초석은 장타원형의 화강석이며, 윗면 중앙에 사리를 모셨던 구멍이 있고, 이 구멍 위를 네모난 돌로 덮어놓았

목탑지의 심초석

다. 이 돌은 몽고군의 침략으로 불탄 뒤에 사리장치를 보호하기 위하여 옮겨왔을 것이라는 이야기가 있다. 심초석에서 나온 금동사리함 등의 사리장엄구는 현재 국립중앙박물관에 소장되어 있다.

황룡사 구층목탑의 높이는 약 80미터에 달했다고 한다. 이는 현재 아파트 30층 높이에 해당된다고 볼 수 있다. 그 옛날 이런 높이의 목탑을 세웠다는 것은 굉장한 솜씨가 아닐 수 없다. 그리고 목탑을 세우기 위해서는 기초가 튼튼해야 했을 것이다. 목탑지를 조사한 결과에 따르면, 늪을 이루는 바닥에서부터 사람 머리만한 크기의 냇돌을 한 번 깔고, 그 위에 진흙을 얇게 덮고 다진 다음 다시 냇돌을 깔고, 진흙을 덮고 다지는 방법을 28회나 반복하여 기초를 다졌다는 것이다. 이 같은 기초라면 약 80미터 높이의 목

탑도 충분히 건축할 수 있었을 것이라고 한다.

 황룡사 구층목탑은 조성된 지 50년이 지난 효소왕 7년(698)에 벼락을 맞고 불탄 이래 다섯 차례의 중수를 거듭하였으나, 고종 25년(1238)에 몽고군의 침입에 따른 화재로 가람 전체와 탑이 불타 버린 뒤 복원되지 못했다.

 자장대사의 건의에 의해 신라 사람들이 황룡사 구층목탑을 세운 것은 부처님의 힘으로 나라를 지키겠다는 뜻이 담겨 있다고 할 수 있다. 따라서 황룡사의 구층목탑은 각각의 층이 당시 신라를 둘러싸고 있는 동북아의 아홉 나라를 의미하고 있다고 한다. 목탑의 1층에 일본(日本), 2층에 중화(中華), 3층에 오월(吳越), 4층에 탁라(托羅), 5층에 응유(鷹游), 6층에 말갈(靺鞨), 7층에 단국(丹國), 8층에 여적(女狄), 9층에 예맥(穢貊)을 각각 배정했던 것은 이들 이웃 나라의 침략을 억누르기 위한 것이었다. 그러나 바로 이웃하고 있는 고구려나 백제가 빠져 있는 것은 황룡사 구층목탑의 건립이 삼국통일에 대한 의지를 나타내고 있다고 볼 수 있다.

 『삼국유사』에 황룡사 구층목탑에 대해 다음과 같이 전해 내려오고 있다.

 신라 제27대 선덕여왕 때 중국 오대산에서 문수보살을 접견한 자장대사는 대화지를 지나다 갑자기 나타난 신인으로부터 이런 말을 듣는다.

 "황룡사 호법룡은 나의 장자로서 범왕의 명을 받아 그 절을 보호하고 있으니 그 절에 구층탑을 세우면 이웃나라가 항복하고 9개국의 야만족이 와서 조공을 바치며 왕업이 길이 태평할 것이오."

 자장대사는 선덕여왕 12년(643)에 귀국하여 즉시 왕에게 황룡사에 구층탑을 세울 것을 말씀드렸다.

 신하들은 한결같이 조각계의 명장(名匠)으로 소문난 백제의 아비지(아비(阿非)는 결혼한 성인 남자의 일반 호칭이고, 지(知)는 존칭)를 데려다 탑을 조성하자고 말했다. 신라 조정에서는 보물과 비단을 백제에 보내어 아비지에게 황룡사 탑 건축을 청하였다.

백제를 떠나 서라벌에 도착한 아비지는 이간(伊干, 신라 17관등의 제2위) 김용춘(金龍春, 태조 무열왕 김춘추의 아버지)이 거느린 장인 이백여 명과 함께 탑을 완성하였다.

묘하게도 신라의 가장 귀중한 보물 중의 하나인 황룡사 구층목탑을 백제 의자왕 때 가장 이름난 목수인 아비지가 만들었다는 것은 역사의 아이러니를 보는 것 같다.

황룡사 구층목탑을 세운 지 23년 후 신라는 백제·고구려를 물리치고 삼국을 통일하였다.

황룡사지에는 백제 사람 아비지가 정치와 국경을 초월해 신라 서라벌 터전 위에 신기(神技)를 다해 제일의

황룡사탑 건립 아비지 기념비

목탑을 이룩한 것에 대한 아비지 기념비가 세워져 있다. 아비지의 장인 정신을 기리기 위해서이다.

황룡사지 구층목탑 옆에 세워진 아비지 기념비 뒤에 복원도가 그려져 있으며, 많은 전문가들이 각자 예상한 복원도를 주장하고 있다. 그러나 나는 이들 복원도보다 경주 남산의 부처바위 북면에 새겨져 있는 마애구층탑이 과거 구층탑의 실물을 가장 근접하여 묘사한 것으로 생각하고 있다.

그 옛날 남산 부처바위에 구층탑을 조각한 사람은 아마 황룡사 구층목탑

아비지 기념비 뒷면의 구층탑 복원도   남산 부처바위 구층탑

을 직접 보았을 것이다. 바위에 새겨진 구층탑에는 층마다 창문이 있고, 추녀 끝에는 풍탁이 매달려 있는 것을 볼 수 있다. 또한 상륜부에도 화려한 장식이 조각되어 있어 과거의 화려한 구층목탑을 보는 것 같다. 현재 남아있는 구층목탑에 대한 여러 가지 복원도보다 어쩌면 가장 정확하게 그린 것일 수도 있다는 생각이 들었다.

황룡사지를 발굴조사하면서 수습된 4만여 점의 각종 유물들은 경주박물관과 경주문화연구소 건물 뒷마당, 그리고 황룡사지 남쪽과 북쪽 두 군데 모아져 전시되어 있다. 경주문화연구소 건물 뒷마당에 있는 석재에는 감은사지에서 보았던 석재와 비슷한 모양을 하고 있는 가공된 석재로 보인다. 황룡사지 남쪽에 모아져 전시되어 있는 석재들을 살펴보았다. 건물의 주춧

경주문화연구소 건물 뒷마당의 각종 석재들

황룡사지 남쪽에 전시되어 있는 석재들

돌뿐만 아니라 장대석과 각종 석재들이 가지런히 정리되어 있었다. 석재들 중에는 발굴 당시 작업했던 흔적들이 보인다.

경주문화연구소 입구에 있는 석탑의 일부 석재

어느덧 석양이 붉게 물들고 있었다. 오랫동안 황룡사지를 거닐었다. 시간 가는 줄 모르고 이곳저곳 거닐다 보면 황룡사지 풀숲 여기저기에 주춧돌이 박혀 있는 모습을 볼 수 있다. 그러나 풀숲의 주춧돌을 자세히 보면, 불에 탄 흔적이 보인다. 과거의 아픈 역사를 간직한 돌들이 이곳에도 널려 있는 것이다.

천년이 넘는 세월이 지나면서 과거의 화려했던 절은 없어지고, 우리 곁에는 과거의 흔적들만 남아 있다. 많은 사람들의 노력과 백여 년의 시간을 들여 건립한 황룡사의 화려했었던 건축물들은 이제 모두 다 우리

불에 탄 흔적이 보이는 석재

곁에 남아 있지 않다. 지금 우리 곁에 남아 있는 것은 주춧돌뿐…….

그러나 그 무심한 돌들에는 부처님의 힘을 빌어 나라를 지키려했던 신라인들의 불심과 기백이 서려 있고 다른 나라의 침략에도 굳세게 견디어 낸 우리의 역사가 숨쉬고 있는 것이다.

황룡사지 서쪽 산 위로 석양이 빛나고 있었다. 나는 감동과 함께 밀려오는 안타까움과 그리움을 무엇이라 표현하지 못한 채 오랫동안 황룡사지를 떠나지 못하고 있었다.

[의성] 빙산사지

氷山寺址

얼음 계곡의 옛 절터

잊혀진 옛 절터 중에는 세월속에 묻혀진 곳이 더러 있기 마련인데, 빙산사지는 독특한 이름 때문인지 오랫동안 기억속에 남아 있었다. 빙산사지를 찾은 것은 무더위가 시작되던 6월초였다. 중앙고속도로 의성 IC를 지나 의성지역에 들어서자 넓은 들판에 마늘 수확이 한창이었다. 빙산사지 가는 길 양옆의 마늘밭에서 풍기는 마늘 냄새가 차 안까지 밀려 들어왔다. 의성지역은 즙이 많고 단단한 육쪽마늘의 고장으로 널리 알려져 있다.

마늘밭에서의 마늘 수확

의성 탑리 오층석탑 (국보 제77호)

빙산사지를 찾아가는 길목에 국보 제77호인 의성 탑리 오층석탑이 위치하고 있다. 이 오층석탑이 국보로 지정된 이유는 우리나라 '탑'의 발달 과정을 그대로 담고 있기 때문이다.

우리나라 탑은 목탑에서 시작하여, 중간 과정인 전탑으로 발전하고, 최종적으로 석탑으로 바뀐다. 탑리 오층석탑에는 목탑, 전탑, 석탑의 세 단계 발전 과정이 모두 담겨 있다. 안동과 의성은 인접한 지역임에도 불구하고 탑의 양식에는 뚜렷한 차이를 보이고 있다. 안동지역의 탑들은 벽돌로 쌓은 전탑(塼塔)이지만, 의성지역의 탑들은 석탑으로 '전탑을 모방한 석탑'이란 의미에서 모전석탑(模塼石塔)이라고 한다. 모전석탑이란 멀리서 보면 벽돌로 쌓은 전탑 같지만 실제는 돌을 하나하나 벽돌 모양으로 깎아서 만든 탑을 말한다. 의성 탑리 오층석탑은 통일신라시대에 만들어졌으며, 모전석탑 양식으로서는 경주 분황사(芬皇寺) 모전석탑 다음으로 오래된 석탑이다.

의성 탑리 오층석탑은 자그마한 언덕 위에 높이 9.6미터 늘씬한 모습으로 서 있다. 탑의 기단부는 일반 석탑에서 볼 수 있듯이 여러 개의 돌로 바닥을 깔았으며, 목조건축 양식을 본떠 우주는 각각 다른 돌로 구성하였다. 1층 탑신에는 불상을 모시는 감실을 설치하였으며, 2층부터는 높이가 급격히 줄어드는 모습을 보이고 있다. 특히 추녀는 전각에 이르러 약간의 반전을 보이고 있는 것은 전탑에서 볼 수 없는 목조건축 양식을 따르고 있음을 보여 주고 있다.

의성 탑리 오층석탑을 답사하고 빙산사지가 위치하고 있는 빙계계곡으로 향했다. 빙계계곡은 주변 경관이 아름다워 옛날부터 경북팔승지일(慶北八勝之一)이라 하여 '경상북도 8개의 뛰어난 경치' 중에서 제일 첫 번째라 불리었다. 빙계계곡(氷溪溪谷)이란 '한여름 삼복더위에도 얼음이 얼고, 추운 겨울의 엄동설한에는 더운 김이 무럭무럭 나오는 신비의 계곡' 이라는 뜻이다. 또한, 얼음구멍이라 불리는 빙혈(氷穴)과 바람구멍이라 불리는 풍혈(風穴)이 있는 산을 빙산(氷山)이라 하고, 그 산을 감돌아 흐르는 내를 빙계(氷

빙계계곡 (의성군 지정 군립공원)

溪)라고 하였다. 빙계계곡 입구의 다리를 지나 계곡을 따라 올라가다 보면 커다란 바윗돌 위에 '경북팔승지일(慶北八勝之一)'이라 새겨진 석비가 서 있다.

빙계계곡 입구에 빙계팔경(氷溪八慶)을 알리는 표지판이 보인다. 빙계팔경이란 '빙계계곡에 있는 여덟 개의 절경과 유적'을 의미한다. 팔경은 계곡 입구에서부터 '용추(龍湫)', '물레방아(水車)', '바람구멍(風穴)', '인암(仁巖)', '의각(義閣)', '빙산사지 오층석탑', '얼음구멍(氷穴)', '부처막(佛頂)'이다. '용추'는 계곡 아래 형성되어 있는 수십 미터의 웅덩이를 말하는 것으로 용이 승천할 때 만들어졌다고 한다. '수차'는 빙계의 물을 이용하여 주민들이 곡식을 찧던 물레방아이며, '인암'은 바위 위에 정오가 되면 햇빛으로 인해 '仁'자 모양의 그늘이 생긴다고 하는 암석이다. '의각'은 임진왜란 당시 친손들도 모시지 못한 김안국, 이언적의 위패를 모신 윤은보의 숭고한 뜻을 기리기 위하여 1,600년에 세운 비각이다. '부처막'은 빙산사지 오층석탑 뒷산 꼭대기 움푹 패인 곳으로서 옛날 부처와 용이 싸울 때 찍힌 쇠스랑 자국이라 한다.

빙계계곡에 난 길을 따라 약 1킬로미터 정도 올라가면 빙산사지가 위치하고 있는 빙계 3리 서원마을에 도달한다. 낡은 빙계상회 간판이 보이고, 뒤로 난 언덕길을 따라 약 50미터 정도 올라가면 빙산사지 오층석탑(보물 제327호)을 만날 수 있다. 과거 절터의 흔적들은 모두 없어지고 지금은 오층석탑만이 외로이 자리를 지키고 있다.

빙산사지 오층석탑은 한눈에 보아도 아까 보았던 탑리 오층석탑과 닮았다는 것을 알 수 있다. 탑의 높이는 8.15미터로 탑리 오층석탑과 비슷하지만 장중함이 느껴지지 않는다. 그 이유는 석탑 몸체가 빈약해 보이기 때문

氷山寺址

빙산사지 오층석탑 (보물 제327호)

탑리 오층석탑 감실(좌)과 빙산사지 오층석탑 감실(우)의 비교

이다. 탑신의 줄어드는 비율이 급격해서 1층과 5층의 너비가 거의 2대 1 정도가 되어 상대적으로 탑 위쪽의 5층이 왜소해 보인다.

빙산사지 오층석탑은 탑리 오층석탑과 같이 1층 탑신 남향에 감실을 낸 것과 전형적인 모전석탑이라는 것이 닮았다. 그러나 탑 높이의 비례가 더 납작하고, 1층 탑신에는 기둥새김이 없어서 오히려 탑리 오층석탑보다 더 전탑을 닮았다고 할 수 있다.

과거 빙산사는 오층석탑 북쪽으로 약 50평의 금당이 있었으며, 그 옆에 부속 건물이 있었다고 한다. 태종 6년(1406)에 왕명으로 전국 사찰 중 242개 사찰만 남기고 모두 폐사시킬 때 의성지역 유일의 사찰로 남아 있게 되었다. 그러나 선조 25년(1592) 6월 15일부터 이곳을 점거한 왜군이 7월 27일 의병장 권응수 등이 영천성을 수복하자, 당일 상주로 철수하면서 빙산사 건물에 방화하여 전소되었다. 그 후 유생들이 장천서원(長川書院)을 빙산사 터에 건축하면서 끝내 복원할 수 없게 되었다. 그러나 그 서원마저 사라지고 현재 빈 터만 남아 있다. 마을 이름이 '서원리'라 불리는 것은 아마

과거 금당지에 서 있는 원두막

장천서원이 있던 마을에서 유래되었을 것이다.

 탑을 중심으로 과거 절의 흔적을 찾아보았다. 오층석탑의 북쪽 방향으로 과거 금당지의 흔적인 석축이 보였다. 그러나 과거 금당지에는 마을 사람들 휴식을 위한 원두막이 세워져 있다.
 금당지의 흔적은 거의 남아 있지 않았지만, 석축 앞에 주춧돌 한 개가 눈에 띈다. 모진 세월을 견뎌낸 주춧돌 한 개만이 과거 건물 흔적을 말해 주고 있다.

금당지의 주춧돌

 마침 여름철이라 빙산사지에 많은 수풀들이 우거져 있었다. 또 다른 흔적들을 찾기 위해 무성하게 자란 풀들을 헤치며 살펴보았다.

그러나 왜군들의 방화와 오랜 세월이 지난 탓에 다른 흔적들은 찾아보기 힘들었다. 그래서 그런지 이름 모를 야생풀 사이로 보이는 몇 개의 기와 조각들에 더 정이 간다.

풀 사이로 보이는 기와 조각들

 빙산사지 옆에 빙혈과 풍혈의 위치를 가리키는 안내판이 보인다. 풀길을 따라 약 50여 미터를 걸어가자, 빙혈(氷穴) 글씨와 입구가 보인다. 빙산사지와 빙혈은 서로 가까운 거리에 위치하고 있었다.
 빙혈 안에 들어가니, 빙산사를 비롯한 여러 가지 역사 기록들을 정리하여 벽에 붙여 놓았다. 어떤 원리에 의해 한여름에도 영하 온도가 유지되는지 신기할 따름이다. 정확한 원인은 밝혀지지 않았지만 빙혈은 산에 구멍이

빙혈(氷穴) 입구

많이 뚫린 화산암이 경사진 비탈면에 많이 쌓여 있다는 것이다. 이 화산암이 겨울철에 찬공기를 가득 품고 있다가 여름철의 뜨거운 공기의 영향으로 밀려 올라온다는 설명이 가장 신뢰성 있어 보인다.

역사기록에 의하면, 인조 22년(1644) 당시 의성 현령이었던 종형후보(從兄厚甫)와 같이 이곳에 와서 한 여름을 보낸 허목(許穆)의 『빙산기(氷山記)』에 다음과 같은 내용이 있다.

빙혈에는 춘하(春夏)에 평균 영하 4도, 추동(秋冬)에는 평균 영상 2도의 찬바람이, 풍혈(風穴)에는 이보다 평균 5도가 높은 바람이 이 석혈(石穴)에서 불어나온다.

빙혈 안의 차가운 바람과 혼자 있다는 느낌에 등골이 오싹함을 느꼈다. 얼른 빙혈을 나와 옆의 계단을 따라 올라갔다.

빙산사지 오층석탑 감실 안에 있던 불상의 좌대를 세워서 벽에 시멘트로 고정시켜 놓았다. 임진왜란 때 왜군이 감실 안 좌대 위에 있던 금동

빙산사지 오층석탑 감실 불좌대

풍 혈

빙산사지 석축

불상은 훔쳐가 없어지고, 금동불상이 놓여 있던 좌대만이 남아 있다. 역사의 슬픈 현장을 보는 것 같아 가슴이 아팠다. 계단을 올라가니, 풍혈(風穴) 글씨와 함께 바로 옆에 차가운 바람이 나오는 구멍이 보인다. 빙혈과 풍혈은 같은 근원에서 출발하여 찬기운을 각기 다른 방향으로 배출하고 있었다.

비록 옛날 빙산사 흔적 중 온전히 남아 있는 것은 오층석탑 한 개뿐이지만 주위의 빙혈과 풍혈, 그리고 탑 뒤의 산세와 어울려 청아한 풍경을 연출하고 있었다.

빙산사지 오층석탑을 뒤로 하고 마을로 내려오는 길에 절터의 흔적을 보여 주는 석축이 길게 늘어져 있었다. 석축 옆에는 과거 빙산사 또는 서원의 것으로 보이는 기왓장들이 한 구석에 쌓여 있었다.

과거 빙산사 지역에는 빙계서원과 함께 태일전(太一殿)이 있었다는 기록이 있다. 태일전에서 태일(太一)은 천지의 시조를 일컫는 것으로 우리나라의 국조(國祖)인 단군을 지칭하며, 전(殿)은 대궐을 뜻하므로, 태일전은 바로 단군의 영정을 모시는 곳이다. 태일전은 방위각에 따라 45년마다 전국의 명산으로 자리를 옮기며 왕실의 안녕과 국태민안을 위해 임금이 내린 향으로 제를 지낸 곳이다.

『신증동국여지승람』의 '의성현(義城縣) 고적조(古跡條)'에 보면, "태일전은 빙혈 옆에 있다. 매년 상원(上元)에 임금께서 향을 내리시어 제사를 지낸다. 성화(成化) 14년 무술(戊戌)에 충청도 태안군으로 옮겼다."라고 되어 있다."

성화 14년은 조선시대 성종 9년에 해당된다. 즉, 의성현 빙혈 옆의 태일전에 안치되어 있던 단군영정(檀君影幀)을 태안의 백화산성 내에 있던 태일전으로 옮긴 것이지 태일전 건물까지 옮긴 것은 아니다.

의성에서 태안으로 단군영정을 옮긴 이유는 태안반도가 왜구의 계속된 약탈과 노략질로 공민왕 22년(1373)에 폐군(廢郡)된 이후 1416년 조선 태종(太宗)이 폐허가 된 태안지역을 복귀하라는 명을 내린다. 이에 다시는 외적의 침입으로 인한 폐군의 참상을 되풀이 하지 않기 위해 국조신(國祖神)인 단군의 가호를 받기 위해 옮긴 것이다.

과거 빙계계곡을 중심으로 빙산사, 빙계서원, 태일전 등이 밀집되어 있는 의성은 국가의 중요한 지역으로 인식되었다. 그러나 과거 마을의 중심이었던 빙산사가 폐사되면서 마을 주민들이 하나 둘 집을 떠났다.

빙산사지를 내려오는 마을 골목길 양옆으로 여기저기 사람이 살지 않는 빈집들이 눈에 띈다.

마을길로 나와 빙계계곡을 따라 내려왔다. 갈 때는 얼른 가서 보고 싶은 마음에 바쁘게 갔지만, 나올 때는 좀더 여유로운 마음으로 계곡을 바라보면서 내려왔다. 기암괴석과 절벽이 어울려져 한 폭의 그림을 연상하게 한

최근 새롭게 복원된 빙계서원

다. 빙계계곡 입구의 빙계서원이 최근 새롭게 세워져 있었다.

　옛날 계곡에서 선인들이 책을 읽었을 아름다운 풍경이 연상되었다. 아무리 더운 여름날이라도 빙혈과 풍혈의 기운으로 공부에 전념했으리라.
　차를 돌려 나오는데 들판에는 나이 많은 어르신들이 여전히 마늘 수확에 바쁘기만 하다.

05 Seoul*

서울특별시

[서울] 원각사지

圓覺寺址

서울 한복판 노인들의 쉼터

서울 탑골공원의 원각사지(사적 제354호)를 답사하기 위해 이것저것 준비하다가 차일피일 미루게 되었다. 언제부터인지 모르겠지만 이제는 할아버지들의 전용 쉼터로서, 많은 인파 때문에 사진 찍는 것이 쉬울 것 같지 않아서였다.

추석 이른 아침에 사진장비를 챙겼다. '설마 추석 당일에는 사람들로 붐비지 않겠지' 싶은 생각에 사진 찍기가 훨씬 수월할 것이라 예상하면서 탑골공원으로 향했다.

탑골공원은 '탑공원, 탑동공원, 파고다공원'이라 부르기도 한다. 이곳은 원래 고려시대부터 내려오는 흥복사(興福寺)라는 고찰이 있었다. 그러다가 조선 전기 세조 11년(1465)에 원각사(圓覺寺)로 개명하고, 한양도성 내 3대 사찰로서 이름을 떨쳤다. 즉, 원각사는 숭유억불의 정책속에서 왕이 직접 한양 사대문 안에 창건한 유일한 사찰이었다. 그러나 연산군에 의해 원각사는 폐사되고, 그 자리에 장악원(掌樂院) 또는 연방원(聯芳院)이라는 기생방(妓生房)이 설치되었다. 중종 9년 8월에 원각사 폐사의 재목을 헐어 다른 건물의 유지 보수에 사용되면서 사찰 건물은 완전히 자취를 감추었다. 그 이후 빈터로 계속 남아 있다가, 1897년(광무 1) 영국인 고문 J.M.브라운(John Mcleavy Brown)이 서양식 공원으로 설계하여 오늘날의 모습을 갖추게 되었다.

특히 이곳은 1919년 3·1운동 당시 처음으로 독립선언문을 낭독하고 대한독립만세를 외친 기미년 독립운동의 발생지로, 민족의 독립 의지와 얼이 담겨 있는 유서 깊은 곳이기도 하다. 1992년 이곳의 옛 지명을 따라 파고다공원에서 탑골공원으로 개칭하여 오늘에 이르고 있다. 탑골공원은 현재 휴식 광장으로 개방되어 많은 시민들이 찾고 있다. 특히 어르신들이 즐겨 찾는 장소가 되었다.

지하철 1호선 종로3가역에서 내려 1번 출구로 나가, 약 300여 미터 걸어가면 바로 탑골공원 정문이다. 추석 당일 이른 시간인데도 여기저기 할아버지들의 모습이 보였다. 정문을 지나면 3·1운동 기념탑과 손병희 선생 동상을 만나게 된다. 그러나 원각사지 십층석탑을 빨리 보고 싶어 걸음을 재촉하였다. 팔각정을 지나자, 커다란 유리 건물이 보였다. 원각사지 십층석탑을 둘러싼 유리보호막이다.

유리 너머로 보이는 높이 12미터의 원각사지 십층석탑(국보 제2호)은 아름답기 그지 없다. 기단부의 각 면석에는 갖가지 무늬의 동물과 새, 나무들을 가득 새겨 넣었다. 탑신부를 보니 부처, 보살, 천인(天人) 등의 모습이 정교하게 조각되어 있다. 탑 전체의 느낌은 기와 지붕을 새겨 넣어 목조건물 같은 느낌을 준다. 마치 옥개석이 기와 지붕을 옮겨 놓은 듯, 처마 곡선의 아름다움이 그대로 살아있다. 조선시대에 조성된 석탑으로는 유례를 찾아볼

원각사지 십층석탑 탑신부의 부처, 보살 등의 정교한 조각 모습

圓覺寺址

원각사지 십층석탑 (국보 제2호)

수 없는 우수한 조각 솜씨를 보여 주고 있다. 그러나 유리창 너머로 자세히 보기에는 한계가 있다. 아무리 눈을 바짝 붙여도 유리창의 햇빛 반사 때문에 뚜렷하게 보이지 않았다.

원각사지 십층석탑의 유리보호막은 서울시가 문화재위원회의 승인을 받아 2000년 초에 세운 것이다. 이렇게 유리보호막을 세운 것은 원각사지 십층석탑의 재질이 대리석이기 때문에 비둘기 배설물, 산성비, 바람 등으로 인한 탑의 피해가 심각했다. 우리나라 석탑의 대부분은 화강암이므로 비바람에 강하게 버틸 수가 있다. 반면에 대리석은 화강암에 비해 약하고 부드러운 특성을 가지고 있어서 정교한 조각을 할 수 있으나, 각종 외부 요인에 의해 쉽게 훼손될 수 있는 약점을 안고 있다. 그렇다 해도 유리보호막에 갇혀 있는 원각사지 십층석탑은 나의 마음을 갑갑하게 만들었다.

원각사지 십층석탑은 원나라 라마교의 영향을 받았다고 전해진다. 즉, 조각 기법이 목조건축물의 각 부재를 모각(模刻)하고, 탑의 각 부분에 부처와 보살상을 빈틈없이 배치하여 건축과 조각의 양면을 구비한 것이 원나라의 라마양식이 다분히 작용한 것으로 보인다. 또한 전체적인 형태나 세부 구조, 불상조각 등이 경천사(敬天寺) 십층석탑(국보 제86호)과 흡사할 뿐만 아니라 사용된 석재도 대리석이라는 공통점을 가지고 있다.

경천사 십층석탑은 원래 경기도 개풍군 경천사지에 있던 것을 구한말에 왕실의 경사에 경축대사로 내한하였던 일본 궁내대신 다나카 미츠아키가 1905년 동경으로 불법 반출하였다가 해방 후 반환받았다. 최근까지 경복궁에 있다가 지금은 수리를 위해 해체하여 박물관 지하에 옮겨진 상태이다. 경천사 십층석탑은 원각사지 십층석탑의 모본이 되는 탑이다.

원각사지 십층석탑은 원각사가 세조 11년(1465)에 창건되었으므로 그 당시에 세워진 것으로 추정된다.

원각사지 십층석탑과 팔각정

　탑골공원의 팔각정(八角亭)은 원래 대한제국 황실의 음악연주소 시설이었는데, 3·1운동 당시에 독립선언서가 낭독되었던 뜻깊은 곳이기도 하다. 팔각정 계단에는 할아버지들이 앉아 있었다. 그 분들은 추석 당일 이른 아침에도 갈 곳이 없는 분들이다. 우리나라 노인문제의 심각성을 보여주는 것 같아 씁쓸한 마음이 앞선다.

　팔각정 옆에 높이 약 5미터의 대원각사비(大圓覺寺碑, 보물 제3호)가 보인다. 바로 원각사의 창건 전말을 기록한 비석이다. 가까이 가 보니, 비문은 닳아 확인할 수가 없었으나 웅장한 크기와 더불어 비석을 받치고 있는 거북머리의 모습이 해학스러운 느낌을 준다.
　대원각사비는 머리석의 비신(몸)과 이수(용머리장식), 화강암의 귀부로 이루어져 있다. 대리석으로 된 비신과 이수는 하나의 몸돌로 이루어져 있다. 이수는 하나의 구슬을 받든 두 마리의 용이 서로 엉켜 하늘로 오르는 형상을 세밀하게 조각하였다. 이수에는 '대원각사지비(大圓覺寺之碑)'라고 두 줄로 새겨 넣은 문장이 보인다. 비석 뒤로 돌아가서 아래를 보니 물고기 비늘을 조각한 거북이 꼬리가 세 갈래로 갈라진 재미있는 모양을 하고 있다.

대원각사비를 지나 동문 방향으로 발길을 돌리면 우물이 하나 있는데, 탑골공원 재정비사업(2001. 3) 때 발견된 출토 우물을 복원한 것이다. 이 우물은 원각사가 폐사된 후 현 지역에 민가가 들어서면서 음용수를 얻기 위해 조성된 것으로 보인다. 발굴 당시 우물 안에서 일제시대 때 사용된 동전 및 다량의 생활 용기 등이 출토되었다.

대원각사비 (보물 제3호)

귀부의 뒷모습(상) 꼬리 부분(하)

우물 바로 옆의 큰 돌들은 조선시대 해시계인 앙부일구의 받침돌이다. 조선시대 운종가(지금의 종로)를 오가는 사람들이 시각을 알 수 있게 높은 받침돌 위에 앙부일구를 설치했던 흔적이다.

발굴된 출토 우물

앙부일구 대석을 지나면, 앙증맞은 모습의 동문이 보인다. 자그마한 팔작지붕과 함께 문 양쪽으로 조그마한 방이 보인다. 탑골공원 안에 있는 일반 형태의 북문·서문과는 다른 모습을 하고 있다.

동문 앞쪽으로 자그마한 표지석이 땅에 박혀 있다. 표지석 제목을 보니 '유물매납 표지석' 이다.

동 문

탑골공원 재정비사업을 할 때 출토된 유물의 일부를 매납·보호한 곳이다. 지금도 탑골공원 땅 밑에는 갖가지 유물들이 묻혀 있다고 한다.

동문 옆으로는 3·1정신 찬양비와 더불어, 3·1운동 당시의 모습을 정교하게 조각한 벽화들이 한 줄로 쭉 늘어서 있다.

유물매납 표지석

사진 촬영할 당시에는 몰랐는데, 탑골공원 여기저기에 있는 벤치에는 거의 빠짐없이 노숙자들이 누워 있다. 또한 모든 계단과 벤치에는 노인들이 힘없이 앉아 있다. 그나마 추석 당일이어서 조금 한가한 편일 텐데…. 멀리서 탑골공원 전경을 카메라에 담기 위해 정문 쪽으로 걸어갔다.

정문으로 걸어나오면서, 다시 한번 생각해 보았다. 온갖 최신 건물들이 들어서 있는 서울 한복판에 왜 노인들이 모이는 걸까. 아마 각종 옛날 유물들이 자신들의 흘러간 과거를 생각나게 하는 것은 아닌지.

3·1운동 당시의 모습을 조각한 벽화들

[서울] 삼천사지

三川寺址

임진왜란 때 승병들의 거사 장소

전국에 산재해 있는 절터에 대한 흔적을 뒤적이다가 서울에 있는 삼천사지에 대한 기록이 눈에 들어왔다. 기록을 보니, 삼각산 삼천사 바로 위쪽으로 삼천사지가 있었다고 쓰여 있다. 우선 가까운 거리가 마음에 들어 바로 사진장비를 챙긴 후 찾아나섰다.

삼천사지를 찾기 위해 서울 은평구 진관외동에 위치하고 있는 삼천사를 찾아갔다. 삼천사는 북한산의 비로봉과 노적봉을 병풍처럼 두르고 북한산 중턱에 자리잡고 있는 아담한 절이다. 또한 북한산 줄기의 삼각산 등산로 길목에 자리잡고 있어, 사시사철 등산객의 왕래가 잦은 절이기도 하다. 북한산 계곡에서 흘러내리는 시원한 물줄기를 옆으로 끼고, 멀리 북한산의 봉우리들을 바라보면서 절묘하게 앉아 있다. 삼각산이란 명칭 유래는 북쪽에서 바라보면 '인수봉·백운대·만경대' 세 봉우리가 삼각을 이루고 있어 삼각산이란 이름이 붙었다고 한다.

삼천사는 통일신라시대에 원효대사에 의해 창건되었다고 전해지며, 그 규모가 대단히 커서 한때 삼천여 명의 대중이 모여 수도 정진할만큼 큰 절이었다고 한다. 또한 고려 현종 9년(1018)에 왕이 모친의 명복을 빌기 위해 개경에 현화사(玄化寺)를 세우고, 당시 삼천사 주지였던 법경(法鏡)을 불러 초대 주지를 맡겼던 것을 보아도 당시 삼천사의 위상을 엿볼 수 있다.

과거 삼천사는 임진왜란 때 한양지역의 승병들이 운집하여 거사하던 구국의 현장으로 알려져 있다. 나라가 어지러운 시절에, 북한산에 소재한 사찰들은 지리적인 영향으로 호국사찰적 성격이 강했던 것이다. 그러나 임진왜란을 겪으면서 절이 불에 타 버리고, 폐사된 것으로 전해지고 있다. 지금의 절은 그 후 중창되고 복원된 것이다.

또한 일제시대 때는 삼천사 인근의 북한산성에서 의병들의 활동이 왕성해지자 '노적봉·백운대·만경대' 등에 놋쇠로 만든 쇠말뚝을 박아 우리의 민족 정기를 말살하려 했던 지역이기도 하다.

삼각산 삼천사 입구

삼천사지 마애여래입상 전경

삼천사지 마애여래입상 (보물 제657호)

과거 번창했던 삼천사의 흔적은 현재 삼천사 절 내에서도 찾을 수 있었다. 삼천사 대웅전을 왼쪽으로 끼고 위로 올라가면, 과거 삼천사 입구에 있던 마애여래입상(보물 제657호)을 만날 수 있다. 안내판에는 또렷하게 "삼천사지 마애여래입상(三川寺址 磨崖如來立像)"이라고 적혀 있다.

삼천사지 마애여래입상은 병풍처럼 우뚝 세워진 커다란 바위에 석가여래의 서 있는 모습을 2.6미터 높이로 새겨 놓은 것이다. 마애여래입상의 좌·우에는 네모진 큰 구멍이 뚫려 있어 원래는 목조로 된 전실(殿室)이 있었던 것으로 보인다. 오른손은 다소곳이 옆으로 내려 옷자락을 잡고 있으며, 왼손은 배 앞에서 가만히 들어올려 손바닥을 둥글게 하여 위로 향하고 있다.

삼천사지 마애여래입상 리본형의 띠매듭

광배는 거신광이며, 두 줄의 융기선으로 두광을 구분하고 있고, 신광은 한 줄의 융기선으로 표현하였다. 전체적으로 근엄한 얼굴에는 인자함과 고귀함이 배어 있으며, 옷주름들이 부드럽게 흘러내리는 모습을 보여 주고 있다. 특히, 가슴에 내의를 묶는 띠매듭이 리본형으로 표현되어 있는 것이 특징이다. 삼천사지 마애여래입상은 고려시대를 대표할 만한 뛰어난 마애불로 알려져 있다.

삼천사지 마애여래입상을 뒤로 하고, 계곡 물가의 다리를 지나 산 위로 올라갔다. 그러나 왼쪽으로는 비탈진 산등성이고, 오른쪽에는 위에서 흘러내리는 계곡 물줄기뿐이다. 한눈에 절터가 있을 만한 평지가 보이지 않았다.

막상 삼천사지를 찾으려고 하니 막막하기만 했다. 시원한 물소리의 계곡을 따라 올라가면서 좌·우를 살폈지만, 과거 삼천사지의 흔적이나 입구는 보이지 않았다. 할 수 없이 계곡을 따라 계속 올라가면서 왼쪽의 경사진 산등성이를 계속하여 살폈다. 혹시 과거 삼천사가 있을 만한 평지나 절의 흔적이 눈에 띌까 하고 유심히 보았다. 왼쪽 산등성이를 살피며 30여 분을 계속 올라갔다. 신경을 곤두세우고 훑어보아도 삼천사지 흔적이나 절터가 있을 만한 평지는 보이지 않았다.

삼천사지에 대하여 지나가는 등산객들에게 물어봐도 아는 사람이 없고, 흔적 또한 전혀 보이지 않았다. 삼천사지에 대하여 잠깐 찾아본 기록에 의존한 것이 화근인 것 같았다. 더 이상 절터가 보이지 않아 찾는 것을 중단하기로 했다. 허탈감에 힘이 빠진다. 절터 찾는 것을 중단하고 오던 길로 다시 내려가기로 했다. 내려오는 길에 오른쪽을 보니 '등산객 출입금지' 라는 팻말이 눈에 들어왔다. 산등성이를 올라가는 많은 곳 중에 유독 이곳만

삼천사지로 올라가는 계단

'등산객 출입금지'라고 했을까 의구심을 품었다. 혹시, 삼천사지 입구가 아닐까 하는 생각이 머리를 스쳐 그 위쪽으로 난 계단으로 올라갔다.

올라가는 계단 입구에는 길다란 장대석이 놓여 있다. 아마, 위에 있던 것이 여름철 장마비에 씻겨 내려온 것 같았다. '출입금지' 팻말의 실례를 무릅쓰고 가파른 언덕을 올라갔다. 수풀속에 돌계단의 흔적이 의미하게 남아 있었다.

돌탑 두 개

계단을 오르자 오른쪽으로 과거 절터의 흔적을 보여주는 기단이 어렴풋이 보인다. 누군가가 나지막한 돌탑 두 개를 쌓아 놓았다. 돌탑 아래쪽 돌을 보니, 건물의 주춧돌로 사용되었던 흔적이 보인다.

계단은 계속 위로 이어져 있었다. 계단 좌우로 석축들이 보인다. 석축들은 오랜 세월 보수를 하지 않은 것 같았다. 과거 삼천사는 가파른 지형을 이용하여 계속 석축을 쌓아 올리면서 건물을 세웠던 것이다. 자연을 파괴하지 않고 있는 그대로를 살려서 절을 지었던 선조들의 지혜를 엿볼 수 있었다.

건물의 주춧돌로 사용되었던 돌의 흔적

서울 삼천사지 | 197

올라가는 계단 흔적

장대석이 길게 늘어져 있는 모습

하늘을 지표삼아 계속 올라갔다. 여기저기에서 석축의 흔적이 보인다. 또한 과거 건물터로 보여지는 평평한 땅과 건물 잔해로 보이는 돌덩이들도 보인다. 이미 누군가가 지나간 흔적이 남아 있다. 올라가는 동안 석축들의 흔적이 계속 보였다. 나무줄기를 잡고 한참을 올라갔다.

갑자기 세상이 조용해진 기분이 든다. 꽤 올라온 모양이다. 지저귀는 새소리만 들리고, 간혹 스쳐 지나가는 바람만이 고요한 정적을 깬다. 왼쪽 언덕을 보니, 길다란 장대석이 위로부터 아랫방향으로 길게 늘어져 있는 모습이 보였다.

떨어진 낙엽 사이로 가공된 듯한 돌이 보인다. 나뭇잎을 들추니, 끝이 뾰족뾰족하게 가공되어 있었다. 또한 나뭇잎 사이로 빗살 무늬기와 조각들이 여기저기 눈에 띄었다.

위로 올라가면서 계속하여 석축들이 쌓여져 있는 것이 보였다. 그러나 넓은 평지가 없

끝이 가공 처리된 돌

어서 큰 건물이 들어설 수는 없었을 것이다. 그러면 대웅전(금당)이 있었던 자리는 어디였을까. 올라가면서 왼쪽 언덕을 보니 마른 가지 사이로 길다란 석축이 보인다. 가까이 가보니 오래 전에 쌓은 석축이 길게 늘어서 있다.

마른 나뭇가지 사이로 보이는 석축

절터에서 바라본 삼각산 봉우리들

산중턱에 있는 널따란 평지

여름에도 같은 길로 왔지만, 울창한 나뭇잎 사이에 가려 미처 보지 못한 석축이다. 나뭇가지를 붙잡고 석축 위로 올라갔다. 갑자기 널따란 평지가 나타났다. 그리고 멀리 산봉우리가 푸른 하늘과 맞닿아 있다. 금당지로 여겨지는 공터에서 바라보는 산봉우리들의 풍경이 가히 절경이다. 아마 이곳이 과거 대웅전 자리가 있었던 곳이 아닐지……. 근처를 살펴보아도 이 만큼의 널따란 평지는 보이지 않았다.

더 이상 위로는 건물 흔적이 보이지 않았다. 아마 과거 삼천사의 건물들이 아래쪽 계단 입구부터 여기저기 보이는 석축들 위에 있었던 것 같다. 더 넓게 보면 계곡 아래쪽의 현재 삼천사 절의 마애여래입상부터 여기까지 건물들이 있었을 것이다. 과거 삼천사 규모를 머릿속에 그려보니 엄청난 크기로 부풀어 오른다. 기록에 있는 삼천여 명의 대중이 운집하였다는 것이 사실인 듯 싶다.

　기록에 있는 대지국사탑비의 귀부는 발견하지 못했다. 서운한 마음으로 다시 발길을 돌려 아래로 내려오기 시작했다. 내려오는 길은 다른 방향으로 잡았다. 혹시 다른 흔적들을 발견할 수 있을까 하는 마음에서였다. 그러나 내려오는 방향은 급경사를 이루고 있어 또 다른 석축들은 보이지 않았다.

　계곡쪽으로 내려오자, 아까 올라왔던 계단 입구가 보이기 시작했다. 여름보다는 약해진 물줄기가 흐르고 있었다. 등산로에 접어들어 아래로 내려오자, 계곡 바위 위에 누군가가 쌓아 놓은 돌탑들이 정겨운 느낌을 준다.

06 Incheon*

인천광역시

[강화] 선원사지

禪源寺址

팔만대장경을 만든 곳

강화도의 선원사지(사적 제259호)에 대한 답사는 나의 발길을 계속 머뭇거리게 하고 있었다. 그 이유는 과거 선원사에 대한 정확한 위치가 아직 확실하게 자리잡지 못하고 있기 때문이다. 지금까지 여러 가지 기록으로 미루어 과거 선원사 터라는 사실을 입증할 근거 자료가 아직 발견되지 못하고 있는 실정이다.

동국대학교 박물관의 수년 간 발굴조사로 여러 가지 유물들이 발견되었으나, 과거 선원사 터라고 할 만한 결정적인 증거물은 아직 발견하지 못했다. 이런 과정에서 일부 학자들이 현재의 위치를 선원사 터가 아니라고 주장하고 있다. 즉 과거 선원사는 강화도 선원면 선행리에 위치한 충렬사 부근이라는 설이 제기되기도 하였다. 그러나 현재 강화군 선원면 지산리에 있는 선원사 터가 사적지로 지정되어 있을 뿐만 아니라, 반대 근거 자료도 희미하여 답사하기로 결정하였다.

강화도의 선원사지는 고려시대 선원사라는 거대한 사찰이 있던 자리이다. 고려시대의 선원사는 몽고 침입에 항쟁하기 위하여 강화도로 도읍을 옮겼을 때, 당시 최고 집권자였던 최우(崔瑀, ?~1249)에 의해 몽고 항쟁의 정신적 지주로 삼고자 고종 32년(1245)에 창건되었다. 선원사는 창건 다음 해인 1246년 전국의 고승 삼천여 명을 초청해 대법회를 열었으며, 금불상만 오백 개가 있었다고 전해진다. 고려시대의 선원사는 당시 전라남도 승주에 있던 송광사(松廣寺)와 함께 2대 사찰 중 하나였다고 전해진다. 선원사는 초대 주지인 진명국사(眞明國師, 1191~1271)를 비롯하여 원오국사, 자오국사, 원명국사, 굉연국사, 혜감국사 등의 고승들이 거쳐간 곳이기도 하다. 그 당시 선원사 주지를 거쳐야만 송광사 주지가 될 수 있을 정도로 고려 후기 불교계에 미치는 영향력이 컸다고 한다.

선원사의 역사적 의의는 고려대장경을 만들고 보관했던 대장도감(大藏都監 : 고려시대 재조대장경의 판각 업무를 담당했던 관청)이 있던 장소라는 데 있다. 최우는 부처님의 힘을 빌어 나라를 구하고자 16년 간에 걸쳐 대장도감을 설치하고, 별초군 오십만 명을 동원하여 팔만대장경 목판을 판각하였다. 선원사는 그 당시 만들기 시작한 팔만대장경을 체계적으로 봉안·관리하기 위하여 대장도감 옆에 세워진 것이다. 그러나 강화도에서 대장도감을 설치하고 대장경 간행을 하였다는 기록은 남아 있으나, 불행히도 대장경을 만들고 보관한 곳이 어디인지 확실히 밝혀지지는 않고 있다.

『조선왕조실록』을 보면, 조선 태조 7년(1398)에 대장경을 선원사에서 한양으로 옮겨왔다고 한 것으로 보아, 선원사에서 대장경을 보관하였을 것이라고 학계에서는 보고 있다. 따라서 팔만대장경은 선원사에 147년 간 보관되어 오다가, 한양의 지천사(支天寺)를 거쳐 합천 해인사(海印寺)로 옮겨졌다고 한다.

현재 합천 해인사에 보관 중인 국보 32호로 지정된 팔만대장경은 몽고군이 불태운 대구 부인사(符仁寺)의 대장경을 최우가 선원사에서 다시 만든 것으로, '재조대장경(再雕大藏經)'이라고 부른다. 해인사 팔만대장경은 1995년 유네스코가 지정한 세계문화유산으로 등록되어 있다.

고려시대 선원사와 팔만대장경은 몽고 항쟁의 정신적 지주였다. 선원사가 갖는 중요한 의미는 몽고 항쟁의 정신적 지주로서 팔만대장경을 만들고 보관했던 역사적 가치인 것이다. 이런 선원사지에 대한 답사는 나의 마음을 설레이게 하기 충분하였다.

더위가 한풀 꺾이고, 아침저녁으로 제법 쌀쌀한 기운이 도는 날씨이다. 추석이 지난 벌판에는 아직 추수하지 못한 벼가 무거운 고개를 푹 숙이고 있었다. 강화대교를 지나, 바로 좌회전하여 선원사지를 찾아갔다. 가는 도중에 이정표가 여러 군데 있었으나, 길눈이 어두운 탓에 여러 사람들에게 길 안내 도움을 받아야만 했다.

선원사지 입구에는 식당과 매점이 위치하고 있어 산만한 느낌을 주고 있었다. 선원사지로 올라가는 입구에는 윤장대(輪藏臺)를 복원하여 놓았다. 절에서 보기 힘든 윤장대이다. 윤장대는 '장경(藏經)을 돌리는 대(臺)'라는 의미를 갖고 있는 '회전식 불경 보관대'이다.

윤장대의 손잡이를 잡고 돌리면서 그 동안 나에게 길을 안내해 준 이름 모를 분들에게 마음속으로 감사함을 전해 본다.

윤장대 오른쪽으로 선원사지 출토 유물을 보관하고 있는 작은 유물전시관이 눈에 띈다. 발굴 작업

선원사지 입구에 있는 윤장대

중에 발견된 각종 유물들을 보관하고 있었다. 약간 어두운 실내에는 출토된 각종 유물들이 전시되어 있었다. 아울러 선원사 초대 주지인 진명국사와 송광사 16국사 가운데 네 분의 영정(자진국사진영, 원감국사진영, 진명국사진영, 혜감국사진영)을 모시고 있었다. 그리고 한쪽 면에는 고려대장경의 판각 과정과 인쇄 장면을 사진과 모형으로 보여 주고 있었다.

선원사지 입구는 과거 선원사 복원공사로 상당히 어지러웠다. 선원사 복원공사 및 일반인들의 접근을 막기 위해, 선원사지 입구를 울타리로 막아 놓았다. '선원사복원추진위원회'라는 커다란 돌현판이 위압적으로 다가온다.

선원사지 입구를 찾아 왔다갔다 하다가 소 두 마리가 눈에 들어왔다. 소 두 마리가 있는 축사 입구에는 우보살이라고 쓰여 있다. '목탁소리를 내는 소'라고 설명되어 있었다.

산 아래에서 보는 선원사지는 복원 중인 부분과 복원하지 않

선원사복원추진위원회 현판

목탁소리를 낸다는 우보살 소 두 마리

산 아래에서 바라본 선원사지 전경 (왼쪽의 축대는 선원사를 복원하기 위해 쌓은 것이다)

은 부분으로 나누어져 있었다. 복원 중인 부분에는 새 석축이 쌓여져 질서 정연한 모습을 보여 주고 있었다. 산 아래에서 보는 선원사지는 뒤와 양 옆이 능선으로 이루어져 있어 사면이 아늑한 느낌을 주고 있었다. 탁 트인 남쪽을 제외하고는 각종 나무들로 포근하게 감싸져 있는 절터이다. 유명한 절터를 가 보았을 때 느끼는 풍수지리학적으로 명당자리라는 느낌이 와 닿는다.

그런데 마치 절터를 반으로 나누어 한쪽은 복원하고, 나머지 한쪽은 옛 절터 그대로 방치되어 있는 모습이다. 공사 중인 데는 갈 수 없어서, 옛 절터의 형태를 간직하고 있는 오른쪽 지역으로 올라가기 시작하였다.

한눈에 보아도 여러 가지 건물들이 있었던 잔해와 각종 기와 조각들이 눈에 들어온다. 완만한 경사를 이루고 있는 지형이라 축대를 쌓았던 흔적이 여기저기 보인다. 또한 과거 건물터로 보이는 부분들이 마치 사각형 모양으로 정돈되어 있었다.

건물의 기초에 사용되었던 각종 초석들　　여기저기 쌓여 있는 각종 기와 조각들

 과거 유물발굴조사 때의 발굴 흔적들이 아직도 곳곳에 남아 있었다. 마치 구획정리를 하듯 각 건물들의 위치가 드러나 있었다. 건물이 있던 자리에는 건물 기초에 사용된 듯한 초석들이 땅 위에 노출되어 있었다. 또한 건물에 사용되었던 기와 조각들이 여기저기 쌓여져 있었다.

 지금까지 가 본 절터 중에서 가장 많은 기와 조각들이 쌓여져 있었다. 이것은 역설적으로 과거 선원사의 절 규모를 짐작케 해 준다. 완만한 경사를 따라 계속 위로 올라갔다. 올라갈수록 더 많은 건물 흔적들이 보인다. 또한

과거 석축들의 흔적

경사진 지형구조에 건물들을 짓기 위해 쌓은 과거의 석축들 흔적이 여기저기 보인다.

선원사지 위로 올라가면서 배수로의 흔적들이 보이기 시작했다. 절터 답사의 경험으로 배수의 흔적을 찾는 습관이 생겼다. 절의 흔적을 유추할 수 있는 여러 가지 방법 중 물을 다스린 흔적인 배수시설 등을 보면 절의 규모 및 절의 배치 등을 미루어 짐작할 수 있다. 선원사지에서 발견되는 배수시설은 짜임새 있는 모습을 보이고 있었다.

곳곳에서 발견되는 배수 흔적들

또한 과거 난방을 위해 온돌을 사용한 흔적의 모습도 보인다. 마치 구들장을 놓는 하부구조 같은 모습

과거 온돌을 사용한 것 같은 흔적

을 하고 있었다.

수많은 기와 조각들과 돌조각들이 땅속에 묻혀 보이지 않다가 빗물에 씻기어 여기저기 드러나 있었다.

맨 윗부분의 절터에 올라 아래를 보니 과거 선원사의 규모가 한눈에 들어왔다. 비록 한쪽 부분에서 복원공사 관계로 옛날 흔적을 찾을 수 없지만, 나머지 한쪽으로도 과거의 규모를 짐작케 해

땅속에 박혀 있는 기와 조각들

산 위에서 바라본 선원사지 전경

준다. 옛날에는 절의 밑부분까지 바닷물이 들어와서 각종 물자를 날랐다고 한다.

   대장경판을 만드는 나무로는 자작나무가 으뜸인데 이런 나무들은 제주도나 완도, 거제도 등지에서 자란다. 이런 목재들을 경판으로 쓸 수 있게 되기까지는 오랜세월을 필요로 한다. 또 베어낸 나무들을 썩지 않도록 장기간 바닷물에 담가 두었다가 이를 건져내어 다시 그늘에 오랫동안 말려 건조시켜야 한다. 이런 과정을 거쳐 조각에 착수하기까지 6년이 걸린다. 알려진 바로는 강화도에 대장경 제작을 감독하는 대장도감을 두고, 그 분소를 경상남도 남해에 설치하였다고 한다. 한반도 남쪽의 남해 부분은 몽고의 병화(兵火)가 미치지 않는 곳이며, 경판 목재를 구하기 쉬운 잇점을 안고 있다. 그런데 이렇게 건조시킨 경판 목재들을 해로를 통해 쉽게 강화도로 운반하기 위해서는 절 아랫부분까지 뱃길이 닿아 있어야 했을 것이다.

   또한 만들어진 대장경판을 해인사로 옮기는 과정도 바닷길을 이용해야 했다. 경판 한 개의 크기는 가로 66미터, 세로 24센티미터, 무게는 약 3.2킬로그램으로 육지로 이송하기에는 어려움이 많았을 것이다.
   과거 대장도감 옆에 세워진 선원사는 당대 제일의 고승인 진명국사가 초대 주지로 취임한 이래, 여러 명의 국사가 배출되면서 발전을 거듭하였다. 또한 충렬왕 때는 임시 궁궐로 사용될 만큼 규모가 웅장하였다고 한다. 그러나 조선 태조 때에 대장경이 한양(서울) 지천사로 옮겨진 후 점차 쇠퇴하였으리라 추정된다.

   선원사 복원을 위한 중장비 소리가 요란하다. 선원사지의 상당한 부분은 복원 때문에 이미 과거의 흔적은 찾아볼 수 없게 되었다. 가장 위쪽에서 아래를 보니 거대한 새로운 석축들이 보이고, 그 위에 새파란 잔디가 한눈에 들어온다. 시대의 소명에 따라 옛 사찰의 복원은 바람직한 일인지도 모르겠으나 옛 선조들의 숨결이 살아있는 복원이 되었으면 한다.

새로 지은 선원사 큰 법당 주련을 보니 다음과 같은 글귀가 한글로 쓰여 있다.

역사도 끊어진 대장경의 고향에서
뼈에 사무치는 추위가 없었다면
어찌 매화의 향기 코에 부딪칠까
천강에 비추던 국사는 간데 없고
푸른 산 빈 허공 옛과 같이 남아 있네
녹차꽃 피고 연꽃 피는 터가 또 있을까

해가 지는 저녁 무렵의 가을 날씨에 한기가 몸속에 스며든다.

07 Jeollanam-do*

전라남도

[강진] 월남사지

월출산 대가람의 흔적

월남사지(지방 기념물 제125호)는 예로부터 소금강산이라 불리는 월출산(809미터) 아래 자리잡고 있다. 월출산은 전라남도 영암군 영암읍과 강진군 성전면 경계에 있는 산이다. 신라 때는 월출산을 월나산(月奈山), 고려 때는 월생산(月生山), 조선시대 들어와서 월출산(月出山)이라 불렀다. 월출산은 소백산맥의 무등산 줄기에 속해 있으며, 1988년 국립공원으로 지정되었다. 월출산은 '달이 뜨는 산'이란 뜻처럼, 월출산의 바위 위로 곧바로 달이 떠올라 보는 이로 하여금 감탄을 자아내게 한다. 그 월출산이 가장 아름답게 보이는 강진군 성전면 월남리 남쪽 들판에 월남사지가 자리잡고 있다.

그 옛날 다산 정약용이 강진땅으로 유배가던 길에 월출산을 지나면서 쓴 시 구절이 생각난다.

누리령 산봉우리는 바위가 우뚝우뚝
나그네 뿌린 눈물로 언제나 젖어 있네
월남리로 고개 돌려 월출산을 보지 말게
봉우리 봉우리마다 어쩌면 그리도 도봉산 같아

월남사지는 월출산 국립공원 입구 매표소로 가는 도중에 자리잡고 있다. 월남사지를 알리는 표지판이 없었다면 그냥 지나치기 쉬운 길가 옆에 위치하고 있다. 길가 옆의 자그마한 공터에 차를 세우고, 좁다란 골목길을 돌아서면 눈을 의심케 하는 아름다운 자태의 탑이 솟아있는 것이 보인다. 알맞은 높이로 홀로 서 있는 탑이 주위의 나무들과 어울려 오히려 당당해 보인다. 탑 너머 멀리 희미하게 월출산 줄기가 보이고 있다.

월남사지 삼층석탑(보물 제298호)은 고려시대에 세워진 석탑으로 높이 7.4미터이며, 기단의 한변 길이는 약 2미터 정도 되어 보인다. 월남사지 삼층석탑이 주목받고 있는 것은 기단부나 탑신부가 많은 수의 작은 돌조각으

월남사지 삼층석탑 (멀리 월출산 줄기가 희미하게 보인다)

월남사지 삼층석탑 (보물 제298호)

月南寺址

로 엮어져 있다는 것이다. 이 탑은 모전석탑이면서도 돌조각을 엮어서 쌓은 방법에 있어서는 백제탑의 양식을 많이 따르고 있다. 모전석탑의 대표적인 것은 경주 분황사 모전석탑이며, 월남사지 삼층석탑은 과거 이 지역에 백제 양식의 석탑이 분포해 있었음을 알려 주는 귀중한 자료이다.

월남사지 삼층석탑은 고려시대에 왜 이곳에 백제양식의 탑을 세웠는지 의구심을 갖게 한다. 그러나 불행히도 해답이 될만한 흔적이나 기록이 남아 있지 않다.

탑의 기단은 단층이며, 밑에 두꺼운 하대석을 놓고, 우주석과 면석을 별석으로 하여 그 위에 갑석을 놓았다. 1층 탑신이 2·3층에 비해 매우 높은 편이며, 2층 탑신부터는 급격히 높이가 낮아져 날씬한 인상과 함께 안정감을 주고 있다. 탑의 상륜부는 탑신과 같은 석재와 소로(접시받침)형의 옥개석을 올렸으나, 이들 전체는 노반으로 볼 수 있으며, 그 위로 복발과 앙화가 있다.

이 탑은 전탑을 닮았다 하여 모전석탑이라고 불리기도 하나, 탑을 구성하

월남사지 삼층석탑의 옥개형식

는 각 부분들을 여러 돌조각으로 엮어서 만들었을 뿐 돌조각 자체가 벽돌을 닮았다고 할 수 없으므로 석탑이라고 해야 옳다. 월남사지 삼층석탑은 좁은 기단, 가벼운 배흘림이 보이는 탑신, 옥개받침에서 나타난 형식이 부여 정림사지 석탑을 모방한 백제계 양식의 탑으로 보아야 할 것이다.

월남사지 석탑에는 하나의 전설이 내려온다.

탑을 만드는 석공에게는 아름다운 부인이 있었다. 석공은 탑을 만들기 위해 탑이 완공될 때까지 찾아오지 말 것을 당부했다. 오랫동안 석공이 집에 오지 않자 부인은 남편이 보고 싶어 몰래 월남사를 찾아 석공이 열심히 일하는 모습을 훔쳐보았다. 석공이 일의 삼매경에 빠져 수척한 모습을 보고 뒤돌아서려던 그녀는 끝내 아쉬움을 참지 못해 작은 목소리로 남편을 불러보았다. 사랑하는 부인의 목소리를 들은 석공이 그녀를 돌아보는 순간 벼락이 치며 석탑은 산산이 부서지고 사랑하는 부인은 돌로 변했다. 석공은 돌로 변해버린 부인을 어루만지며 눈물을 흘렸지만 이미 때는 늦었다. 석탑을 다시 만들어야 했던 석공은 주위에서 석재를 구할 수 없자 부인이 변해버린 돌을 쪼아서 탑을 완성하였다.

이 전설은 월남사지 삼층석탑에 부부의 사랑이 담겨져 있어 더 애틋한 느낌을 갖게 만든다. 전하는 말에 의하면, 옛날에는 탑이 두 개가 있어 쌍탑이라 불렀다고 한다. 지금 남아 있는 석탑을 숫탑, 그리고 없어진 석탑을 암탑이라고 불렀다는 것을 보면 이 석탑을 만든 석공 부부의 사랑의 숨결이 지금까지 전해지는 듯하다.

산골은 일찍 해가 저문다. 점차 어둠이 깔리면서 더 이상의 답사가 힘들어졌다. 인근의 적당한 민가를 찾아 하룻밤을 청했다.

과거 월남사는 약 1만여 평에 달하는 대사찰이었다고 한다. 월출산 주위에는 무위사(無爲寺 : 인위나 조작이 없는 처음의 진리를 깨달으라는 뜻) 등의 사찰이 남아 있지만, 월남사만 폐허가 되어 절터만 남아 있다. 한때 무위사가 월남사의 말사일 정도였으므로, 과거 월남사는 규모나 지세면에서 인근 무위사보다 컸으리라 추측된다.

지금 월남사와 무위사 사이에 '백운동, 안정동'이라는 마을 이름들이 있다. 이런 마을 이름들은 옛날 월남사의 암자들인 백운암, 안정암에서 따온 지명이다. 즉 월출산 남쪽 기슭이 거의 월남사의 영역일 정도로 대단한 규모를 자랑하던 절이었다.

『신증동국여지승람』에 의하면, 월남사는 고려시대 때 진국국사 혜심이 창건했다고 전해지나, 언제 폐사되었는지에 대해서는 아쉽게도 정확한 기록이 남아 있지 않다. 대략 임진왜란과 정유재란을 겪으면서 불에 타 버린 이후 절터만 남게 된 것으로 추정된다.

월남사지에서 발견된 유물 중에는 사찰 건물 어딘가에 사용되었던 청자 타일 파편도 있었다. 고려시대 당시 청자는 귀족층에서만 사용되었던 것으로 미루어 과거 월남사의 위세와 화려함이 가히 짐작된다.

석탑 옆에는 과거 월남사의 이름을 그대로 사용한 월남사 표지판이 보인다. 과거 월남사를 복원하기 위한 사찰인 것 같다. 월남사 담장을 보니, 과거 장대석을 그대로 사용한 흔적이 보인다.

월남사 절터 안으로 들어가 보았다. 인기척은 없고, 개 짖는 소리가 요란하다. 절 마당 옆에 과거 흔적들이 여기저기 보인다. 마당 한켠에 과거 석재들이 나란히 놓여 있으며, 현재 월남사 건물 초석에도 과거 흔적들이 남아 있었다. 절 뒷마당에는 과거 건물의 장대석들이 나란히 놓여 있었다.

월남사 담장에 받혀 있는 장대석

월남사 마당 한 켠에 놓여 있는 석재들

월남사 건물 뒤편에 놓여 있는 장대석들

　과거 흔적을 찾기 위해 월남사 건물 뒤의 대나무 숲으로 돌아가며 주위를 살펴보았다. 이미 과수원으로 변해 버려 과거의 흔적은 찾을 길이 없지만 석탑 주위의 10여 채 집들의 담장들이 모두 돌담들로 되어 있었고 밭 사이의 경계를 표시하는 것도 돌로 쌓여져 있는 것으로 보아 과거 월남사의 흔적들일 것이다.

　여기저기 흔적을 찾아 다니다가 무심코 땅을 보니, 여러 가지 기와 조각들이 땅속에 박혀 있는 것이 눈에 띈다.

　실례를 무릅쓰고 석탑 주위의 어느 집 마당으로 들어갔다. 마침 일요일 이른 아침이라 사람들의 인기척이 없다. 집 주위의 여기저기서 과거 절의 흔적들이 발견된다. 어느 집은 과거 월남사 건물의 기단부를 그대로 사용하여 집을 세운 흔적이 발견된다. 가까이 가서 살펴보니 넓찍한 장대석들이 눈에 들어온다. 옆의 집을 보니, 그 집도 마찬가지로 과거 건물의 기단부를 그대로 사용하여 집을 지었다. 즉 월남사지 안에 있는 집들의 초석이나 기단석은

골목길 땅속에 파묻혀 있는 여러 가지 기와 조각들

모두 과거 월남사의 사찰 건물 기단으로 사용되었던 것들을 그대로 재사용하고 있었다. 안타깝게도 문화재를 보호하는 당국에서 미처 손을 쓰지 못하는 사이 과거 석재들이 주민들의 집 짓는 초석으로 활용되고 있었다.

이밖에도 과거 월남사의 흔적은 동네 여기저기에서 찾을 수 있었는데, 화장실 문 앞의 디딤돌, LPG 가스통의 받침대, 장독대 밑받침, 물 받는 통,

과거 월남사 건물의 기단부를 그대로 사용하고 있는 집

화장실 문앞의 디딤돌

LPG 가스통 받침대, 장독대 밑받침, 물통, 신발 받침대

신발 받침대 등의 돌들이 모두 과거 월남사 석재들로 사용되고 있었다.

마을 집들의 담장을 지나서 길가로 발길을 옮기자 그 동안 대나무 숲에 가려 보이지 않았던 보호각 하나가 눈에 띈다. 바로 월남사지 진각국사비(眞覺國師碑, 보물 제313호)이다. 월남사의 창건자로 알려진 진각국사 혜심(1178~1234)을 추모하기 위하여 고려시대에 세워진 것으로 추정되고 있다. 비문의 기록에 의하면, 이규보(李奎報, 1168~1241)가 지었고, 글씨는 서예가로 이름난 탁연(卓然)이 쓴 것으로 기술되어 있다. 어느 절터에도 마찬가지이지만 좁은 보호각에 갇혀서 답답한 느낌을 갖게 만든다.

창살 사이로 보니, 귀부는 완전해 보이는데 비해 비신은 앞부분이 깨져 뒷부분만 남아 있다. 진각국사비의 귀부는 입에 구슬을 물고 있는 모습이 사실적으로 표현되어 있다. 또한 앞발과 뒷발 모두 4개의 발톱 조각과 앙증스런 꼬리가 세부적으로 묘사되어 있다. 자료를 살펴보니 앞부분의 깨어진 나머지 비신은 1972년 주위 대밭에서 발견되어 현재 국립광주박물관에 보존되어 있다고 한다. 비문에는 당시 실력자였던 최우의 두 아들인 최항, 최이 등이 혜심의 제자였음을 알려주고 있다. 이런 기록들은 당시 과거 월남사가 무신정권과 밀접한 관계가 있었음을 말해주고 있다.

 월출산 국립공원을 찾는 대부분의 사람들은 월남사지를 스쳐 지나가기 십상이다. 과거 대사찰의 흔적과 귀중한 보물인 석탑·석비가 있다는 사실조차 모르고 있을 것이다. 한 때 무위사를 말사로 거느리고 있던 위세도 지금은 여기저기 쓸쓸한 흔적만이 남아 빈자리를 지키고 있을 뿐이다.
 관계당국에서 과거의 흔적을 잘 보존하여 우리 후손에게 부끄럽지 않게 물려주기를 바라는 마음 간절하다. 겉으로 화려해 보이는 것만이 우리가 지켜야 할 문화유산은 아니다. 하잘 것 없이 보이는 돌 하나하나에도 그 옛날 우리 조상들의 숨결과 문화가 숨쉬고 있는 것이다.
 한낮인데도 짙은 안개로 인해 날씨가 아직도 흐리다. 멀리 월출산이 안개에 쌓여 고요히 잠자고 있다.

월남사지 진각국사비 (보물 제313호)

[담양] 개선사지

開仙寺址

통일신라시대 대표적인 석등

담양 개선사지로 가는 길은 광주호를 끼고 돌아간다. 한겨울의 음산한 날씨임에도 불구하고 아름다운 광주호의 절경이 펼쳐진다. 늘어서 있는 갈대는 쌀쌀한 겨울바람에 하늘거리며 휘날리고 있다.

꼬불꼬불한 고갯길을 몇 차례 오르내리자 개선사지 주위를 지나가는 좁다란 포장도로를 끼고 아래쪽에 거대한 석등 한 개가 서 있다. 주위를 둘러보니 가을걷이가 끝난 논과 밭, 산뿐인데 보기에도 크고 장대한 석등이 홀로 외로이 서 있다는 것이 주변의 한적한 기운과 어우러져 쓸쓸한 기분을

개선사지 가는 길은 아름다운 광주호를 끼고 돌아간다

개선사지 석등 주변

자아내고 있다. 그러나 우람한 석등 앞에 서면 잠시 회한에 젖었던 마음은 온데간데없이 사라지고 아름다운 석등에 매료되고 만다.

 개선사지가 자리잡고 있는 전라북도 담양군 남면 학선리 일대는 예로부터 크고 작은 암자가 많았던 곳으로 전해지고 있다. 개선사지는 바로 옆에 광주호가 있고, 광주광역시와는 경계를 이루는 지역에 위치하고 있다. 개선사지 석등은 개선마을에 닿기 전 오른쪽 밭 가운데 있다. 석등은 발견 당시 아랫부분이 땅속에 묻혀 있었는데 1989년에서 1991년까지 복원하여 지금의 원형을 유지하고 있다.

 일반적으로 절터에는 건물 기둥이 있었던 초석 등의 석재물들이 보이기 마련인데, 개선사지에는 석등 이외에 다른 흔적이 전혀 보이지 않는다.
 개선사지 석등(보물 제111호)은 통일신라시대 868년에 제작된 것으로, 연대가 확실한 귀중한 유물 중의 하나이다. 높이가 3.5미터이며, 지대석과 하대석, 간주석, 상대석, 화사석, 상륜부를 잘 갖추고 있다. 하대석과 화사

開仙寺址

개선사지 석등 (보물 제111호)

석 그리고 옥개석이 팔각형이고, 간주석이 장구몸통 모양인 전형적인 고복형(鼓複形) 석등이다.

 개선사지 석등을 아랫부분부터 자세히 살펴보면, 사각형의 지대석 위에 각 면에 안상이 새겨져 있는 팔각형 형태의 하대석을 올렸다. 다시 그 위에 여덟 장의 연꽃잎이 새겨져 있으며, 꽃잎 끝마다 귀꽃이 새겨져 있는 하대석이 있다. 하대석 위의 간주석은 장구몸통을 엎어 놓은 모양을 하고 있다. 간주석 위에 여덟 장의 앙련이 새겨져 있고, 상대석 위에 화사석(火舍石) 괴임돌이 놓여져 있다. 간주석 위의 화려한 연꽃 무늬는 이 석등을 제작할 때 많은 노력을 기울였음을 알 수 있게 한다. 화사석의 각 면에는 여덟 개의 화창(火窓)을 내었고, 화창의 둘레에는 조등기(造燈記 : 석등을 만든 배경 및 경위 등을 기록한 것)가 음각되어 있다. 이렇듯 화사석의 각 면마다 화창을 내는 것은 고복형 석등만이 가지는 특징이다. 각 화창에서 나오는 화사한 빛으로 이 지역을 밝혔을 것이다. 옥개석은 전각마다 여덟 개의 귀꽃을 세웠는데, 지금은 아쉽게도 한 개만 남아 있다. 상륜부는 상륜 받침을 놓고 앙화, 보륜, 보주 등을 차례로 올려 놓았다.

 개선사지 석등이 중요한 이유는 석등의 창 사이 공간에 새겨져 있는 글 때문이다. 신라시대 석등 가운데 유일하게 글씨를 새긴 석등으로, 통일신라시대 진성여왕 5년(891)에 만들었다는 글이 새겨져 있어, 비슷한 시대의 다른 석등의 연대와 특징을 연구하는 데 표준이 되는 석등이다.

석등 화사석 기둥면에 새겨져 있는 글씨

화사석 기둥면에 새겨져 있는 글은 한 기둥에 각기 두 줄씩 새겨져 있다. 1행부터 6행까지는 경문왕(景文王)과 그 왕비, 공주(뒤의 眞聖女王)가 주관하여 이 석등을 건립하였다는 기록이고, 7행부터 10행까지의 내용은 이 사찰의 승려가 주관하여 석등의 유지비를 충당하기 위한 토지의 구입과 그 토지의 위치에 관하여 기록되어 있다. 조등기는 총 10행 136자이며, 해서체로 되어 있다.

과거 개선사가 있었던 주변에는 북당사, 가남사, 갈공사 등이 창건되어, 팔만여 개의 크고 작은 암자가 있었고, 개선사는 그 중에서 제일 규모가 컸으며, 일년 내내 등불을 밝히고 국태민안(國泰民安)을 빌었다고 한다. 그 당시 등불을 밝힌 것이 지금의 석등이라고 한다. 이 석등은 개선사 뜰의 연못 가운데 있었는데 눈이 오나 비가 오나 밤마다 불이 밝혀져 있었다는 말이 전해진다.

개선사지 석등 주위에 희미하게 남아 있는 석축

비록 과거 개선사의 흔적이나 기록이 남아 있지 않지만 석등 주위를 둘러보니 희미하나마 석축 및 계단의 흔적이 남아 있었다. 군청에서 조성해 놓은 주차장 둘레에는 과거 물흐름을 느낄 수 있는 석축이 쌓여져 있다. 석축 위의 자그마한 언덕으로 올라가니 조그마한 연못이 보인다. 과거 기록에서 말하는 연못은 아닐까 추정하여 본다.

개선동 석불(미륵불) 모습

개선사지 석등을 지나 개선마을 방향으로 약 100여 미터를 내려가다 보면 길 왼쪽 자그마한 언덕에 석불(미륵불)이 서 있다. 과거 개선사 절 내에 있었을 것으로 추측되는 석불은 댐 건설 이전에는 마을에서 댐 쪽으로 가는 길가의 미륵당에 모셔졌던 것을 댐이 건설되면서 현재의 위치로 옮겨놓았다고 한다. 석불을 자세히 보면 문인석(文人石)으로 보이나, 마을 사람들은 미륵불이라고 부르고 있다.

과거 개선사의 규모가 과거 미륵불이 있던 곳까지 확장하여 보면 그 규모가 만만치 않았음을 머릿속에 그려 볼 수 있다. 그 커다란 규모의 절 가운데 연못에 있던 석등이 일년 내내 불을 밝히고 있는 광경이 상상되어진다. 비록 절의 흔적이나 기록은 남아 있지 않지만 다른 절터에 비해 더 정감이 간다.

돌아오는 길에 보이는 광주호의 아름다운 풍경이 속세에 찌든 내 마음을 씻어 주는 것 같다.

08 Jeollabuk-do*

전라북도

[익산] 미륵사지

백제시대 대표적인 사찰

미륵사지(사적 제150호)는 약 430미터 높이의 미륵산(용화산)을 병풍처럼 휘두르고 남쪽으로 향해 앉은 옛 절터이다. 미륵사지가 위치하고 있는 익산지역 주위에는 익산토성, 오금사지, 동·서 고도리석상, 왕궁리 오층석탑, 제석사지 등의 유적지와 유물들이 분포되어 있다.

익산은 금강과 만경강이 만나는 지점에 위치하여 수로를 통해 서해로 나갈 수 있는 교통의 요충지였다. 두 개의 강을 끼고 넓은 곡창지대를 배경으로 풍부한 물자를 생산할 수 있었다. 또한 익산지역은 백제가 정치적 기반을 한강유역에서 금강유역으로 옮긴 이후 백제의 주요 구성원이었던 마한 계통 한족(韓族)의 전통적인 터전이기도 했다. 그러므로 익산지역은 유리한 교통 여건과 풍부한 농업 생산력을 바탕으로 군사적·정치적 중심지로서 역할을 수행했던 곳이다.

익산 미륵사 창건에 관한 설화는 『삼국유사』 '무왕조'에 다음과 같이 수록되어 있다.

백제의 도읍 남쪽의 못가에 혼자 살고 있는 한 여인이 어느날 28대 임금 혜왕의 눈에 띠어 아기를 갖게 되나, 혜왕은 곧 죽게 되었다. 과부가 된 여인은 아기가 왕의 후손임을 밝히지 않고 살게 되었다. 그러나 생활이 궁핍하여, 아들은 마를 캐다 팔았다. 그래서 사람들은 그를 '서동(薯童)'이라고 불렀다. 그는 기골이 장대하고 효성이 지극한 장부로 성장하게 되었다.

서동은 신라의 선화공주(善花公主)가 예쁘다는 말을 듣고 신라에 가서 아이들에게 마를 주면서 동요를 가르쳐 주며 부르게 하였다. 이 동요가 향가의 하나인 '서동요'로 "선화공주가 서동을 숨겨두고 밤마다 만나러 다닌다"는 내용이다. 동요는 임금에게까지 알려졌다.

신라의 임금인 진평왕(眞平王)은 공주를 궁에서 내쫓게 되었다.

서동은 궁에서 쫓겨난 공주를 아내로 맞아 금마로 돌아왔는데, 서동의 궁핍한 생활을 보고 공주는 궁에서 쫓겨날 때 왕비가 준 금을 내놓자 서동은 자신이 마를 캐면서 금을 흙처럼 쌓아 놓았다고 한다. 서동은 그 금을 신라의 궁궐에 보낸다.

이후 서동은 인심을 얻어 백제의 왕이 되었으니, 그가 바로 법왕의 뒤를 이어 왕이 된 무왕이다.

왕위에 오른 후 왕비와 함께 사자사(師子寺)에 가던 중 용화산 아래 큰 못에서 미륵삼존이 출현하므로, 수레를 멈추고 경배하였다. 이에 부인은 못을 메우고 여기에 큰 절을 세울 것을 소원하므로 왕이 허락하여 그곳에 미륵삼회(彌勒三會)의 전(殿:금당)·탑(塔)·랑(廊:회랑)을 세 곳에 두고 미륵사라 하였는데, 신라 진평왕도 백공(百工)을 보내 미륵사의 건립을 도왔다고 한다.

미륵사의 창건과 관련되어 서동은 『삼국유사』의 기록을 근거로 무왕으로 생각하는 것이 일반적이나, 이를 동성왕대에 백제와 신라가 혼인동맹을 맺은 것과 연결하여 생각하는 견해도 일부 제기되고 있다.

또한 미륵사의 창건 배경에 대해서는 백제가 금마지역으로 천도하기 위해 별도(別都)를 경영하기 위해서 미륵사가 금마지역에 창건되었다는 설도

미륵사지 전체 전경 (왼쪽의 하얀 큰 건물이 미륵사지석탑 해체 및 복원을 위한 가건물)

제시되고 있다.

 백제 미륵사는 여러 가지 면에서 신라 황룡사에 비교되는 사찰이다. 불교 사상적인 면에서 미륵사가 백제불교에서 미륵신앙(彌勒信仰)의 구심점이었다면, 신라의 최대 가람인 황룡사는 화엄사상의 중심지였던 것으로 구분할 수 있다. 또한 황룡사가 왕을 중심으로 하는 화엄사상을 구현하기 위해 건립되었다면, 미륵사는 일반 평민 대중까지 용화세계(龍華世界)로 인도하겠다는 미륵신앙을 바탕에 깔고 있다.

 신라 황룡사와 백제 미륵사는 다음과 같은 공통점을 가지고 있다.
 첫째, 두 사찰은 왕이 신통한 기적을 체험한 후 창건되었다.
 둘째, 두 사찰의 창건 당시 용과 연못에 관련된 이야기가 등장하고 있다.

셋째, 두 사찰은 왕이 직접 관여하여 국가적 차원에서 건립되었다.

넷째, 두 사찰을 건립할 때 백제와 신라의 기술자가 서로 파견되어 기술의 교류가 이루어졌다.

창건 연대로 보아 황룡사가 미륵사보다 앞서나 황룡사구층목탑의 완성된 시기를 놓고 보면 거의 같은 시기에 건립되었다고 볼 수 있다.

미륵사지 정문에 들어서면, 미륵산을 배경으로 미륵사지석탑 복원공사 가건물과 하얀색의 새로 복원된 동원구층석탑이 보인다. 풍수에 문외한(門外漢)인 사람이 보아도 배산임수 지형을 가진 햇빛이 잘 드는 명당자리임을 알 수 있다. 전체적인 전경이 보는 이를 압도한다.

미륵사지 한 구석에는 지금까지 발굴된 여러 가지 석재들을 전시하여 놓았다. 전시물 중에는 동원구층석탑의 노반덮개석, 옥개석뿐만 아니라 석등

미륵사지에서 발굴된 각종 석재들의 전시

상대석, 석등 옥개석, 석등 간주석, 맷돌 조각 등도 보인다. 과거 미륵사지의 전체 규모를 짐작할 수 있는 석재들이다.

미륵사지석탑의 원래 정식 명칭은 '미륵사지 서원에 있던 탑'이라는 뜻으로 미륵사지서원석탑 또는 미륵사지서석탑으로 부르는 것이 옳으나, 오랜 세월 동안 미륵사지석탑으로 불러왔으므로, 이 책에서도 미륵사지석탑으로 부른다. 다만, 동원에 있던 구층석탑은 별도로 동원구층석탑으로 표기하였다.

미륵사지석탑(국보 제11호)은 백제 무왕(재위 600~641) 때 건립되었다. 이 탑은 목조 양식의 탑을 석재로 만든 국내 석탑의 시원으로, 해체 전까지는 불완전하기는 했지만 6층의 형태를 가지고 있었다. 하지만 1915년 일제가 붕괴를 막기 위해 덧댄 콘크리트 구조물에 의지한 채 절반쯤 무너진 흉한 몰골을 하고 있었다.

이 미륵사지석탑을 복원하기 위해 2001년 본격 해체를 시작하였는데, 미륵사지석탑 해체를 담당한 국립문화재연구소는 그동안 콘크리트 185톤을 제거했으며, 탑신의 주요 부분을 구성했던 1~2.5톤짜리 석재만 이천여 점을 해체하여 지금은 1층 탑신과 기단부만을 남겨둔 상태이다.

해체되기 전의 미륵사지 석탑 (국보 제11호)

미륵사지석탑은 높이 14.24미터로서 우리나라 최고·최대의 석탑이다. 미륵사지석탑을 우리나라 최고의 석탑으로 보는 이유는 탑의 양식이 그 이전에 있었던 목탑의 각 부분 양식을 나무 대신 돌로 재현하였기 때문이다. 즉 미륵사지석탑은 수많은 돌들을 끼워 맞춰 목조 건축의 양식을 충실히 모방한 것이다. 탑을 구성하는 재료만 돌로 바뀌었을 뿐 이전의 목탑의 양식을 그대로 지니고 있는 것이다. 미륵사지석탑으로부터 시작된 석탑의 흐름은 신라시대 이르러 감은사지석탑을 거쳐, 불국사 석가탑을 통하여 비로소 석탑 양식의 완성을 보게 된다.

해체, 복원하기 위한 석재들

나는 복원과정이 보고 싶어 복원공사를 위한 가건물에 들어갔다. 미륵사지석탑은 2007년까지 복원할 계획을 갖고 있다. 건물 안에는 미륵사지석탑의 석재들을 하나하나 해체하여 놓고, 각 석재에는 복원을 위하여 번호표와 숫자들이 붙어 있었다. 과거 미륵사지석탑 모서리 한쪽에 웅크리고 앉아 있던 석인상이 반갑게 보인다. 원래 탑 주위 네귀퉁이에 석인상이 있었으나, 서남쪽의 것은 없어지고 세 구가 남아 있었다. 오

석인상

랜 비바람에 얼굴의 윤곽이 거의 보이지 않으나, 아담하고 공손한 느낌을 준다. 일부에서는 미륵사지석탑의 석인상을 돌장승이나 돌하루방 같은 우리나라 토속신앙 조형물의 원형으로 보는 시각도 있다.

건물에서 나오자 멀리 하얀색의 동원구층석탑이 보인다. 동원구층석탑은 1991년 공사를 시작해 1993년에 복원한 것이다. 발굴조사 때 발견된 상륜부 노반을 토대로 컴퓨터로 엄밀히 계산하고, 서원 탑 구조와 동원 탑 주변에 대한 발굴조사를 토대로 고증·복원한 것이다.

그러나 컴퓨터 등 최첨단 과학을 동원하여 복원한 동탑을 보면서 기계가 옛사람의 정성을 대신할 수 없다는 것을 보여 주는 것 같아 쓸쓸한 느낌을 갖게 만든다.

복원된 동탑은 한변의 길이가 12.5미터인 정사각형 하층기단 위에 이중기단을 설치한 다음 9층으로 쌓아올린 형태를 지니고 있다. 탑의 높이는 28.7미터이며, 1층 탑신에는 십자형 통로를 개설하여 사람들이 들어가 탑의 내부를

복원된 동원구층석탑

볼 수 있도록 하였다. 또한 옥개석과 상륜부에는 발굴조사 때 나온 금동으로 만든 풍탁을 모방해서 만든 풍탁도 달아 놓아 바람이 불면 흔들리는 소리가 들린다.

그러나 일부 전문가들은 미륵사지 동탑은 최악의 복원 사례라고 제시하기도 한다. 당시 노태우 정권이 거의 모든 문화재 위원들이 '고증불가' 등을 이유로 난색을 표시했음에도 불구하고, 복원을 강행했던 것이다.

동원구층석탑의 과거 석재들의 부분들
(검은색의 돌들)

복원된 동원구층석탑을 자세히 보면 탑을 구성하는 돌 중에 색깔이 틀린 돌들이 있다. 일부는 동탑에 남아 있던 실제 돌들을 그대로 사용하였고, 없는 부분들은 다시 제작하여 사용하였기 때문이다.

발굴조사에서 드러난 과거 미륵사의 가람 배치의 기본적인 구조는 삼탑과 삼금당을 갖추고 있다. 즉 탑과 금당을 갖춘 사찰 세 개를 나란히 배치한 형태이다. 탑과 금당을 기본 단위로 세 곳에 배치된 각 구역은 독자적인 사찰의 배치 형태를 보이면서 동시에 회랑에 의하여 서로 이어지며 강당을 공유하고 있다. 탑과 금당을 기본 단위로 하는 구역을 원(院)으로 부르며, 미륵사의 가람은 각각 동원·중원·서원으로 나누어진다. 이렇게 가람이 중앙과 동시에 동·서로 삼원(三院)식의 독특한 형태로 배치된 것은 미륵삼존을 모셨기 때문으로 생각된다. 각각의 원에는 탑과 금당 그리고 중문이 자리잡고 있으며, 회랑에 의하여 구분되어진다. 특히 중원에는 동·서원에 석탑이 있었던 것과는 달리 목탑이 자리잡고 있었다.

彌勒寺址

미륵사지 당간지주
(동/서 당간지주 : 보물 제236호)

백제 미륵사는 신라 황룡사와 규모가 비슷하고, 세 개의 금당을 갖춘 호국사찰이라는 점에서 유사한 점을 갖고 있다. 그러나 미륵사는 중앙에 목탑 한 개와 석탑이 동·서에 각각 한 개씩 있었던 것에 비해, 황룡사는 중금당 앞에 거대한 목탑을 세웠다.

미륵사지 동·서탑 앞에는 각각 한 기씩의 동당간지주와 서당간지주가 약 50미터의 간격을 두고 서 있다. 미륵사지 당간지주는 높이 395센티미터로 아름다운 외형을 가지고 있으며, 크기나 양식·조성기법이 같다. 간대받침 중앙에는 간대 고정 구멍이 있으며, 내면에는 아무 장식이 없다.

미륵사 가람 배치를 보면 각 금당과 탑 사이에는 석등이 있었다. 중원 금당터 앞 석등의 연꽃받침은 석등 연꽃받침 가운데 가장 오래된 것이다. 연꽃의 자태가 부드럽고, 온유한 느낌을 준다.

석등 연꽃받침

미륵사지에는 물의 흐름을 관리하기 위한 암거와 수로가 곳곳에 보인다. 거대한 사찰이었으므로 물의 수요량이 많았을 것이다. 따라서 미륵사지를 둘러보면 물을 수집하기 위한 우물, 물을 모아두기 위한 수조, 물을 흘리기 위한 수로 및 암거 등의 시설들이 여기저기 남아 있다.

미륵사지의 건물 기단을 보면 지하공간 구조를 가지고 있다. 이것은 마치 경주 감은사지 금당의 지하공간 구조와 흡사하다. 감은사지 금당 지하공간

수조

우물

암거

수로

은 문무왕이 죽어 동해의 용이 되어 동해구로 침입하는 왜구를 무찌르고 들어와 쉬는 공간이라고 『삼국유사』에 기록되어 있다. 미륵사지의 지하공간 구조도 같은 의도의 배려에서 만든 것이 아닐까 생각해 본다.

    여기저기 널려 있는 돌들을 자세히 보니, 가공한 흔적이 보인다. 돌을 쪼갠 흔적들이 오랜 세월이 지나도 그대로 남아 있었다.

과거 방대한 규모를 자랑했던 미륵사의 폐사에 관한 정확한 기록은 남아 있지 않다. 다만 영조 때의 문인 강후진의 『와유록(臥游錄)』에 석탑이 반파되어 7층만 남아 있다고 기술되어 있는 것으로 보아 그 때 이미 절이 없어졌음을 알 수 있다. 미륵사는 백제가 망하면서 목탑과 주요 건물들이 소실되었지만, 그 후 통일신라시대에도 유지되었고, 발굴 당시 대부분의 기와가 고려시대의 것으로 밝혀져 이때에도 대대적인 중창이 있었음을 알 수 있다. 미륵사지에는 백제시대, 통일신라시대, 고려시대, 조선시대에 걸친 건물터와 가마터가 존재하고 있어 이를 증명하고 있다. 따라서 조선시대의

가공한 흔적이 남아 있는 돌들

건물 기단의 지하공간 구조

彌勒寺址

익산 왕궁리 오층석탑 (국보 제289호)

억불정책과 임진왜란을 거치면서 폐사된 것으로 추정하고 있다.

　미륵사지를 떠나 왕궁리 오층석탑이 위치하고 있는 곳으로 발길을 돌렸다. 오층석탑은 백제 무왕의 익산 천도설과 관련하여 궁성이라 할 수 있는 왕궁리(王宮里)에 있었다. 왕궁리 오층석탑 주변의 구릉지대가 예로부터 마한 또는 백제의 궁궐터였다고 전해온다.
　왕궁리 오층석탑은 높이 8.5미터이며, 단층으로 된 기단과 옥개석의 완만한 경사, 살짝 들어올린 옥개석 모서리 등은 미륵사지석탑이나 정림사지석탑과 같은 양식을 따르고 있다. 왕궁리 오층석탑은 보물 제44호에서 국보 제289호로 변경되었다. 장중하고 안정된 아름다움을 간직하면서도, 탑신 전체가 날아갈 듯 경쾌한 모습을 지니고 있다.
　지금 왕궁리 오층석탑이 위치하고 있는 지역은 발굴조사가 진행되고 있었다. 발굴조사에 의하여 남북 길이 460미터, 동서 길이 230미터인 남북으로 긴 사각형의 성터(왕궁평성)가 확인되었다. 아마 발굴조사가 완료되면 지금까지 여러 가지 학설로만 떠돌던 백제의 금마 도읍설에 대한 진위가 가려질 것이다.

　왕궁리 오층석탑을 보고 나오는 길에 '고도리 석불입상'이라는 안내표지판이 눈에 띈다. '고도리(古都里)'라는 명칭에서도 옛날 백제의 수도를 뜻하는 의미가 풍긴다. 도로 밑의 굴다리를 지나자 고도리 석불입상(보물 제46호)이 보이기 시작했다. 태양이 서쪽으로 기우는 가운데 마을의 수호신처럼 서 있었다.
　고도리 석불입상은 두 개의 석불이 약 200미터의 거리를 두고 서로 마주보고 서 있다. 논 가운데 도로를 내어 한 기의 미륵을 만나고, 조그만 다리를 건너 다시 한 기의 미륵이 나타난다. 두 기 모두 커다란 묘지처럼 조성한 동산 위에 높게 세워져 서로 마주보고 있다. 사다리꼴의 몸돌에 얼굴과

고도리 석불입상 (보물 제46호)

옷주름 따위를 간단히 표현한 단순 소박한 미륵이다. 오히려 네모난 얼굴과 가는 눈, 짧은 코, 작은 입 등 소박한 모습은 토속적인 수호신으로 보아도 무방할 정도이다.

이 고도리 석불입상에는 각각 남자와 여자로 평소에는 만나지 못하다가 설날 해일(亥日) 자시(子時)에 옥룡천이 얼어붙으면 서로 만나 회포를 풀다가 닭이 울면 서로 각자의 자리로 돌아간다는 전설이 전해 내려오고 있다.

고도리 석불입상에 전해 내려오는 전설의 주인공이 바로 그 옛날 서동과 선화공주가 아니였을까 생각해 본다. 익산의 미륵사지 주위에 있는 여러 가지 지명들과 유물들은 과거 이 지역이 백제의 중심 지역이었음을 말해 주고 있다.

시간 가는 줄 모르고 돌아다니다 보니, 벌써 해가 저문다. 과거 백제의 패망과 더불어 사라져 간 미륵사지. 역사는 승자의 것이라는 말이 떠오른다. 그러나, 미륵사지와 인근 유물들을 둘러보면서 잃어버린 백제 역사의 한 페이지를 보는 것 같아 흐뭇한 마음이 든다.

[남원] 만복사지

『만복사 저포기』 장소

 남원은 예로부터 지리산의 서북 관문 구실을 해왔다. 기후가 온난하고 토지가 비옥하여 각종 문화의 발상지가 되었으며, 『춘향전』, 『흥부전』과 김시습의 『만복사 저포기(萬福寺樗蒲記)』 등의 무대가 되기도 하였다. 그만큼 남원은 문화적 소양이 깊고 인간적이며 자연을 닮은 사람들이 살았다는 증거이기도 하다. 이러한 문화의 속성 때문에 오늘날 '사랑'이 남원을 상징하는 테마가 되었다.

 만복사지(사적 제349호)는 덕유산 줄기인 기린봉을 북쪽에 두고, 남쪽으로는 넓은 평야지대를 앞에 두고 요천이 흐르는 전형적인 배산임수 지형의 터이다. 만복(萬福)이란 '부처님께 정성으로 기원하면 누구나 복을 받을 수 있다'는 뜻을 담고 있다.
 과거 만복사는 고려 문종(文宗, 1019~1083) 때 창건되었다는 설과 신라 말 도선국사가 지었다는 두 가지 설이 있다. 『동국여지승람』과 『세종실록지리지』에 의하면, "동쪽에 5층 전각이 있고, 서쪽에 2층 전각이 있으며, 전각 안에 35척의 청동불상이 있고, 고려 문종 때 창건된 바 있다."고 되어 있다. 또한 일설에 의하면 통일신라 말기 도선국사(道詵國師, 827~898)가 당나라 군사를 묘한 언변으로 제압한 뒤 이곳에 절을 짓고, 불상을 봉안하였다고 한다.

그러나 만복사는 선조 30년(1597) 정유재란 때 불타 폐사되고 말았다. 당시 남원성 전투에서 왜군은 성 밖에서 남원부성을 지키는 명나라 장수 양원(楊元)을 포위하고 있었는데, 성을 공격할 때 만복사의 사천왕상을 수레에 싣고와 공격용으로 이용하기도 했다고 한다. 만복사는 폐사된 이래 숙종 4년(1678) 남원부사였던 정동설(鄭東卨)이 중창하려 했지만 워낙 규모가 커서 예전처럼 복원하지 못하였다고 한다.

과거 만복사에는 대웅전, 천불전, 영산전, 종각, 명부전, 나한전, 약사전 등의 건물이 있었다고 전해진다. 그러나, 지금 절터에는 당간지주, 오층석탑과 석불입상, 석좌, 석인상 등 돌로 만든 것만이 남아 있을 뿐이다. 만복사지 부근에는 '백뜰', '썩은 밥매미', '중상골' 등의 지명이 남아 있어, 당시 사찰 규모를 추정해 볼 수 있다.

'백뜰'은 만복사지 앞 제방을 말하는데, 승려들의 빨래를 널어 이곳이 온통 하얗다 해서 불려진 지명이다. '썩은 밥매미'는 절에서 나온 음식물 찌꺼기를 처리하는 장소를 의미하는 단어이다. '중상골'은 만복사 승려들의 장례를 치르던 화장터를 말한다.

또 『남원팔경(南原八景)』 중 '만복사 귀승(萬福寺 歸僧)'이 있는데, 시주를 마치고 저녁나절에 만복사로 돌아오는 승려들의 행렬이 실로 장관을 이루어 아름다운 경치의 하나로 꼽았다고 한다.

만복사지 입구에 가면 커다란 안내판과 함께 도로변 철책에 갇힌 채 머리만 내밀고 있는 석인상이 눈에 띈다. 석인상은 장승과는 달리 사람의 형상을 새긴 것을 말한다.

만복사지 입구의 석인상은 머리부터 발끝까지 3.75미터에 달한다고 한다. 그러나, 지금은 목 위 부분만 남기고 몸은 땅속에 묻혀 있다. 눈이 튀어나와 있고 귀는 길고 눈썹은 치켜 올라간 모양을 하고 있다. 또한 입은 벌

만복사지 입구 길가의 석인상

리고 있으나 화를 내고 있는 것처럼 보인다. 마치 이곳에서 나를 꺼내달라고 하듯 화난 표정으로 두 눈 부릅뜨고 쳐다보고 있는 것 같다.

 입구에 들어서면, 과거 건물이 있던 각각의 건물터들과 석좌, 오층석탑 그리고 석불입상이 있는 보호각이 한눈에 들어온다. 입구의 오른쪽에는 아랫부분을 땅속에 파묻힌 채 길가에 서 있는 당간지주가 보인다.

만복사지 당간지주 (보물 제32호)

만복사지 석조대좌 (보물 제31호)

석좌의 안상 및 연꽃 무늬, 우주

萬福寺址

맨위 바닥의 불상을 끼웠던 구멍

만복사지 당간지주(보물 제32호)는 도로 언덕 밑에 두 개의 지주가 마주보고 서 있다. 겉에는 아무 장식이 없어 소박한 느낌을 준다. 지주 바깥쪽에는 거칠게 다듬은 흔적이 보이나, 세련되지 않은 자연미를 풍기고 있다. 현재 흙속에 묻혀 있는 받침대를 고려하면 전체 높이가 약 5미터로 추정된다. 그러나 당간지주 아래쪽이 흙속에 묻혀있기 때문에 하부구조를 알 수 없다.

당간지주를 보고, 중앙으로 나아가면 만복사지 전체 건물터가 한눈에 들어온다. 만복사지는 가운데 목탑을 두고 동·서·북쪽에 법당을 둔 일탑삼금당(一塔三金堂)식의 독특한 가람 배치를 하였기 때문에 고려시대 가람 배치를 가늠해 볼 수 있는 귀중한 절터이기도 하다.

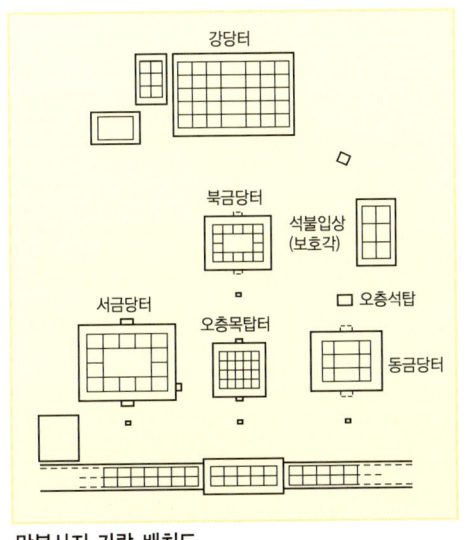

만복사지 가람 배치도

만복사지의 발굴조사 및 각종 자료에 의하면, 초기 가람 배치는 고려 문종 때 이루어진 것으로 볼 수 있는데, 가람의 남북 중심선상에 중문이 있고, 중문보다 북쪽의 동쪽방향에는 목탑, 서쪽방향에는 금당이 있었을 것이라고 추정하고 있다. 이는 탑과 금당의 중심이 동서로 일직선상에 놓여 독특한 가람 배치였을 것으로 추측되고 있다.

만복사지 뒤쪽의 작은 언덕에 올라가 보면 전체적인 가람 배치가 한눈에 들어온다.

만복사지 서금당터에는 한눈에 보아도 커다란 느낌을 주는 석조대좌(石

造臺座, 보물 제31호)가 놓여 있다. 서금당터는 지금 남아 있는 형태로 보아 창건 당시에는 남북으로 긴 건물이었던 것으로 추정된다. 금당에 있었다는 부처는 정유재란 때 파괴되어 없어지고, 지금은 부처를 모셨던 석좌만이 남아 있다.

만복사지에서 가장 눈길을 끄는 것 중의 하나는 석좌로서, 불상을 올려놓았던 육각형의 받침돌이다. 석좌는 높이 1.4미터, 한변의 길이가 1.2미터나 되는 하나의 돌로 조각되었다. 일반적으로 석좌가 사각, 팔각 또는 원형으로 되어 있는 것에 비해 만복사지 석좌는 특이하게 육각으로 되어 있다. 석좌는 상대(上臺)·중대(中臺)·하대(下臺)로 이루어져 있으며, 표면에는 안상과 연꽃 무늬 그리고 우주가 조각되어 있다. 석좌 바닥 중앙에는 불상을 고정시키기 위해 파놓은 사방 30센티미터 가량의 네모난 구멍이 뚫려 있다. 만복사지 석좌는 통일신라시대의 전형적인 팔각원당형에서 벗어난 독특한 형식을 취하고 있다.

만복사지 중앙에 위치하던 목탑지 앞에는 석등대석이 있다. 석등대석은 목탑지와 중문지 중앙에 위치하고 있다. 석등대석은 사각형의 지대석 위에

석등대석과 목탑지 (뒤로는 북금당터가 보인다)

목탑지의 주춧돌들

목탑지 뒤쪽의 작은 날개석을 가진 계단

동금당터의 주춧돌들

복련 연꽃 무늬를 양각한 하대석만 남아 있다. 석등대석 중앙에는 간주(竿柱)를 끼우기 위해 지름 20센티미터 정도의 구멍을 파 놓은 것이 보인다.

석등대석 바로 뒤로 과거 만복사의 중심선상에 있던 목탑지가 있다. 목탑지에 올라가기 위한 계단이 앞뒤로 비교적 잘 남아 있다. 목탑지 뒤쪽 계단에는 작은 날개석을 가진 계단이 남아 있어 과거 화려했던 흔적을 보여 주고 있다. 또한 목탑지 사방으로 기단의 흔적이 곳곳에 남아 있을 뿐만 아니라 과거 주춧돌들이 좌우 일렬로 남아 있다.

목탑지 오른쪽 뒤쪽으로 약간 물러선 곳에 동금당터가 있다. 동금당터는

석등의 하대석과 북금당터

정면 3칸, 측면 3칸인 건물로 추정되며, 과거 건물의 주춧돌들이 남아 있다.

목탑지와 북금당터 사이에는 과거 석등의 하대석이 있다. 전체적인 가람 배치로 보아 석등이 있을 만한 위치이다. 과거 고려시대에는 일반적으로 금당 앞에 석등이 있었다. 자세히 보니 상면 중심에 지름 30센티미터 정도의 홈이 파여져 있으며, 그 바깥으로 팔각 구획이 있어 간주를 받치도록 되어 있다.

목탑지와 북금당터 사이에 있는 석등의 하대석

북금당터에 있는 불상의 좌대로 보이는 석조물

북금당터 위를 올라가 보니, 각종 주춧돌이 여기저기 흩어져 있다. 북금

만복사지 오층석탑 (보물 제30호)

당터 중앙에서 약간 오른쪽에 불상의 좌대로 보이는 석조물이 보인다. 위의 부분은 없어지고, 땅에 박혀 있는 석조물 부분만 남아 있다.

북금당터 옆에는 고려시대 때 만든 높이 5.57미터의 오층석탑(보물 제30호)이 우뚝 서 있다. 높은 받침부 위에 층마다 몸체와 지붕은 각각 별개의 돌로 만들었다. 첫 번째 층이 유달리 높으며, 특이하게 2층부터 지붕과 몸체 사이에 넓은 돌판을 끼워 넣었다. 이러한 기법은 고려시대 석탑의 양식임을 보여주고 있다.

오층석탑 옆에 발굴조사 과정에서 출토된 석탑의 옥개석들을 쌓아 놓았다. 이것은 과거 만복사에 석탑이 하나 더 있었다는 증거이기도 하다. 탑의 기단부는 보이지만, 기단부 위의 탑신은 없다. 이들 석탑에 사용했던 석재들은 옆에 있는 오층석탑보다 더 빠른 시기에 만들어졌을 것으로 보인다.

석탑의 옥개석 잔해들

즉, 오층석탑 이전에 또 다른 석탑이 있다가 그 석탑이 무너져서 오층석탑을 건립하게 되었음을 추정할 수 있다.

오층석탑 옆에 석불입상(보물 제43호)의 보호각이 보인다. 석불입상은 높이 4미터 정도의 화강암 하나를 그대로 이용하여 부처의 서 있는 모습을 조각한 것이다.

석불입상의 받침으로 팔각형의 납작한 돌을 놓고, 그 위에 연꽃으로 장식한 둥근 돌을 얹혔다. 석불입상은 어깨로부터 흘러내린 옷자락과 잘룩한 허리선의 몸매가 잘 어울리고 있다. 불상의 손과 발은 각각 따로 만들어 팔과 다리에 끼우도록 되어 있는데, 지금은 손과 발이 없어진 상태이다.

만복사지 석불입상의 앞모습 (보물 제43호)

석불입상의 옆모습 　　　　　　석불입상 광배 뒷면의 약사여래 불상의 모습

　　부처 바깥쪽에 부처의 몸에서 나오는 불꽃 모양의 광배를 조각하였다. 광배의 두광과 신광 안쪽에는 연꽃 줄기가 선명하고, 바깥쪽에는 불꽃 무늬와 작은 불상이 새겨져 있다. 전체적으로 인상이 매우 온화해 보이며, 인자한 미소를 머금고 있어 마치 얼굴이 살아있는 것처럼 보인다.
　　석불입상의 광배 뒷면에는 서 있는 불상이 음각한 선으로 새겨져 있다. 손에 약병을 들고 있는 것으로 보아 약사여래로 생각되어진다. 약사여래로 생각되는 불상의 법의를 Y자 형으로 표현하였는데, 이는 매우 특이한 양식으로 평가되고 있다.

　　보호각을 나와 북쪽의 강당지로 발을 옮겼다. 강당지에는 기단의 흔적이 어렴풋이 남아 있었다.

남원 만복사지 | 259

강당지의 기단 흔적

　만복사지는 매월당 김시습(1435~1493)의 한문소설 『금오신화』 중 『만복사 저포기』의 무대이기도 하다. 『금오신화』는 조선 전기 우리나라 최초의 한문소설집이다. 『금오신화』에는 『만복사 저포기』, 『이생규장전(李生窺牆傳)』, 『취유부벽정기(醉游浮碧亭記)』, 『용궁부연록(龍宮赴宴錄)』, 『남염부주지(南炎浮洲志)』 등 5편이 수록되어 있다.

　『만복사 저포기』의 내용을 요약하면 다음과 같다.

　양생이라는 노총각이 일찍 부모를 잃고 남원부 만복사(萬福寺) 동쪽에 홀로 살고 있었다. 외로운 자신의 처지가 불쌍하여 불전에 나아가 축원하되 "오늘 부처님과 저포놀이(백제 때 있었던 윷과 비슷한 놀이)를 하여 만일 부처님이 지시면 나에게 아름다운 배필을 얻게 하여 주시옵소서."라고 하였다. 축원이 끝난 뒤 혼자서 저포를 던졌는데 양생이 이겼다.
　조금 뒤 아리따운 아가씨가 불전으로 오더니 왜구의 침입으로 부모를 잃고 벽지에서 고독하게 지내고 있고 배필을 하나 얻을 수 있도록 해 달라고 축원드리며 흐느껴 울었다.

양생은 그 아가씨 집에서 사흘을 머물면서, 꿈 같은 즐거운 시간을 보냈다. 사흘 뒤 아가씨는 이별을 고하며 주발 하나를 주면서 다음날 자기 부모님들이 올 테니 그 주발을 증거 삼아 인사를 드려 달라는 것이었다. 양생은 아가씨가 시키는 대로 아가씨의 부모를 만난다. 알고 보니 그 아가씨는 왜구들의 난리 때 죽은 사람이었다. 그 때 장례도 제대로 치르지 못하다가 죽은 지 일년 되는 날이 되어 재를 지내러 오는 길이라는 것이다.

양생은 다시 아가씨와 하루를 지낸 뒤 둘은 애끓는 슬픔속에 이별한다. 양생은 무덤을 찾아 장례를 지내고 절로 가서 재를 지냈다. 그랬더니 아가씨가 나타나, 양생의 은덕으로 다시 태어나게 되었다며 감사하다는 것이었다. 양생은 그 뒤 다시 장가가지 않고 지리산에 들어가 약초를 캐면서 살았다고 한다.

『만복사 저포기』에 나오는 아가씨는 가슴에 한과 슬픔을 지니고 죽은 귀신이다. 그 한은 '왜구의 침입'이라는 당시의 사회 상황이 만들어 낸 것이다. 인간의 비극을 만들어 내는 사회 상황과 이루어질 수 없는 소망을 갈구하지만, 영원히 이루지 못하는 인생의 허무가 소설에 담겨 있다. 『만복사 저포기』에 담겨 있는 사상들은 지조를 지키기 위해 평생 방랑자처럼 살았던 김시습의 삶에서 우러나온 것임을 알 수 있다.

『만복사 저포기』가 남자 주인공인 양생이 절개를 지키는 이야기라면, 『춘향전』은 여자 주인공인 춘향이가 절개를 지키는 사랑이야기이다. 전혀 다른 방향을 갖고 있는 두 소설이 남원에 뿌리를 두고 탄생되었다는 것이 흥미롭다.

만복사지를 떠나면서 남원의 문화속에 녹아 있는 남원 문화가 갖는 특징에 대하여 생각해 보았다. 이러한 남원 문화의 속성 속에는 '사랑'이라는 본질이 숨어 있었다. 갑자기 만복사지 옆 길가에 외롭게 머리만 내밀고 있는 쓸쓸한 석인상이 생각났다.

09 Chungcheongnam-do*

충청남도

[당진] 안국사지

소박한 충청인의 얼굴을 가진 석불

안국사지는 은봉산(305미터)을 중심으로 남동방향 약 1킬로미터 지점에 깃봉대(284미터), 북동방향 약 1킬로미터 지점에 봉화산(282미터)이 감싸고 있다. 옛날에는 은봉산과 봉화산을 모두 '안국산'으로 호칭하였는데, 절이 먼저 지어진 다음에 산 이름이 지어진 것으로 추정된다.

안국사 창건에 대한 기록이 남아 있지 않아 정확한 시기는 확인할 길이 없다. 다만, 『신증동국여지승람』 '해미현조'에 "안국산이 해미현 북쪽 30리 지점에 있다. 안국사는 안국산에 있다."는 기록이 있는 것으로 보아 당시까지 안국사가 존재했던 것으로 보인다. 또한 '사탑고적고(寺塔古蹟攷)'에는 "석불이 있고 오운탑(五雲塔)이 한 기 있다."고 되어 있다. 여러 가지 자료로 미루어 안국사는 백제 말에 창건되어 고려시대에 번창했던 것으로 추정된다. 또한 언제 폐사되었는지 알 수 없으나, 현재 남아 있는 절터·석불·석탑·석축·배바위 등으로 미루어 대사찰이었음을 알 수 있다. 현재 남아 있는 유물들로 보아 안국사는 그 당시 충청도 일대 향토성 짙은 사찰이었던 것으로 여겨진다.

안국사지 입구에서 가장 먼저 눈에 띄는 것이 장독대이다. 소나무 아래 따스한 햇살을 받으며 수십 개의 장독들이 늘어서 있다. 한적한 산골 풍경과 더불어 주위의 나무들과 잘 어울린다. 안국사지 앞 공터에 가득 차 있는 장독들이 안국사지를 찾는 사람들에게 마치 시골집에 온 듯한 정겨운 느낌을 준다.

안국사지 앞의 장독대

안국사지 입구에 서면 수많은 나뭇가지 사이로 멀리 높은 키를 가진 석불입상이 눈에 들어온다. 자세히 보니 중앙에 큰 석불입상이 있고 그 좌우에 자그마한 높이를 가진 두 개의 석불입상이 보인다. 안국사지는 숲이 보기좋게 우거져 있어 한층 운치를 더하고 있다. 안국사지 옆에는 허름한 집 한 채가 과거의 안국사를 흉내내고 있었다.

안국사지 전경

당진 안국사지 | 265

安國寺址

안국사지 석불입상 (보물 제100호)

안국사지 석탑 (보물 제101호)

안국사지 입구의 계단을 오르니 안국사지 석탑과 석불입상이 한 눈에 들어온다. 크지 않은 절터에 석탑과 석축, 석불입상이 가득 차 있다.
　석불입상 바로 아래쪽에 높이 2.76미터의 아담한 크기의 석탑이 놓여 있다. 단층의 지대석 위에 1층 탑신만 남아 있고, 그 위에 네 개의 옥개석이 탑신 없이 겹쳐져 있다. 과거 자료에 의하여, 오층석탑이라고 추정하고 있다. 탑과 약간 거리를 두고 추녀 끝을 보니 일반적인 탑에서 보아온 것보다 심하게 치켜 올라가 있는 것이 인상적이다.
　1층 탑신을 자세히 보니, 세 면에 여래좌상이 조각되어 있고, 나머지 한 면에는 문고리형 조각이 보인다. 일반적으로 네 면에 불상을 조각하거나, 또는 문고리형만 조각하는 형태에서 벗어난 특징적인 면을 보이고 있다.

　석탑 옆에는 외롭게 한 개의 탑신만이 놓여 있다. 이 탑신이 예전의 안국사지에는 두 개의 석탑이 있었다는 증거이기도 하다. 비록 한 개의 탑신만 있지만, 그 탑신에 새겨져 있는 부처님은 연꽃대좌 위에 단아한 자세로 앉아 두 손을 모은 채 기원하고 있다.
　석탑과 석불입상 사이의 석축 가운데에는 용도를 알 수 없는 돌이 하나 놓여 있는데, 돌 위에는 연꽃 무늬가 선명하고, 네 면에는 안상이 새겨져 있다.
　석탑 위쪽에는 석축 위에 불상 세 개가 나란히 서 있다. 중앙 본존불의 높

석탑 옆에 외로이 놓여 있는 석탑 탑신

연꽃 무늬와 안상이 새겨져 있는 돌

본존불 좌우에 있는 협시보살의 모습

이는 약 5미터 가까이 되며, 얼굴과 몸이 하나의 돌로 되어 있다. 사각형 형태의 넓적한 얼굴과 어울리지 않게 큰 사각형의 보개(寶蓋)를 얹은 모습이 어느 시골장터에서 만나는 인심좋은 아낙네 얼굴이 연상된다. 큼직한 귀는 어깨까지 내려와 있고, 굵은 눈썹과 지긋이 감은 눈, 그리고 작게 오므린 미소 띤 입과 입술은 소박한 충청인의 얼굴을 보는 것 같다. 양쪽 협시불들은 심하게 훼손되어 있으며, 높이도 본존불에 비해 상대적으로 낮아 균형이 맞지 않아 보인다.

안국사지 석불입상은 고려시대 충청도 지방에서 유행했던 불상 형태로서, 충청도 지역의 지방색이 강한 불상의 대표작으로 추정된다. 첫눈에 보아도 중원지방 미륵리사지의 석불입상과 비슷하다는 느낌이 든다. 아마 비슷한 시기에 여러 개의 석불입상들이 지방마다 세워져 미륵사상과 연관되었을 것으로 짐작된다.

당시의 어수선한 사회 분위기는 미륵의 도래를 바라는 신앙과 결합되어 곳곳에 미륵불(보살)을 만들게 되었다. 미륵은 석가모니 부처의 다음 대에 중생들을 제도(濟度)할 부처님으로, 오늘날에도 성불하기 위해 도솔천에 올라가 수행을 계속하고 있는 보살이다. 아직 부처로 성불하지 않았기 때문에 미륵불이라고 부른다.

당시 빈번한 전쟁 등으로 고단한 삶을 살고 있던 민중들은 미륵불이 자신들이 살고 있는 현세에 도래하기를 염원했을 것이다. 즉, 일반 민중들은 난세를 겪을수록 자신들을 구제해 줄 미륵에 대한 신앙이 더욱 깊어졌던 것이다. 왜냐하면 미륵 신앙은 세상의 변혁을 바라는 하층민들에게는 한줄기 빛과 같기 때문이다.

(좌) 미륵리사지 석불입상 / (우) 안국사지 석불입상

석불입상 뒤에는 보기에도 커다란 바위 한 개가 놓여 있다. 마치 '배같이 생겼다'고 해서 '배바위'라고 부른다. 배바위에서 돌을 던져 석불입상의 갓에 돌이 얹히면 아들을 낳을 수 있다는 토속신앙이 전해지는 바위이다.

배바위에 얽힌 전설이 다음과 같이 내려온다.

안국사 근처에 배 만드는 기술을 가진 사람이 살고 있었는데, 그는 배를 만들어 벌은 돈을 모두 곡식으로 바꾸어 그가 일하는 안국산 바위 구멍에 첩첩이 쌓아 놓았다. 어느 날 고기잡는 배를 만들어 달라는 부탁을 받고 안국산 곡식가마 곁에서 배를 만들기 시작하였다. 갑자기 먼 하늘에서 천둥소리가 울리더니 빗방울이 떨어지기 시작하였다. 그는 곡식을 쌓은 굴부터 거적으로 가리려는데, 천둥소리가 울리며 벼락이 떨어지더니 그가 만들던 배는 갑자기 배모양의 바위로 변하였다. 배를 만들던 사람도 그 자리에서 죽고 말았다.

배바위는 과거 안국사가 미륵신앙과 관계를 맺고 있음을 보여 주고 있다. 배바위에는 얕게 판 글씨가 희미하게 여기저기 보이는데, 이 글씨들이 '매향비'이다. '매향비'는 미륵이 땅에 내려와 극락이 이루어지길 기원하면서 향을 묻고 빌었다는 비문을 말한다. 당시 사회적 혼란기에 민중들이 신앙공동체를 구성

배바위에 새겨진 글씨

석불입상 뒤의 배바위 전경

하여 미륵불의 환생을 기원한 의식이다. 하층민들이 하루하루 어려운 생활을 미래에 도래할 미륵불에 의지하면서 거대 석불입상을 조성하고, 매향비문을 새겼던 당시의 고단한 삶이 느껴진다.

배바위의 '매향암각'은 2004년 10월에 충청남도 문화재로 지정되었다. 그러나 아직 배바위를 소개하는 안내판이 보이지 않는다. 절터 관리가 제대로 되지 않고 있다는 증거이기도 하다.

배바위 앞을 보니 커다란 돌이 길게 땅에 누워 있었다. 누워 있는 돌 끝을 보니, 돌을 가공하려고 한 흔적이 보인다. 돌을 자르기 위한 구멍들인 것 같다. 옛날에는 돌을 자르기 위해 돌에 구멍을 뚫고, 그 구멍에 물을 적신 짚을 넣어 둔다. 그러면 물이 돌 속에 스며들면서 돌이 갈라졌던 것이다. 또 하나의 석불입상을 만들려고 한 것은 아니었는지.

가공하려고 한 흔적이 보이는 돌

이곳 주민에 의하면, 안국사지가 위치하고 있는 은봉산에서 1킬로미터 정도 떨어진 봉화산 아래 숯골에도 탑의 일부분과 안국사지와 같은 형태의 빗살무늬 기와가 있다고 한다. 즉, 과거 안국사의 범위가 비단 석불입상이 있는 지역뿐만 아니라 은봉산에서 봉화산에 이르는 범위를 가지고 있었던 것이다. 그러나 이제는 안국사지 뒷산의 채석장과 주위에 관광지가 개발되면서 옛날 흔적들이 많이 없어져 아쉬웠다.

[보령] 성주사지

聖住寺址

통일신라시대의 대표적인 선종사찰

성주사지가 있는 충청남도 보령시 성주면 성주리 상촌마을 일대는 성주산과 옥마산, 만수산으로 둘러싸인 아늑한 분지이다. 차를 몰고 좁다란 산골 2차선 길을 달리면서 좌우를 보니 자그마한 야산들이 정겨운 느낌으로 다가온다. 야산을 지나자 갑자기 왼쪽으로 확 틔여 있는 넓은 터가 나타나는데, 뒤로는 성주산(680미터)이 북풍을 막아주고, 앞의 남쪽으로는 성주천이 흐르는 전형적인 배산임수 형태의 터 위에 사적 제307호로 지정된 성주사지가 위치하고 있다.

성주사는 백제 법왕이 왕자시절인 599년에, 전쟁에서 죽은 병사들의 원혼을 달래기 위해 세운 오합사(烏合寺)가 통일신라시대에 성주사(聖住寺)로 이름이 바뀌면서 크게 중창된 것이라고 한다. 또 다른 창건에 관한 이야기는 신라 제42대 흥덕왕 2년(827)에 무염국사(無染國師)가 도력으로 왜구를 물리친 은혜를 갚기 위해 세운 웅신사(熊神寺)가 성주사라는 설도 있다.

『삼국사기』에는 의자왕 15년 5월에 "흰 말이 북악에 있는 오합사에 들어가서 불우(佛宇)를 돌다가 며칠 만에 죽었다."는 기록이 있으며, 『삼국유사』에도 의자왕 19년 "오합사에 큰 붉은 말이 있어 밤낮 여섯 시에 사원을 돌았다"고 기록되어 있다. 이런 글들은 과거 오합사가 백제 멸망과 관련된 불길한 이야기를 간직한 절인 동시에 백제 왕실과 밀접한 관련이 있었다는 증거이기도 하다.

오합사가 지금의 성주사란 이름을 갖게 된 시기는 통일신라 말기이다. 성주사란 '성인(聖人)이 거주(居住)하는 절'이란 의미를 갖고 있다. 여기서 성인은 신라 말기의 고승인 무염국사를 가리킨다.

과거 성주사의 규모는 절터의 넓이가 1만여 평을 넘었고, 건물은 불전 80칸, 행랑 800여 칸, 수각(水閣) 7칸, 고사(庫舍) 50여 칸으로 거의 천여 칸에 이르는 규모였다고 한다. 즉, 성주사는 충청남도는 물론 나라 전체에서도 손꼽히는 규모의 절이었다고 한다. 성주사는 조선시대 중엽까지 유지되어 오다가, 아쉽게도 임진왜란 때 소실된 것으로 보인다.

성주사지를 오르기 위한 마지막 계단에서 바라본 성주사지 전경

聖住寺址

성주사지 오층석탑 (보물 제19호)

성주사지에 오르기 위한 계단들이 정겹게 놓여 있다. 마치 서로 노래하듯 화음을 맞추기 위해 잘 짜여진 계단이다. 이 계단의 끝자락에 서면, 순간 넓은 들판이 펼쳐져 있고 한 개의 석등, 그리고 뒤에 네 개의 석탑과 자그마한 전각이 눈에 들어온다. 그 중에서 석탑은 가운데 하나, 그 뒤에 세 개의 탑이 일렬로 서 있다. 마치 군대 행진을 하듯 앞에 큰 탑 하나와 뒤에 크기와 생김새가 비슷한 세 개가 조화를 이루며 서 있는 모습을 볼 수 있다.

성주사지 입구에서 가장 먼저 눈에 띄는 것은 땅에 박혀 있는 문지방 흔적이다. 나무로 된 구조물은 다 없어지고, 돌로 된 부분만 남아 있는 것이다. 과거 절 입구에 해당하는 부분일 것이다.

문지방 흔적

성주사지 문지방 흔적을 지나면 절터 중앙에 우뚝 서 있는 높이 6.6미터의 오층석탑(보물 제19호)이 보인다. 오층석탑은 뒤의 금당터와 일직선을 이루고 있으며 절의 중심축에 자리잡고 있다. 오층석탑은 1층 탑신이 다른 탑신에 비해 유난히 길며, 나머지 네 개의 탑신이 고른 체감률을 보이고 있어 전체적으로 보는 이로 하여금 날씬하고, 경쾌한 상승감을 준다. 특히 옥개석의 끝부분 반전이 매우 날렵한 인상을 준다. 고려석탑에서 많이 보여지는 특징 중의 하나인 이중기단과 1층 탑신 사이에 굄대처럼 돌받침을 하나 받쳐 놓았다.

오층석탑 앞에 서 있는 석등은 오층석탑 앞에 무질서하게 흩어져 있던 것을 1971년 복원한 것이다. 별다른 특징이 없어 보이는 석등이며, 만든 시기가 네 개의 석탑들보다 후에 만들어진 작품이다.

오층석탑 뒤에 금당지가 보인다. 금당지를 올라가는 돌계단 옆의 안내문에는 계단석과 양편 지대석에 사자상과 구름 모양이 조각되어 있다고 쓰여 있다. 그러나 돌계단의 여기저기를 아무리 자세히 살펴보아도 사자나 구름 모양이 보이지 않는다. 어찌된 일인지 난감한 생각이 든다. 관리가 제대로 되지 않고 있다는 증거이기도 하다.

성주사지 석등 (지방 유형문화재 제33호)

금당지에 올라가는 계단은 동·서·남·북에 걸쳐 네 군데에 자리잡고 있다. 금당지에 오르니 한 가운데 석조연꽃대좌가 몇 조각으로 깨진 채 자리잡고 있다. 한눈에 보아도 상당한 규모의 불상이었을 것으로 짐작된다. 자료에 의하면, 일제시대까지만 해도 거대한 '쇠부처'가 있었는데 일본 사람들이 가져갔다고 한다.

금당지로 올라가는 돌계단 (문화재자료 제140호)

금당지 한 가운데 자리잡고 있는 석조연꽃대좌

금당지 뒤로는 마치 호위하듯이 세 개의 석탑이 사이좋게 동·서로 일렬로 서 있다. 세 개의 석탑이 일렬로 서 있는 모습은 다른 절터에서는 볼 수 없는 특이한 형태이다. 세 개의 석탑 모두 앞에 서 있는 오층석탑과 함께 통일신라시대 말기에 만들어진 것으로 추정된다.

세 탑의 성격에 대해서는 여러 가지 설이 있다. 낭혜화상의 비문은 있으나 부도가 발견되지 않아 탑의 형태로 지어진 부도라는 이야기도 있으며, 세 개의 탑이 각각 정광(定光), 약사(藥師), 가섭(迦葉) 세 분 여래의 사리탑이라고 추정하기도 한다.

세 개의 석탑 모두 비슷한 구조와 양식을 가지고 있다. 높이 4미터의 서삼층석탑은 탑 주위에 장식물을 달았던 작은 구멍들이 많이 발견된다. 아마 탑에 화려한 장식을 달았던 흔적일 것이다.

세 개의 탑 중 가운데 자리잡고 있는 중앙삼층석탑도 나머지 다른 두 개

성주사지 금당지 뒤에 일렬로 서 있는 3개의 석탑 ((좌) 서삼층석탑, (중) 중앙삼층석탑, (우) 동삼층석탑)

성주사지 서삼층석탑 (보물 제47호)

성주사지 동삼층석탑 (충청남도 유형문화재 제26호)

聖住寺址

성주사지 중앙삼층석탑 (보물 제20호)

의 탑과 같이 기단과 탑신 사이에 별도의 괴임돌을 갖추고 있다. 1층 탑신의 남쪽면에는 3중의 문틀 안에 자물통과 둥근고리 한 쌍이 새겨져 있고, 그 주위에 28개의 단추 장식을 좌우대칭으로 선명하게 조각하였다. 전체적으로 보면 2층과 3층 지붕돌 너

성주사지 중앙삼층석탑의 문고리 장식

비가 탑신 높이보다 두 배 가량 넓게 만들어져 있다.

　동쪽에 있는 석탑은 현재 자리에 있던 것이 아니라, 성주사지 다른 곳에서 옮겨온 것이다. 다른 두 개의 탑과 같이 1층 탑신 남쪽에 자물쇠 모양과 한 쌍의 문고리 장식이 새겨져 있다. 다른 두 개의 탑이 각각 보물로 지정되어 있는 것에 비하여 이 탑은 보물로 지정되지 못했다.

강당지 올라가는 계단

　세 개의 석탑들 뒤로는 강당지로 올라가는 계단이 보인다. 다른 계단에 비해 단아한 느낌을 주며, 계단 양쪽을 전체적으로 눈에 띄지 않게 곡선 처리를 하여 잔잔한 멋을 내고 있다.

　강당지 오른쪽 끝에 한 기의 석불입상이 외롭게 서 있다. 전체적으로 마모가 심하여 여러 군데 시멘트로 보수한 흔적이 보인다. 특히 '코를 긁어 달여 먹으면 아들을 낳는다.'는 미신 때문에 얼굴 부분의 마모가 심하다. 왼손으로 배를 감싸고 있는 모습이 마치 임신한 것처럼 보여 아들을 소망하는 여인네들에게 많은 수모를 당했

던 것이다. 약간 어수룩해 보이지만 남을 위해 자신을 희생하는 모습을 말없이 보여 주고 있는 것 같다.

강당지 왼쪽 뒤편으로 자그마한 전각이 보인다. 전각 안에는 신라 선문구산(禪門九山)의 하나인 성주산문(聖住山門) 개창 조사인 무염국사(無染國師, 801~888)를 기리기 위한 부도비가 서 있다. 부도비는 국보 제8호로 지정되어 있으며, 정식 명칭은 '대낭혜화상백월보광탑비(大朗慧和尙白月葆光塔碑)'이다.

낭혜화상은 신라 말기의 고승으로, 낭혜는 입적한 뒤에 붙은 시호이며, 탑호는 백월보광이다.

석불입상 (지방 문화재자료 제373호)

성주사지 낭혜화상 부도비 (국보 제8호)

이 비는 높이 4.55미터, 너비 1.57미터, 두께 42센티미터로 매우 크다. 거북의 얼굴 부분이 일부 유실된 것을 제외하면 거의 완전한 형태로 남아 있다. 이 비는 무염국사가 88세에 입적한 2년 뒤인 진성여왕 4년(890)에 세워졌다. 신라 말기 유명한 문장가인 고운

낭혜화상 부도비 귀부 뒷부분

최치원(孤雲 崔致遠)이 글을 짓고, 그의 사촌동생인 최인곤(崔仁滾)이 글씨를 썼다.

낭혜화상보광탑비는 지리산 하동 쌍계사의 진감선사대공탑비(眞鑑禪師大空塔碑, 국보 제47호), 희양산 문경 봉암사의 지증대사부도비(智證大師寂照塔碑), 경주 초월산의 대숭복사비(大崇福師碑)와 함께 최치원의 사산비(四山碑)라 한다. 낭혜화상보광탑비는 그 중에서 제일 큰 규모를 자랑한다.

무염국사는 13살에 출가하여, 21살(헌덕왕 13년, 821)에 당나라에 건너가 선종(禪宗)을 배우고, 수행에 몰두하였다. 당나라에서 유학한 지 25년(문성왕 7년, 845)만에 귀국하여 보령(당시 웅천)지방의 호족이었던 김양(金陽)의 권고로 오합사의 주지가 되었다고 한다. 무염국사는 당시 불교경전 해석에 치중하던 교종(敎宗)을 비판하고, '이론에 의존하지 않고 곧바로 이심전심하는 것이 올바른 길'이라고 하는 선종의 '무설토론(無舌吐論)'을 주장하였다. 무염국사의 선종 이론은 당시 많은 호응을 받아, 무염국사가 오합사에 주지가 되자 그를 따르는 제자가 이천여 명에 이르렀다고 한다.

부도비가 세워져 있는 전각 옆에는 연꽃대석과 부도의 옥개석 조각들이

전각 옆에 놓여 있는 부도의 부분들

놓여져 있다. 연꽃대석은 팔각원당형의 형태를 띄고 있는 것으로 보아 부도의 아랫부분일 것으로 추정하고 있다.

『성주사 사적기』기록에는 "대낭혜화상백월보광탑(부도)은 서쪽 기슭에 있다."고 쓰여 있다. 그러나 이 조각들이 낭혜화상 부도의 부분들인지 확실하지는 않다. 전각 반대편 서쪽에는 성주사지에서 출토되었던 각종 석조물들을 한 군데 모아 놓았다.

성주사지를 이리저리 거닐다 보면 땅에 여러 모양의 건물 초석들이 박혀 있

서쪽 회랑 건물의 초석들

불에 그을린 흔적이 남아 있는 초석

는 것이 보인다. 과거 금당을 중심으로 북쪽에 강당, 동쪽과 서쪽에 회랑 건물이 존재하였던 흔적이 여기저기 보인다.

　성주사지를 둘러보고 입구쪽으로 나오다 보니 눈에 띄는 초석이 있다. 많은 세월이 흘렀음에도 불구하고, 초석에는 불에 타 검게 그을린 흔적이 남아 있다. 대부분의 옛 사찰 건물들이 화재에 의해 없어진 것이 아쉽기만 하다. 지금의 성주사지에도 돌로 만든 것만 남아서 옛 영광을 말없이 보여 주고 있다.

　시간을 내어 성주사지 주위를 둘러보니, 나지막한 야산과 더불어 주위 경관이 마음을 청아하게 해 주는 것 같다. 매서운 겨울 바람이 오늘따라 한결 가벼운 느낌을 준다. 한겨울 오후 늦은 시간에 벌써 해가 기울고 있었다.

[부여] 정림사지

定林寺址

백제시대 대표적인 석탑이 있는 곳

패망한 나라의 역사는 거의 찾아보기 힘들다. 이는 신라와 당나라의 연합군에 의해 무너진 백제의 찬란히 빛났던 유적을 찾아보기가 쉽지 않다는 이야기이다. 그나마 제자리를 지키고 있는 것은 정림사지 오층석탑(국보 제9호) 밖에 없다고 해도 지나치지 않을 것이다. 그 만큼 정림사지 오층석탑은 백제시대의 부여를 대표하는 유물이라 할 수 있다.

부여 정림사지(사적 제301호)는 부여 시내에 있는 폐사지로서, 백제 사적을 대표할 수 있는 유적이다. 백제시대에도 정림사란 명칭이 사용되었는가에 대해서는 관련된 기록이 없어 알 수가 없다. '정림사지'라고 불리는 것은 출토된 기와 조각에 '태평 8년 무진 정림사 대장당초(太平八年戊辰定林寺大藏當草)'란 문귀에서 '정림사'가 절 이름으로 쓰여 있었기 때문이다. '태평'은 거란족이 세운 요나라 연호이며, '태평 8년'은 고려 현종 19년(1028)에 해당된다.

정림사는 백제 사비성의 함락과 함께 폐사되었을 것으로 추정된다. 오늘날 문화전성기 백제의 수도로서 남아 있는 유적과 유물이 거의 없다는 점이 이를 증명하고 있다.

현재 남아 있는 백제시대의 탑은 익산 미륵사지석탑과 정림사지 오층석탑 두 기뿐이다. 다만 정림사지 오층석탑은 익산 미륵사지석탑에 비해 규모가 1/3 정도이다.

  정림사지는 부소산의 부소산성과 왕실 연못이었던 궁남지 사이에 자리잡고 있다. 위치상으로 보아 그 당시 중요한 사찰이었을 것이다. 현재는 정림사지 오층석탑만 덩그러니 서 있을 뿐이다. 정림사지 뒤쪽에 위치한 건물은 최근에 지어진 것으로 그 안에는 고려시대 때 만들어진 석불이 안치되어 있다.
  정림사지의 전체적인 배치는 백제시대 다른 절처럼 남북 선상에 중문과 탑, 강당이 차례대로 놓여 있는 일탑일금당식(一塔一金堂式) 가람 배치를 하고 있다. 그리고 회랑이 강당에서 중문을 연결하여 둘러싸고 있다. 또한

정림사지 전경

定林寺址

정림사지 오층석탑 (국보 제9호)

중문 앞에 양쪽으로 연못을 파서 연못 사이의 다리를 지나 절로 들어오게끔 하였다. 연못의 확인으로 금당에 아미타여래를 본존불로 모셨을 것으로 추측된다. 정림사지는 두 개의 연못, 남문지(南門址), 중문지(中門址), 석탑, 금당지(金堂址), 강당지, 회랑지를 가지고 있는 백제 사찰 형식의 기본 모형을 갖추고 있다.

정림사지 오층석탑은 언제 만들어졌는지 기록이 남아 있지 않다. 다만 탑의 양식으로 추측해 보건데 익산 미륵사지석탑보다는 후에 만들어졌을 것이다. 익산 미륵사지석탑이 목탑의 양식을 충실히 재현하고 있다면 정림사지 오층석탑은 목탑의 모방에서 한 단계 발전하여 석탑의 조형미를 보여 주고 있다. 익산 미륵사지석탑은 작은 석탑부재들을 엮은 흔적이 보이는 점에서 목탑이 석탑으로 바뀌는 과정의 모습이 많이 남아 있다. 그러나, 정림사지 오층석탑은 탑을 구성하는 석탑부재들이 한결 단순해지고 정돈되어 비로서 석탑으로서의 완성미를 보여 주고 있다.

정림사지 오층석탑은 잘 다듬어 마름질 한 화강석재 149매를 잘 짜맞추어 올린 높이 8.33미터의 오층석탑이다. 또한 목조탑에서 보여 주는 가구적(架構的)인 기법이 그대로 계승되어 목탑이 석탑으로 어떻게 변화되고 있는가를 잘 보여 주고 있다. 한국 석탑은 정림사지 오층석탑의 구조를 그대로 계승 발전하였으며, 한국탑의 모범이라고 할 수 있다.

정림사지 오층석탑의 특징은 기단이 단층으로 1층 옥개석에 비례해 굉장히 좁고, 면석의 우주는 위로 갈수록 좁아지고 있다. 또한 옥개석을 곡선으로 다듬은 모양이나 처마를 하늘로 올라가게 만든 모습, 그리고 탑신부 모서리 기둥을 배흘림 양식으로 한 것 등에서 목탑의 흔적을 발견할 수 있다. 지붕을 받치고 있는 옥개받침은 옥개석과는 다른 돌로써 모서리를 둥글게 다듬어 마무리하였다. 옥개석을 경사지지 않게 얇은 판석을 사용하면서도, 처마는 살짝 들어올려져 경쾌한 상승감을 보여 주고 있다. 멀리서 보면 키

양쪽의 우주가 위로 올라갈수록 폭이 좁아지고 있다

처마 끝이 살짝 올라가 있다

가 늘씬한 느낌을 주는데, 이것은 1층 탑신이 다른 2층 탑신에 비해 훨씬 높으며 특히 2층 탑신의 높이가 1층 탑신의 반으로 줄어들 뿐만 아니라 옥개석의 너비가 차차 줄어들어 가파른 기울기를 보이기 때문이다.

정림사지 오층석탑은 대단히 우아하고 세련된 멋을 갖추고 있어 7세기 백제시대 문화의 특징을 잘 보여 주고 있다. 그러나 힘과 안정감이 없어 보이는 면도 있다. 이것은 신라의 석탑 양식과 비교해 기단부가 좁기 때문이다. 이러한 점은 경주 분황사 석탑의 넓은 기단부와 비교해 보면 쉽게 알 수 있다.

정림사지 오층석탑은 한 때 당나라 장수인 소정방(蘇定方)이 세운 것이라고 잘못 알려지기도 하였다. 이는 소정방이 신라연합군과 함께 백제를 점령한 것을 기념하기 위해 1층 탑신에 새긴 글자 때문이다.

1층 탑신을 자세히 보면 뚜렷하지 않지만, 탑신 한 면에 어렴풋하게 '대당평제국비명(大唐平濟國碑銘)'이란 글자가 보인다. 이 글자 때문에 일제시대에는 평백제탑(平百濟塔 : 백제를 평정한 후 기념으로 세운 탑)이라 오해받기도 하였다.

그러나 이 글자는 소정방이 백제를 멸망시킨 뒤에 그것을 기념하기 위해 이미 세워져 있던 탑에 글자를 새긴 것이 분명하며, 일본인들의 문화말살 정책의 일환으로 왜곡되었을 가능성이 크다.

다시 생각해 보면, 백제는 660년 7월 13일에 멸망하였다. 그리고 소정방이 정림사지 오층석탑에 글자를 새긴 것은 같은 해 8월 20일로 기록되어 있다. 소정방이 정림사지 오층석탑을 세웠다면 백제를 무너뜨린 지 37일 만에 절을 짓고, 석탑을 세우고, 석탑에 기념 글을 새겼다는 이야기가 된다.

그러나 37일의 짧은 기간 동안 이 모든 것을 한꺼번에 실행하기는 불가능하다. 따라서 정림사와 석탑이 세워진 다음에 글씨를 새겼다는 것이 논리에 맞을 것이다.

1층 탑신에 새겨져 있는 글씨

정림사지 오층석탑은 과거 백제 멸망의 역사를 고스란히 간직하고 있다. 탑의 1층 면석에 있는 소정방의 백제 평정 내용이나 겉에 남아 있는 그을음이 그것이다. 기록에 보면, 신라와 당나라 연합군에 의해 백제 수도 부여가 점령당했을 때 일주일 밤낮으로 불길이 치솟았다고 한다. 정림사지 오층석탑은 그 당시 입은 상처를 그대로 간직하고 있는 것이다.

정림사지 한쪽 구석에는 건물 초석의 흔적들과 출토된 각종 석재들을 모아 놓았다. 안타깝게도 관람객들이 유심히 보지 않으면 지나치기 쉬운 유

출토된 각종 석재들

물들이다. 또한 과거 계단의 흔적도 어렴풋이 남아 있다.

정림사지에 있는 석불좌상(보물 제108호)은 오층석탑과는 남북으로 마주 보며 서 있다. 불상은 높은 대좌 위에 앉아 있는데, 얼굴 등이 심하게 마멸되어 형체만 겨우 알아볼 수 있을 뿐이다. 오른쪽 팔과 왼쪽 무릎은 완전히 없어져 보이지 않는다. 또한 머리에 얹어놓은 둥근 갓도 훗날 연자방아를 깎아 다시 올려 놓은 것이다. 다만 불상의 받침대(좌대)부분에 안상과 연꽃 문양이 아름답게 조각되어 있다.

지나간 역사의 한 페이지에서 정림사지의 유물들은 과거 아픈 역사의 흔적들을 고스란히 안고 오랜 세월을 지나왔다.

정림사지 석불좌상 (보물 제108호)

[서산] 보원사지

普願寺址

백제의 미소 옆에 서서

일반인들에게는 보원사지보다 더 많이 알려진 서산 마애삼존불. '백제의 미소'로 알려진 서산 마애삼존불은 보원사지(사적 제316호)를 찾아가는 길의 입구에 있다. 많은 사람들이 서산 마애삼존불을 찾아오지만, 계곡 안쪽에 있는 보원사지를 염두에 두는 이는 많지 않다.

보원사지는 마애삼존불(국보 제84호)이 있는 곳으로부터 용현계곡 안쪽으로 약 2킬로미터 들어가면, 길 오른쪽에 넓은 터와 함께 자리잡고 있다.

서산 마애삼존불 (국보 제84호)

보원사지 전경

 과거의 보원사는 마애삼존불의 본사였으며, 한때는 '고란사'라는 이름으로 불리기도 하였다.

 과거 이 지역은 중국의 남조 양나라와 활발하게 교류하던 시기의 길목이었다. 보원사지 입구에 있는 마애삼존불의 건립 연대로 비추어 과거의 보원사가 이 무렵에 이미 창건되었을 것이라 짐작된다. 또한 마애삼존불과 과거 보원사는 중요한 연관 관계를 갖고 있었을 것이라고 추측해 본다.
 보원사는 백제 말기에 창건되어 고려 초에 이르러 주변에 백여 개의 암자와 천여 명의 승려가 거주하는 대단한 규모의 사찰이었다고 전해지고 있다. 보원사는 백제 멸망 직전까지 크게 융성했으리라 짐작되나, 그 후 어떤 시기에 흔적도 없이 사라졌는지 분명치 않다. 약 삼만여 평에 이르는 거대 사찰이 고려시기까지 존재하다가, 갑자기 사라진 이유가 늘 머릿속에 의문점으로 남아 있다.

보원사가 쇠퇴의 길을 걷게 된 이유 중의 하나로 정치적인 영향이 있다고 보는 견해도 있다. 고려시대까지 번창하던 보원사는 조선왕조가 새로 창건되면서, 고려왕조를 지지하는 세력이 보원사에 은거하였다는 이유로 폐사되었다는 이야기가 이를 뒷받침해 주고 있다. 또한 임진왜란 중 불에 타버린 이후 중창되지 못했을 가능성도 제기되고 있다.

보원사지에 도착하니 당간지주(보물 제103호)가 먼저 눈에 들어온다. 그 당간지주 사이로 저 멀리 부도가 보인다.

당간지주는 언제 보아도 반갑다. 이는 절의 위치를 알려주는 동시에, 절의 입구임을 증명하는 유물이기 때문이다. 비록 단순한 구조를 갖고 있지만 하늘로 쭉쭉 뻗은 당간지주의 소박한 미가 오히려 마음을 사로잡는다. 당간지주의 아랫면을 보니, 반갑게도 당간을 받치는 간대(杆臺)가 거의 완전한 형태로 남아 있다. 전체적으로 화려하지는 않지만, 위로 올라갈수록 날렵한 모양을 하고 있다. 당간지주의 맨 위쪽은 안쪽으로 네모나게 파여 있는 홈이 매끄럽게 처리되어 간결한 미를 보여 주고 있다.

보원사지 당간지주 (보물 제103호)

당간지주를 지나 50여 미터를 더 가면 자그마한 개울가를 만나게 된다. 개울가에 이르러 주변 산세를 돌아보니 감탄사가 저절로 나온다. 보원사지는 저 멀리 가야산 줄기의 각종 봉우리들을 먼발치에 놓고, 뒤에는 상왕산이 위치하며, 앞에는 냇물이 흐르는 전형적인 명당자리임을 한눈에 알 수 있다. 보원사지에 관련된 기록을 보면, 승려들이 밥을 짓기 위해 씻은 쌀뜨물이 강을 이루고 마을 사람들은 이 물을 숭늉으로 마셨다는 이야기로 보아 과거 보원사가 대사찰임을 말해 주고 있다. 과거에는 이 냇물에 속세와 신선한 불교 경내를 구분하는 다리인 피안교가 있었고, 이 다리를 건너 사찰 경내로 진입하였을 것으로 추측된다.

　냇물을 건너기 전에 우거진 수풀 오른쪽을 보니, 커다란 석조(石槽, 보물 제102호)가 보인다. 석조란 화강암의 돌을 가운데 파서 만든 것으로, 절에서 물을 담아 두던 커다란 물통을 말한다. 안내 표지판을 보니 석조의 크기

보원사지 석조 (보물 제102호)

가 외측 길이 350미터, 너비 180센티미터, 높이 90센티미터로 표기되어 있다. 이 석조는 화강암의 통돌을 정으로 하나하나 파낸 것으로 그 정성이 가히 놀랄 만하다. 비록 아무런 조각이나 무늬는 없지만 단순하고 간결한 인상을 준다. 보원사지 석조는 현재 우리나라에 남아 있는 석조 중에서 가장 큰 석조 중의 하나이며, 거대한 크기의 석조는 과거 사찰의 규모를 짐작케 해 준다.

　냇가를 건너, 조금 들어가니 웅장한 모습의 보원사지 오층석탑(보물 제104호)이 한눈에 들어온다. 파란 하늘을 배경으로 서 있는 모습이 박력 있어 보인다. 높이가 약 10여 미터 되어 보이며, 지붕의 선이 탑의 자태를 더욱 아름답게 하고 있다.

　탑의 기단부 각 면마다 세 마리의 사자가 마치 탑을 호위하듯 조각되어 있으며, 상층기단 각 면에는 팔부중상(八部衆像 : 불법을 수호하는 천(天) · 용(龍) 등 8종의 신장)이 두 명씩 새겨져 있다. 우리가 일상생활에서 자주 사용하는 '아수라장' 이라는 용어의 주인공인 아수라상(阿修羅 : 인도 신화에서는 얼굴도 많고 팔도 많은 악신(惡神)으로 간주되나,

아수라상

불교에서는 선신(善神)의 역할을 한다)도 보인다. 특히, 탑신부 1층 밑에 받침돌 한 장을 끼워 넣은 것은 고려시대 석탑의 두드러진 특징 중 하나이다.
　탑의 처마는 완만한 곡선을 이루고 있으며, 네 귀퉁이의 전각의 반전도 뚜렷하게 보인다. 탑의 꼭대기에는 보륜, 보주는 사라지고 찰주만이 뾰족하게 솟아 있어 색다른 느낌을 주고 있다.

普願寺址

보원사지 오층석탑 (보물 제104호)

각종 석조물들이 한데 모여져 있는 모습

석등의 하대석으로 보이는 석조물

불에 그을린 흔적이 있는 장대석

일반적으로 탑을 중심으로 뒤에는 금당이 자리잡고 있기 마련인데, 보원사지에서는 탑을 중심으로 사방을 둘러보아도 건물이 있었던 터의 흔적이 보이지 않는다. 아마 건물이 없어진 지 오래되었거나, 철저하게 파괴된 증거일 것이다. 여기저기 건물의 주춧돌, 석등의 하대석으로 보이는 석조물, 그리고 용도를 알 수 없는 석조물들이 눈에 띈다.

돌들이 쌓여 있는 무더기 속에는 건물의 초석과 가공된 장대석이 눈에 띈다. 가공된 장대석에 오랜 비바람에도 불에 탄 흔적이 그대로 남아 있는 것이 보인다. 과거 보원사가 불에 탈 때 내뿜던 엄청난 열기가 느껴지는 것 같다.

서산 보원사지 | 297

탑에서 보면 약간 위쪽으로 보원사지 부도(법인국사보승탑, 보물 제105호)와 법인국사보승탑비(法印國師寶乘塔碑, 보물 제106호)가 나란히 서 있는 것이 보인다.

 법인국사의 법인(法印)은 고려 광종(光宗) 때 국사(國師)를 지낸 탄문(坦文, 900~975)의 시호(諡號)이며, 보승(寶乘)은 탑호(塔號)이다. 탄문은 고려 태조로부터 별화상(別和尙)이란 칭호를 받았으며, 왕후 유(劉)씨가 임신하자 왕명(王命)으로 아들을 낳도록 기도를 드려 왕자(후일의 광종)를 낳게 했다고 하여 더욱 태조의 총애를 받았다.

 이어 제4대 광종이 즉위하자 탄문은 왕사로 추대되었다. 지방 호족들과 연합정책에 성공하여 후삼국을 통일한 고려왕조는 광종 즉위 이후 호족들을 숙청하고 왕권 중심의 중앙집권체제를 강화해간다. 이에 따라 광종은

법인국사보승탑비와 보원사지 부도

호족들의 비호를 받아온 선종(禪宗)을 배격하고 왕권 강화에 유리한 화엄종(華嚴宗)의 고승인 탄문을 지원했던 것이다.

탄문은 노후에 보원사에 기거하다가 광종 26년(975) 76세의 나이로 보원사에서 입적하였다. 법인국사보승탑비에는 탄문의 생애와 화엄종이 고려 왕실의 정신적 지주라는 내용 등이 담겨 있다.

부도는 승려의 사리나 유골을 안치한 것으로 원래는 붓다(buddha)를 번역한 것이다. 보원사지 부도는 여주 고달사지 부도 만큼 웅장하고 화려하지 않았지만 높이 4.7미터에 이르는 전형적인 팔각원당형 부도의 형태를 지니고 있다.

보원사지 부도의 하단부에는 각기 모습을 달리하고 있는 사자상을 한 개씩 조각하였으며, 그 위에는 구름에서 놀고 있는 용들의 모습을 조각하여 놓았다. 탑신부의 각 면에는 사천왕상 및 문틀의 모양이 보인다. 특히 부도의 정면에서 탑신부를 보면 문의 모양이 보이는데, 가운데 자물쇠 모양이 보인다. 여주 고달사지 부도의 탑신부에서 보았던 자물쇠가 새겨진 문 모양이 생각났다. 옥개석은 두껍고 큰 편인데, 추녀로 내려오면서 점차 얇아지고 있다.

부도의 상층부를 밑에서 본 모양

부도의 하단부

그러나 다행히도 상륜부에는 복발과 보륜이 남아 있다.

부도 바로 옆에는 법인국사 부도비가 장중한 느낌을 주면서 서 있다. 귀

普願寺址

보원사지 부도 (보물 제105호)

보원사지 법인국사보승탑비 (보물 제106호)

부의 거북이는 여의주를 물고, 코를 벌름거리며 정면을 응시하고 있다. 굵은 발톱은 땅에 굳건히 붙이고 있어 강렬한 느낌을 주고 있다. 뒤로 돌아가 보니 거북이의 꼬리는 또아리 틀 듯 조각하여 앙증스러운 느낌을 주고 있다. 이수는 두 마리의 용이 여의주를 가지고 놀고 있으며, 특이하게도 용이 사방에서 가운데의 용연으로 모이도록 조각하였다.

뒤에서 본 모습 (꼬리의 조각이 생동감이 넘친다)

거북등의 육갑문 무늬

법인국사보승탑비의 비문에 의하면, 법인국사가 개경에 머무르다 만년에 보원사로 들어오자 천여 명의 승려가 맞이했다고 하니, 과거 보원사의 규모를 짐작할 수 있다.

마침 부도와 탑비에 대한 보존 작업을 하기 위한 작업 차량이 한 대 올라왔다. 작업 인부 한 분이 듣기 좋은 사투리로 먼저 말을 건넸다.

그 분은 현재 보원사지 부도에 대한 보수 작업을 끝내고, 보존 작업 중이라고 하였다. 또한 보수 작업 중 부도 맨 위에 놓여 있던 유구 한 점을 탑비로 옮겼다고 한다. 이유는 부도 위에 놓여 있던 유구 두 점이 영 어색하여 정밀조사를 한 결과 탑비에 있던 유구가 부도 위로 옮겨진 것이 밝혀졌다고 한다.

설명을 듣고, 보원사지를 소개한 과거 사진들을 보니 부도와 탑비 맨 위쪽이 지금의 것과 다른 모양을 하고 있었다.

그 분은 보존 작업을 하고 찍었던 사진들을 보여 주었다. 사진을 자세히

과거 사진 → 현재 사진

보니, 부도에 대한 보존 작업으로 부도의 겉 표면 색깔이 조금 변해 있었다. 만약, 보존 작업을 하지 않고, 오랜 세월이 지나면 돌로 만든 유물들은 조금씩 부서진다고 한다.

자세한 설명을 듣고 부도를 다시 한번 살펴보니, 탑신부 곳곳에 탑의 기울기를 바로잡기 위한 아주 자그마한 스테인레스 조각들이 곳곳에 끼워져 있는 것이 보였다. 조상들의 역사 유물들을 우리 후손들까지 보여 주기 위해서 약간의 변형은 불가피한 듯 보인다.

부도의 기울기를 바로잡기 위해 넣은 스테인레스 조각

보원사지는 다른 폐사지와는 달리 건물이 있었던 주춧돌 등의 건물터 흔적이 얼른 눈에 띄지 않아, 절터의 흔적을 양쪽으로 찾아보았다. 보원사지 바로 옆에 있는 농가 쪽으로 걸어가다보니, 과거 계단의 흔적과 석축의 흔적이 희미하게 남아 있었다. 또한 건물이 있었던 흔적을 보여 주는 석재들이 여기저기 쌓여 있는 것이 보였다.

아쉬움을 뒤로 하고 냇물을 건너려니 건물을 짓기 위해 냇가에 쌓았던 석축이 우거진 수풀 사이로 희미하게 보였다. 보원사지에 있었다고 전해지는

계단 및 석축의 흔적

건물의 주춧돌로 사용되었던 석재

백여 개의 암자들와 절터, 그리고 석축들의 흔적이 눈에 띄지 않는 곳 여기저기에 흩어져 있었다.

 과거 보원사는 고려 왕실의 절대적인 지지와 후원을 받으며 성장했던 사찰이다. 그러다가 조선의 이씨 정권으로 바뀌면서 사찰 존립의 근거가 위협받았을 것으로 생각된다. 종교가 정권의 시녀로 변할 때, 결국에는 종교가 정권의 희생양이 되어 언젠가는 위태로운 지경에 빠지게 되는 것이다.

 보원사지를 떠나면서 종교와 정치 사이의 관계를 다시 생각해 보건데, 종교는 어떠한 이유에서라도 권력과 결탁되어서는 안된다는 생각이 들었다. 비록 종교와 정치는 바뀌어 천 년이 넘는 세월이 흘렀지만 보원사지에는 탑과 부도, 비문만이 남아서 과거의 역사를 말없이 보여 주고 있다.

[논산] 개태사지

開泰寺址

백제의 기를 누르기 위해 세운 절

논산은 고려·백제는 물론 후백제와 연관이 있는 곳이다. 현재 논산군 연무읍 금곡동에 후백제 견훤의 무덤으로 알려져 있는 묘가 존재한다. 또한 논산군 부적면 탑정 저수지 옆 신풍리에는 계백장군의 묘가 있다.

논산에는 백제 최후의 전투가 벌어졌던 황산벌도 있다. 개태사지 가는 길에 잠시 계백장군의 묘에 들렸다. 황산벌 전투에서 패한 계백장군의 시신을 백제 유민들이 이곳에 은밀하게 가매장한 것으로 알려져 있다. 쓰러져

계백 장군의 묘

가는 조국을 위해 자기 가족들을 먼저 죽이고, 장렬하게 생을 마감한 충신의 나라 사랑하는 마음이 전해지는 듯하다.

『고려사』와 『여지도서(與地圖書)』에 의하면, 개태사는 고려 태조 왕건이 후백제 견훤의 아들 신검의 항복을 받아 후삼국을 통일한 기념으로 창건되었다. 개태사는 '만세태평의 시대를 연다'는 의미를 지니고 있으며, 왕건이 후백제를 무너뜨린 기념으로 4년 간에 걸쳐 태조 23년(940)에 창건한 고려의 국립 대사찰이다. 통일대업을 부처와 하늘의 도움으로 이룩했다는 의미에서 개태사 뒷산인 황산(黃山)의 이름도 '하늘의 보살핌이 있다'는 천호산(天護山)으로 바꾸었다.

개태사의 창건 목적은 오랫동안 전쟁으로 지칠대로 지친 패자의 지역에서 부처님의 음덕으로 지기(地氣)를 누르고 전쟁의 상처를 부처님의 위엄으로 덮어 보려는 의도가 엿보인다. 이후 개태사는 태조 왕건의 진영을 모신 전형적인 호국사찰이 되었다. 과거 개태사는 규모가 웅장하여 개태사 경내는 하나의 촌락을 이루었고, 승려가 수천 명에 달하였다고 한다.

특히 고종 때 팔만대장경 교정불사를 수행하면서, 고려국 신조대장 교정별록 30권을 저술하고, 이를 대장경에 편입시켜 현재 해인사 장경각에 경판으로 보존되고 있다.

그러나 개태사는 고려 말 우왕 중엽 왜구의 빈번한 약탈과 방화로 폐사되었다고 하며, 또는 대홍수와 이로 인한 산사태로 폐찰되었다고 전해지기도 한다. 과거 개태사 주변에는 사찰을 수호하기 위하여 만든 6킬로미터에 달하는 토성이 있었다고 한다. 또한 승병이 주둔하였다고도 하는데, 현재 개태사지(충청남도 지정 문화재기념물 제44호)에는 옛 모습은 찾을 수 없고, 대부분 농경지로 변해 있었다. 그러나 초석과 석축 등의 흔적이 남아 있으며, 절을 둘러싸고 있던 성들의 흔적을 여기저기에서 볼 수 있다.

현재 남아 있는 유물로는 개태사에 보존되어 있는 석불입상과 오층석탑, 철확, 연산 천호리 용화사에 보존되어 있는 비로자나불상, 금동대탑(金銅大塔, 국보 제213호, 호암미술관 소장) 그리고 근래에 발견되어 국립부여박물관에 보관되어 있는 청동제 대형 반자(징) 등이 남아 과거의 영광을 말없이 보여 주고 있다.

개태사지를 살펴보기 위해 현 개태사의 동북쪽 방향에 위치한 산자락 아래의 동네로 발길을 옮겼다. 개태사 진입로 쪽에서 바라보는 개태사지는 뒤쪽으로는 천호산 자락 아래에 자리잡고 앞으로는 탁트인 지형으로, 풍수지리상으로는 계룡산 줄기가 아랫방향으로 뻗어내려간 산태극(山太極) 경로에 해당된다고 한다.

과거 개태사가 있던 마을로 가기 위해 논길을 걸어가는 동안 가장 먼저 눈에 띄는 것이 과거 성곽의 흔적이다. 논두렁은 물론 각 마을집의 돌담들이 과거 성곽의 흔적을 보여 주고 있다.

집의 돌담들

개태사지 석조 (충청남도 문화재자료 제275호)

오른쪽의 개울가를 끼고 마을로 들어가는 입구에 땅속에 묻혀 있는 석조(石槽)가 보인다. 더 이상의 마모를 방지하기 위하여 땅에 묻힌 채 보존하고 있었다. 개태사지 석조는 본래 있던 자리에 지금까지 보존되어 있어 과거 개태사지의 고증에 좋은 자료를 제공해 주고 있다.

석조를 지나자 과거 개태사의 중심 지역이었던 곳이 보인다. 개태사지를 알리는 안내표지판과 함께 과거 절터임을 보여 주는 석축이 나타난다. 개태사지 이곳저곳에 과거 흔적을 보여 주는 장대석들이 보인다. 과거 개태사의 중심지 법당으로 여겨지는 곳을 살펴보니 과거 태조 왕건의 영정을

개태사지를 알리는 안내표지판과 과거 석축의 흔적

태조 왕건 영정을 걸기 위한 두 개의 구멍을 가진 돌들

왼쪽에 있는 구멍 있는 돌

가운데 돌

오른쪽에 있는 구멍 있는 돌

걸어놓았을 것으로 추정되는 두 개의 구멍과 그 주위에 초석들이 보인다. 영정을 걸기 위해 양쪽 구멍에 기둥을 끼우고, 그 기둥 사이에 태조 왕건의 영정을 걸었던 것이다. 두 개의 구멍 사이의 가운데 돌에는 과거 영정을 모시던 흔적을 훼손하기 위한 자국들이 선명하게 보인다. 마을 주민의 말에 의하면, 과거 일제시대 일본인들의 만행이라고 말씀하신다.

밭에서 일을 하고 있던 할아버지는 과거 이 지역에서 금동불상들이 몇 개 출토되었다고 한다. 그때만 해도 살림이 어려웠던 시절이라 금동불상 한 개를 쌀 일곱 가마니하고 바꿔 생활에 보탰다고 한다. 또한 도자기 등이 출토되었는데, 외지사람들이 와서 전부 사 가지고 갔다 한다. 아쉽게도 과거 폐사지에 대한 보호 및 관리가 전혀 안 되었을 때 이미 많은 유물들이 반출되었던 것이다.

과거의 장대석

논산시청에서 개태사지 정비사업을 알리는 안내표지판이 눈에 띈다. 개태사지 정비를 위하여 과거 개태사지 일대의 토지를 취득하여 정비하려는 것이다. 늦게나마 다행스런 일이다.

정비사업을 알리는 안내판

산자락 아래쪽에 위치한 현 개태사로 발길을 돌렸다. 과거 개태사의 이름을 그대로 사용하고 있지만, 과거 개태사의 중심 지역으로부터 훨씬 아래쪽 평지에 자리잡고 있었다. 개태사의 돌담을 보니 아래쪽은 과거 석축들의 돌을 사용한 흔적이 보인다.

개태사에는 특이하게

개태사 돌담

단군을 모시는 창운전(創運殿)이
있다. 개태사의 창운전은 과거 불
교사상에 민간신앙이 흘러들어간
흔적을 엿볼 수 있게 해 준다. 개
태사 앞마당에 과거 건물의 주초
석으로 사용되었을 것으로 추정
되는 석재들이 보인다.

개태사 마당에 놓여 있는 석재

개태사에는 일명 '개태사 철확'이라고 불리는 한국에서뿐만 아니라 동양
최대의 가마솥이 보존되어 있다. 지름 3미터, 높이 1미터, 둘레 9.3미터나
되는 큰 무쇠가마솥(철확)이며, 고려 태조 왕건이 개태사를 세우고 승려 오
백여 명의 밥지을 솥으로 하사한 것이라고 전한다.

현재 철확에는 솥뚜껑이 없는데, 솥뚜껑에 얽힌 이야기가 전해오고 있다.

철확 (충청남도 민속자료 제1호)

고려 태조 왕건이 개태사를 창건한 이후에 절이 날로 번창하였는데, 어느 스님 한 분이 개태사에 와서 향후 대홍수가 날 것이니, 이 큰 무쇠솥으로 삼존석불로 향하는 물길을 막으면 석불은 안전할 것이라고 말하였다. 그 후 대홍수가 났고, 가마솥 덕분에 삼존석불은 안전하였다.

가마솥은 떠내려간 것을 나중에 찾았으나 솥뚜껑은 찾지 못하였다고 한다. 지금도 솥뚜껑은 어딘가 숨어 있어 가끔 쇠울음소리가 땅에서 들려온다고 한다. 나라에서 백성들을 괴롭힐 때면 땅 어딘가에 숨어 있는 솥뚜껑의 울음소리가 들려온다고 한다.

개태사 철확은 어떠한 철로 만들었기에 천년 세월 동안 부식되지 않고 견디어 왔는지 궁금한 생각이 든다. 그 당시 철 주조술이 상당한 경지에 이르렀음을 보여 주고 있다. 일제 강점기 때 일본으로 가져가려다 부산항 부두에서 움직이지 않자, 다시 서울국립박물관에 보관하다가 현재 자리로 옮겨 왔다는 이야기가 전해 내려오고 있다.

개태사지 오층석탑 (충청남도 문화재자료 제274호)

개태사 오층석탑은 개태사지 제일 북쪽 건물지에 있던 것을 현재 위치로 옮겨 놓은 것이다. 탑 앞에 둥근 모양의 돌이 놓여 있는데, 탑의 상륜부 부속 석재로 여겨진다. 이 둥근돌을 들기만 하면 복을 받는다고 하여 민간신앙의 대상이 되고 있기도 하다. 이 탑은 1층 탑신 이하와 상륜부가 없어져 전체적인 모양을 알 수 없으나, 고려시대 석탑 양식을 따르고 있다.

석불입상이 모셔져 있는 용화대보궁(龍華大寶宮)이라는 간판이 걸려 있는 건물이 보인다. 건물의 문을 살짝 열고 들어가자, 몇몇 분들이 예배를 하고 있었다. 조용한 걸음으로 들어가 살짝 사진을 찍으려고 하는데, 기둥에 '사진촬영금지'라는 글귀가 보인다. 실례를 무릅쓰고 빠른 속도로 몇 장을 찍었다.

석불입상은 가운데 본존의 높이가 4.15미터, 왼쪽 협시보살상이 3.53미터, 오른쪽 협시보살상은 3.46미터이며, 고려시대 초기 지방색을 띠고 있는

개태사지 석불입상 (보물 제219호)

단군상을 모신 전각(창운전)

석불이다. 이 석불입상은 매우 건장한 체구에 넓은 얼굴, 굳어 있는 표정, 머리띠 장식, 마치 장갑을 낀 것 같은 두툼한 손, 통통한 몸집, 선명한 발톱 등 전반적으로 조각의 선이 굵고 강한 느낌을 주어 후삼국을 통일한 굳건한 기상이 잘 드러나 있는 고려시대의 대표적인 석불이다. 마치 기골장대한 늠름한 무인(武人)의 모습이 느껴진다. 그러나 석불입상이 마을 사람들로부터는 미륵으로 알려져 있으며, 지금도 미륵삼불이라 불리기도 한다.

고려 태조 왕건이 후백제 세력을 진압하기 위해 세운 개태사는 이제 논과 밭으로 변하고 말았다. 과거 개태사는 단군의 한 자손들이 서로 피비린내 나는 싸움을 하고 나서, 부처님의 음덕을 빌어 전쟁의 상처를 치유하려던 옛 조상들의 마음이 깃들여 있는 곳이기도 하다. 이러한 개태사에 단군상을 모신 전각이 있다는 것은 어쩌면 비록 싸움을 했을지언정 그래도 우리는 한 핏줄임을 보여 주기 위한 것이 아닐까 생각해 본다.

10 **Chungcheong**buk-do*

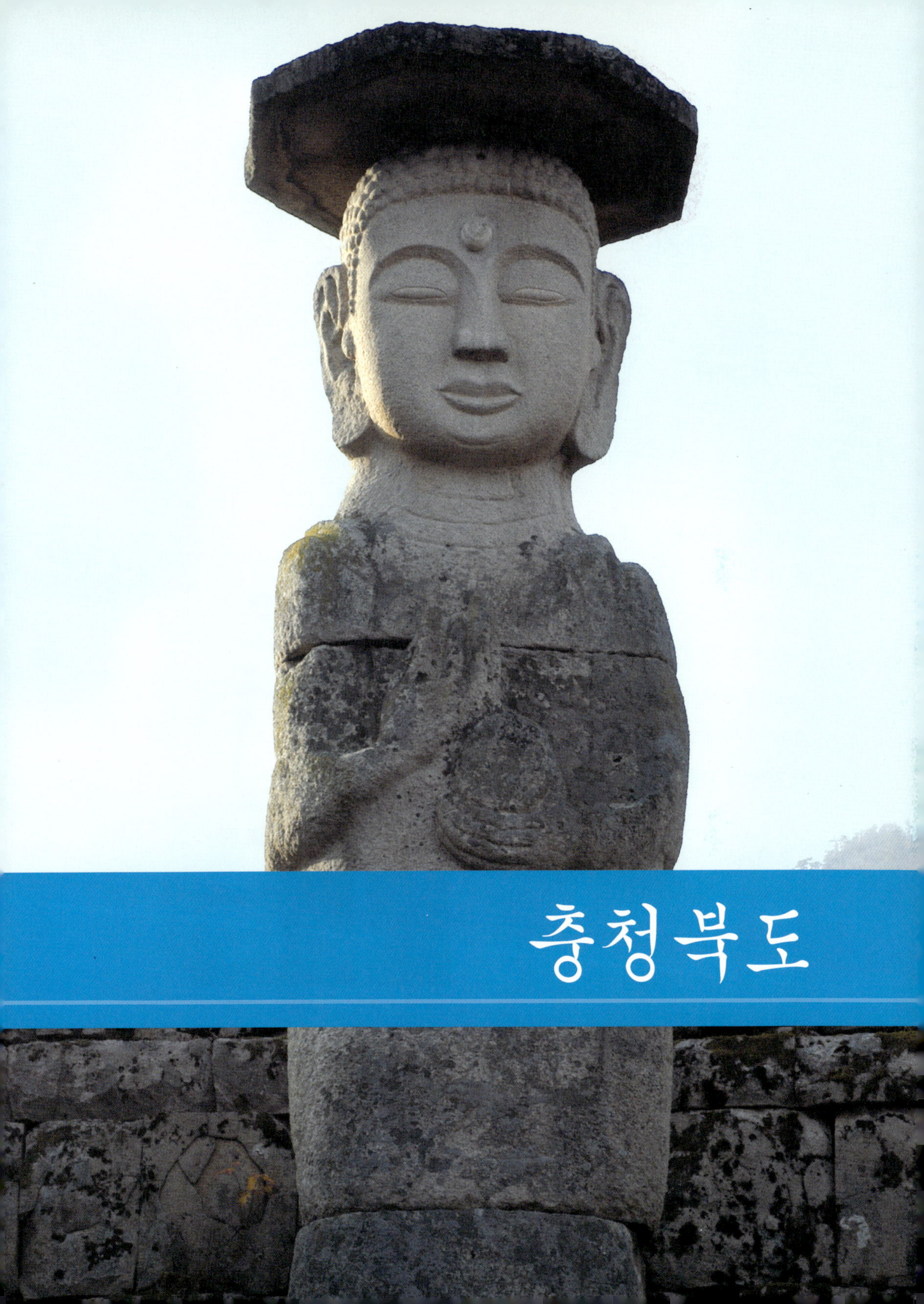

충청북도

[청주] 흥덕사지

興德寺址

금속활자본 『직지』를 인쇄한 곳

직지의 고장 청주를 알리는 간판

우리나라는 세계에서 가장 먼저 금속활자를 사용한 민족이다. 청주 흥덕사지(사적 제315호)는 세계에서 현존하는 가장 오래된 금속활자본인 『직지』를 찍어낸 자랑스런 옛 절터이다.

중부고속도로 서청주 인터체인지를 돌아 청주 시내로 들어가는 길목에 가장 먼저 눈에 띄는 간판이 있는데, 거기에는 '직지의 고장 청주' 라는 문구가 자랑스럽게 쓰여 있다.

흥덕사지는 산수 우거진 한적한 산골에 있는 것이 아니라, 청주 시내 '흥덕구'에 위치하고 있다. '흥덕'은 바로 『직지』가 인쇄된 흥덕사지의 이름에서 빌린 것이다. 흥덕사지는 서쪽의 양병산(養兵山)이 남으로 내려오다가 흥덕사지의 북쪽과 남쪽의 상·하봉이 동쪽으로 나 있고, 청주 시내와 무심천(無心川)이 내려다보이는 동향의 지세에 아늑하게 자리잡고 있다.

청주시에서는 오랫동안 흥덕사지를 찾기 위해 많은 노력을 해왔다. 1984년 12월부터 한국토지공사에서 청주시 '운천지구택지개발사업'을 시작하게 되자 충청북도에서는 개발사업에 앞서 불교 유물의 출토 등으로 알려져 있던 운천동사지에 관한 발굴의 필요성을 인정하고, 그 해 11월부터 청주대학교 박물관에 의뢰하여 '운천동사지발굴조사'를 진행하게 되었다. 그 결과 주춧돌과 치미, 기와 조각 등을 찾아냈지만, 공사가 계속되는 바람에 운천동사지의 중심에 해당되는 금당지 있는 곳까지 흙을 반출하여 택지를 조성하는 어리석음을 저지르고 말았다. 그리하여 많은 유물들이 부서지거나 사라졌다.

1985년 충청북도 문화재위원회에서 긴급 발굴을 결의하고, 전면 발굴조사를 시작하였다. 이러한 전면 발굴조사를 통하여 청동소종(靑銅小鐘), 청동금강저(靑銅金剛杵), 청동금구(靑銅禁口 : 옛날 절에서 사용하던 청동으로 만든 북, 마치 꽹과리를 크게 만든 것과 비슷함) 등의 유물 25점을 찾아내었다. 또한 택지공사로 훼손된 지역에서 '흥덕사'라는 글씨가 있는 청동으로 만든 북과 '황통 10년 흥덕사'라고 새겨진 청동 불발(佛鉢 : 절에서 사용하는 큰 그릇을 가르키는 말이며, 발(鉢)이란 밥그릇을 의미함) 등이 발굴되었다. 황통(皇統 : 중국 금나라에서 사용하던 연호) 10년은 고려 의종 4년(1150)에 해당되어 흥덕사의 연혁을 밝힐 수 있는 중요한 자료가 되었다. 이로써 『직지』를 인쇄했던 흥덕사의 위치가 확인되었다.

'흥덕사'라는 절 이름이 처음 세상에 알려진 것은 유네스코(UNESCO, 국제연합교육과학문화기구)에서 '세계 도서의 해(International Book Year)'로 지정했던 1972년부터이다. 프랑스 국립도서관은 그 해 세계 최고 오래된 금속활자 인쇄본인 『백운화상초록불조직지심체요절 권하(白雲和尙抄錄佛祖直指心體要節 卷下)』를 처음으로 세상에 소개하였다. 그 『백운화상불조직지심체요절』에 '고려 우왕 3년(1377) 7월 청주목 흥덕사에서 인쇄'라는 기록이 있다.

『직지(直指)』의 원명은 『백운화상초록불조직지심체요절(白雲和尙抄錄佛祖直指心體要節)』이다. 백운화상(白雲和尙, 1299~1375)은 『직지』를 쓰신 스님으로 법명은 경한(景閑)이고, 백운(白雲)은 그의 호이다. 『백운화상초록불조직지심체요절 권하(白雲和尙抄錄佛祖直指心體要節 卷下)』에서 초록(抄錄)은 중요한 부분만을 기록했다는 뜻이며, 불조직지심체요절(佛祖直指心體要節)은 부처님과 조상님의 가르침을 바르게 깨닫는 데 중요한 것은 마음과 몸이라는 뜻이다. 즉, 참선하여 사람의 마음을 바르게 볼 때 그 마음의 본성이 곧 부처님의 마음임을 깨닫게 된다는 뜻이다. 또 여기서 권하(卷下)란 이 책이 상·하 두 권으로 나누어 있는데, 그 가운데 하권이라는 뜻이다.

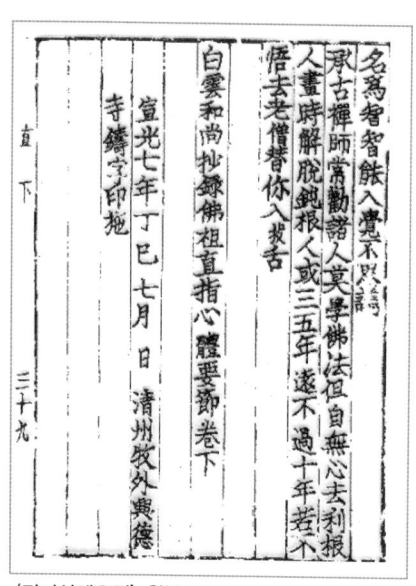
'직지심체요절' 원본

『백운화상초록불조직지심체요절』은 보통 『직지심체』, 『직지』라고도 하며 현재 세계에서 가장 오래된 금속활자로 찍은 책이다. 상·하권으로 된 『직지』는 현재 하권 1책만이 프랑스 국립도서관 동양문헌실에 소장되어 있다. 『직지』 하권 1책이 프랑스 국립도서관으로 가게 된 경위는 다음과 같다.

조선말 서울에 근무했던 프랑스 외교관 콜랭 드 프랑시(Collin De Plancy, 1853~1922)가 우리나라에 근무하면서 고서 및 각종 문화재를 수집하였는데, 그 속에 『직지』가

포함되었던 것이다. 그 후 프랑스로 가져갔으며, 프랑스에서 경매를 통해 베베르(Henri. Vever, 1854~1943)라는 사람이 구입하였고, 1950년 그 사람이 죽으면서 프랑스 국립도서관에 기증함으로써 현재까지 전해지게 되었다.

 또한 이 책을 찾아낸 사람은 프랑스 국립도서관에 근무하던 박병선 박사로 이 분이 수많은 옛날 책 중에서 『직지』를 발견하여 세계도서전시회에 내놓아 햇빛을 보게 된 것이다.

 『직지』란 '직지인심 견성성불(直指人心 見性成佛)'이라는 선종에서 유래된 것이다. 『직지』는 '직접 다스린다', '바른 마음', '직접 가르친다', '정확하게 가르친다' 등의 뜻으로 쓰인다.

 『직지』를 불교 경전인 『금강경』이나 『반야심경』과 같이 『직지심경』이라고 하는 것은 『직지』가 불경이 아니므로 바르지 않다. 지금까지 『직지』가 『직지심경』으로 잘못 알려지게 된 연유는 1972년도 프랑스 국립도서관에서 책 전시회 출품 목록을 작성할 때 '직지심경'이라고 오기한 데서 비롯되었다.

 『직지』는 상·하 2권 중 불행히도 상권은 전해지지 않고, 하권만 39장, 매 장 11줄씩, 각 줄마다 19~20자씩 인쇄되어 전해지고 있다. 『직지』는 백운스님의 제자 석찬(釋璨)과 달담(達湛)이 비구니 묘덕(妙德)의 시주(施主)를 받아 청주 흥덕사에서 금속활자로 간행한 책이다.

 우리가 많이 알고 있는 독일의 구텐베르그(Gutenberg, 1400~1468, 독일인으로 근대 활판인쇄술의 발명자)는 『직지』보다 78년 늦은 1433년에 『42행 성서』를 금속활자로 인쇄하였다.

 『직지』는 현재 프랑스 국립도서관에 있지만, 2001년 6월 청주에서 열린 '제5차 유네스코 세계기록유산국제자문회의'에서 현존하는 세계 최고(最古)의 금속활자본으로 공식 인증되어 '세계기록유산(Memory of the

World)'으로 등재되었다. 우리나라가 1991년 유엔에 가입할 때 기념으로 기증한 것도 한글로 된 최초의 금속활자본 『월인천강지곡』 활자판이었다.

청주시에는 9월 4일을 '직지의 날'로 정하고, 매년 직지축제를 열어 직지의 창조정신을 기리고 있다. 또한 2004년 유네스코에서는 '직지상'을 제정하여 2년에 한 번씩 기록문화 보호에 기여한 사람이나 단체에 시상하기로 결정하였다.

청주 고인쇄박물관 정문에서 수위에게 흥덕사지의 위치를 물으니, 잠깐 나를 쳐다보았다. 흥덕사지는 고인쇄박물관과 함께 자리잡고 있었다. 고인쇄박물관이 생긴 것은 바로 흥덕사지 때문이다. 고인쇄박물관은 마치 접시를 엎어 놓은 모양을 하고 있다. 정문에서 바라보면 앞에는 고인쇄박물관이 위치하고 있으며, 오른쪽에는 흥덕사지가 자리잡고 있다.

흥덕사지와 청주 고인쇄박물관 입구 전경

복원된 삼층석탑과 금당(법당)

　오른쪽 계단으로 올라가니 흥덕사지의 전경이 한눈에 들어온다. 아담한 석탑과 금당의 모습이 푸른 가을 하늘과 어울려 한층 아름답게 보였다.
　과거 흥덕사 사찰은 대략 9세기에 창건되어 14세기 말 또는 15세기 초까지 존속하였으나, 그 후 화재로 소실된 후 완전히 폐사된 것으로 추측된다.

　흥덕사지 안내판을 보니, 과거 흥덕사를 복원한 모습을 그려 놓았다. 흥덕사는 남향의 단탑(單塔) 절로써 중심축에 중문·탑·금당·강당이 있고, 이들 좌우로 동·서 회랑이 돌려진 삼국시대의 전통적인 건물 배치였던 것으로 추정된다.
　1991년 정면 5칸, 측면 3칸의 겹처마 팔작지붕의 금당과 삼층석탑을 복원하고, 회랑터와 강당터는 주춧돌이 드러나도록 잔디를 심어 깨끗이 정비하여 놓았다.

천천히 발걸음을 금당으로 옮겼다. 흥덕사지의 금당은 발굴된 지붕 위의 큰 기와인 '치미'의 크기에 맞추어 복원한 것이다.

그러나 금당 앞의 삼층석탑은 너무 말쑥한 것이 왠지 옛 절터와는 어울리지 않아 보인다. 금당을 들여다보니, 대웅전 안에는 철로 된 부처(철불)가 모셔져 봉안되어 있었다. 이 부처는 철로 된 부처가 있었다는 유적이 발견되었기 때문에 철불로 만들어 모신 것이라고 한다.

흥덕사지는 이미 복원되어 옛날의 흔적을 많이 지우고 있었다. 잔디밭 한쪽 편에는 과거에 출토되었던 주춧돌 등의 돌들을 나란히 옮겨놓았다. 과거 흥덕사지 옛 터에 그대로 있었다면 하는 아쉬움이 남는다.

돌들을 자세히 살펴보니, 연꽃 무늬가 선명하게 조각되어 있는 주춧돌도 보인다.

금당 뒤편 강당지 서편에 있는 작은 건물터의 바닥에는 특이하게 벽돌이

금당 안의 철불

발굴 당시 출토되었던 돌들

연꽃 무늬가 선명한 주춧돌

벽돌 깔은 집터

깔려 있다. 다른 건물터와는 달리 바닥에 벽돌이 깔려 있어서 혹시 인쇄 관련 공방이었거나, 기타의 경판을 보관하였던 경판각(經版閣)으로 추정되고 있다.

흥덕사지는 지금까지의 절터와는 다른 모습을 보여 주고 있었다. 오히려 복원하는 과정에서 과거의 절터 원형 흔적은 거의 찾아볼 수 없게 되었다. 하여튼 깨끗이 정리된 흥덕사지는 지금까지 보아온 어지러운 절터와는 전혀 새로운 느낌을 주고 있다. 그것은 너무나도 잘 정돈되어 인위적인 요소가 강하게 느껴지기 때문일 것이다.

고인쇄박물관은 『직지』와 금속활자, 그리고 인쇄에 관한 자료들이 잘 정리되어 있었다. 전시실에는 인쇄문화실과 흥덕사지 유물실, 각종 고서와 인쇄기구들이 구역별로 나누어 전시되어 있었다. 특히 금속활자 인쇄 과정을 여러 단계로 나누어 애니메이션으로 연출하여 초보자들도 이해하기 쉽게 전시되어 있었다.

아쉬운 마음으로 발길을 돌렸다. 정문을 나서는데, 옆에 세워둔 차가 보인다. 차에는 청주시에서 『직지』를 찾고 있다는 글이 쓰여 있다. '청주시에서는 현존 세계 최고의 금속활자본인 직지를 찾고 있습니다' 라는 문귀가 보인다. 현재 프랑스 국립도서관에 보관되어 있는 『직지』의 하권 외에 상권을 찾기 위한 노력이 계속되고 있었다. 현재 『직지』가 있는 곳을 알려 주면 1억원의 보상금을 준다고 했지만 아직 찾지 못하고 있다.

과거 정부에서는 프랑스의 고속열차(TGV) 도입을 계기로 반환 협상을 하였지만 잘 되지 않았던 모양이다. 프랑스 정부는 외규장각 고문서에 대한 반환은 안되고 교환 대여 방식을 취하고 있는 실정이다. 그러나 여기에 『직지』는 당연히 제외되어 있어 안타까움을 더하고 있다. 우리네 조상의 얼

차에 쓰여 있는 '직지'를 찾는 글

과 혼·창조정신이 담긴 이 귀중한 유산을 다른 나라에서 볼 수 있다는 현실에 가슴이 저려왔다.

우리나라에는 또 『직지』이외에 『무구정광대다라니경』이라는 목판 인쇄본이 있는데 이것은 불국사 석가탑을 해체·복원하는 과정에서 발견되었으며, 세계에서 가장 오래된 목판 인쇄본이다. 여기에는 연대 표식이 없지만 불국사 석가탑을 만든 연대가 751년 이전이기 때문에 거기에 비추어, 『무구정광대다라니경』도 751년 이전에 만들어졌음을 알 수 있다.

흥덕사지를 떠나면서 생각했다. 흥덕사지는 『직지』의 요람으로써 세계 금속활자인쇄사에 영원히 남게 될 것이다. 『직지』는 우리 조상이 이 지구상에서 최초로 금속활자를 창안·발전시킨 슬기로운 민족임을 증명해 주는 귀중한 문화유산이다. 즉, 『직지』의 위상이 곧 흥덕사지의 위상이며, 흥덕사지의 위상이 곧 『직지』의 위상과 직결되는 것이다.

서청주 인터체인지를 돌아 청주 시내로 들어오면서 보았던 간판이 다시 생각났다. '직지의 고장 청주'. 과거 흥덕사에서 금속활자로 만든 『직지』는 현재 청주시를 대표하는 간판 글씨가 되어 있었다.

현재 유네스코에 등재된 우리나라 문화재는 다음과 같다.
* 기록유산 : 『훈민정음 해례본』, 『조선왕조실록』, 『직지』, 『승정원 일기』
* 문화유산 : 종묘, 창덕궁, 해인사 장경판전, 석굴암과 불국사, 경주 역사 유적지구, 고창·화순·강화의 고인돌, 수원의 화성
* 무형문화재 : 판소리

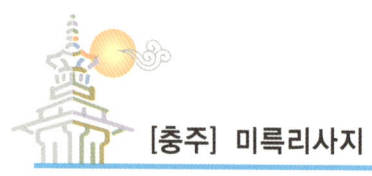

[충주] 미륵리사지

彌勒里寺址

국내 유일의 북향 불상이 있는 곳

충청북도 충주시 상모면 미륵리에 위치하고 있는 미륵리사지(사적 제317호)의 안내판에는 '중원 미륵리사지'로 표기되어 있다. 중원(中原)은 남한강 줄기를 끼고 있는 충주지역을 말한다. 중원이란 문자 그대로 국토의 중심부란 의미를 갖고 있다. 그래서 충주지역에 형성된 문화권을 중원문화권이라 하며, 고대 삼국의 국경과 문화가 서로 첨예하게 마주쳤던 접점지역이기도 했다.

미륵리사지는 지릅재와 하늘재 사이의 분지에 위치하고 있다. 미륵리사지는 동쪽으로 포암산, 서쪽으로 신선산, 남쪽으로 주흘산, 북쪽으로는 월악산의 동서남북 네 산의 기운이 모여드는 지점에 위치한 명당 가운데도 으뜸으로 꼽는 천심십도혈(天心十道穴 : 사방이 산으로 둘러싸여 네 개의 산을 선으로 그었을 때, 그 십자의 중앙에 혈이 있다고 본다) 명당자리에 위치하고 있다.

서울에서 미륵리사지를 가기 위해서는 수안보 온천을 지나, 지릅재를 넘어야 한다. 지릅재는 현재 충주 미륵대원으로 가는 길에 있는 고개이다. 지릅재가 포암산을 향해 오다가 북쪽으로 꺾이는 부분에서 동달천(계립천〈鷄立川, 닭의 글자가 들어가면 으뜸이란 의미가 된다. 예를 들면, 신라에서 제일 신성한 장소를 계림(鷄林)이라 하였다)이라고 불리기도 함)이 시작된다. 동쪽의 하늘재를 넘으면 옛날 신라땅으로, 현재 행정구역상 경상북도 문경시 문경읍 관음리 지역이다. 포암산을 가운데 두고 남쪽지역의 관음리와 북쪽지역의 미륵리로 나뉜다. 관음리는 옛날 관음보살상이 많았던 곳이고, 미륵리는 미륵보살상이 많았던 지역이기 때문에 이런 이름들이 붙여졌다고 한다. 이는 또한 과거 하늘재를 중심으로 양쪽지방의 사상 및 문화가 달랐다는 것을 보여 주는 증거이기도 하다.

『삼국사기』에 의하면, 지릅재는 신라 아달라왕(阿達羅王) 3년(156)에 개척된 것으로 기록되어 있다. 즉 같은 아달라왕(158) 때에 개척된 죽령보다 2년 앞서 개통되었다. 지릅재의 개통으로 영남·북을 서로 이어주는 길이 열린 것이다. 비로소 백두대간을 중심으로 남북의 문화가 하나가 되는 계기가 마련된 것이다.

따라서 미륵리사지를 중심으로 한 지릅재는 영남지역과 한강 이북을 연결하는 교통 중간기착지로서 문물의 왕래가 빈번하였고, 군사적으로도 중요한 위치를 차지하고 있었다. 특히 후삼국에서 고려 초기에는 각국 세력들의 각축장이 되었던 곳이다. 지릅재 주변의 덕주산성을 비롯한 많은 성곽들과 불교 유적들이 이를 증명하고 있다.

미륵리사지의 북쪽으로는 덕주사(德周寺)를 비롯하여 사자빈신사지(獅子頻迅寺址), 월광사지(月光寺址), 신륵사지(神勒寺址) 등과 미륵석굴 및 마애불상들이 있다. 지릅재와 하늘재를 거쳐 문경으로 통하는 길에도 관음리사지 등의 절터가 남아 있다. 이외에도 과거 운반 수단으로 말을 사용한 흔적을 보여 주는 역원(驛院)이 있다. 미륵리사지의 역원과 관음리의 역원 터가 아직 남아 있다.

그러나 미륵리사지는 오랫동안 폐사지로 전해졌을 뿐, 최근까지 사찰의 명칭이나 건립된 시기 등에 관한 자료는 전해지지 않는다. 다만, 통일신라 말 중앙의 지배력 약화를 틈타 지방에서는 호족들이 세력을 넓히고 있었을 때, 충주지역의 대표적인 호족인 충주 유(劉)씨 유긍달의 딸이 태조 왕건의 세 번째 부인이 되었다. 이러한 호족들이 새로운 시대인 고려시대의 주도 계층으로 성장하기 시작하는 시기에 아마도 지방 호족들에 의해 미륵리사지가 건립되었을 것으로 추정된다.

1970년대 발굴조사를 통해 '미륵당(彌勒堂)'이라는 글자가 새겨진 기와 조각이 출토되면서 사찰의 역사가 밝혀지기 시작하였다.

이 절의 창건에 대해서 가장 널리 알려진 것은, 신라의 마지막 왕자인 마의태자가 망국의 한을 품고 금강산으로 가는 길에 이곳 미륵리에 절을 짓고, 석불을 세웠다는 것이다. 그 때 마의태자의 동생인 덕주공주는 미륵리 절의 북쪽에 덕주사를 짓고, 남쪽방향 암벽에 마애불을 새겨 오빠가 만든 불상(석불입상)과 서로 마주보게 했다고 한다. 그러나 힘이 없어진 통일신라의 왕자 마의태자가 홀홀단신으로 웅장한 절을 건립하기는 어려웠을 것이다.

미륵리 절터로 가는 길목에 개울이 있고, 조그만 다리가 보인다. 미륵리사지는 하늘재 방향과 주흘산 방향의 양쪽에서 마치 'Y'자형으로 물길이 합쳐져 물의 양이 풍부한 곳에 위치하고 있었다. 물의 수량이 많다는 것은 바로 과거 절의 규모와 상주하는 사람들의 숫자를 추정할 수 있는 유력한 근거이기도 하다.

미륵리사지 입구에서 절터 방향으로 바라보면, 땅에 쓰러져 있는 당간지주, 검은 색깔의 커다란 돌거북, 오층석탑, 석등, 과거 절터의 흔적으로 보이는 각종 기단 그리고 멀리 석축 가운데 서 있는 석불입상이 보는 이를 압도한다. 절터의 면적은 사천삼백여 평으로 각종 석조물들로 가득 채워져 있는 거대한 불교 박물관을 연상하게 한다.

미륵리사지 절터의 특징은 다른 절들과는 달리 남쪽을 등지고, 북쪽을 향해 있다는 것이다. 가장 안쪽에 석불입상이 서 있고, 그 앞으로 석등과 오층석탑이 일직선으로 북쪽을 향해 놓여 있는 단탑식 사찰 구조를 가지고 있다.

입구에서 가장 먼저 눈에 띄는 것은 왼쪽에 서 있는 커다란 돌이다. 아마 일주문의 흔적으로 생각되어진다. 오른쪽으로는 땅에 쓰러져 있는 당간지주가 보인다. 당간지주에는 소박하지만 단아한 연꽃 무늬가 돋음새김으로 조각되어 있다. 그런데 안타깝게도 한쪽 당간지주의 연꽃 무늬가 갈라져 있다.

미륵리사지 입구에서 바라본 전경

땅에 쓰러져 있는 당간지주

돋음새김의 연꽃 무늬

 우리나라에 있는 당간지주 중에서 바깥면에 연꽃 무늬를 조각한 것은 이 곳 미륵리사지 당간지주와 경주 보문리 당간지주 두 기뿐이다. 경주 보문리 연꽃 무늬 당간지주와 충주 미륵리 연꽃 무늬 당간지주, 그리고 경주의 석굴암과 충주 미륵리의 석굴사원를 비교해 볼 때 문화 전달의 흐름을 알 수 있는 중요한 증거자료이기도 하다.

 당간지주를 지나 조금만 걸으면 북쪽을 바라보고 있는 검은색의 거대한 돌거북을 만나게 된다. 미륵리사지의 돌거북은 우리나라 최대 규모의 거북 모양 비석 받침돌이다. 거북등의 껍데기 모양은 생략되어 있으나, 왼쪽 어

돌거북(길이 605센티미터, 높이 180센티미터)

깨 부분에 작은 거북 두 마리가 기어올라가는 앙증맞은 모습이 보인다. 거북이 등에는 비석을 세운 비좌 흔적이 보이나, 비석의 행방은 알 수 없다.

돌거북을 지나 절터를 가로질러 흐르는 개울 건너편에 거북바위라 불리는 암반 위에 '온달장군의 공기돌' 전설이 서린 둥근 모양의 돌이 보인다. 옛날 고구려 평원왕(平原王) 때 온달장군이 신라

왼쪽 어깨부분의 작은 거북 두 마리

공기돌 바위

군과 싸우기 위해 미륵리 지역에 주둔하고 있을 때, 이 공기돌로 힘자랑을 했다는 전설이 전해 내려오고 있다.

미륵리사지에는 두 기의 탑이 있는데, 그 중 하나인 오층석탑과 석등, 그리고 석불입상이 일직선상에 놓여 있다.

미륵리사지 오층석탑(보물 제95호)은 높이 6미터로 그 자리에 있던 바위로 받침돌과 1층 기단을 만든 후 탑신을 올려 놓았다. 기단을 자세히 보니, 기단 면석 한 면이 직각을 이루지 못하고 일그러져 있었다. 어떤 의미에서 직각으로 만들지 않았는지 궁금하였다. 또한 탑의 옥개석의 넓이가 탑신에 비해 아주 좁아, 각층의 체감률이 고르지 못해 날렵해 보이지 않았다. 탑의 위쪽을 보니 반구형의 복

미륵리사지 오층석탑 (보물 제95호)

彌勒里寺址

기단 면석의 한 면이 일그러져 있는 모양

발이 보이며, 찰주가 옆으로 삐뚤어져 있었다.

미륵리사지에는 두 개의 석등이 있다. 그 중 하나가 오층석탑 바로 뒤 석불입상 사이에 일직선상에 위치하고 있다. 오층석탑 뒤의 높이 2.3미터의 석등은 연꽃이 새겨진 기단 위에 팔각형으로 된 간주석이 놓여 있다. 간주석 위로는 팔각형의 화사석이 있는데, 네 면에 화창을 가지고 있다. 화사석 위로는 팔각형의 옥개석이 있고, 그 위에는 연꽃봉우리 모양의 보주를 조각하였다.

석등을 지나면 석재를 쌓아 올려 마치 석굴사원을 조성한 듯이 법당을 형성한 구조 안에 석불입상(보물 제96호)이 서 있다. 석불입상을 보호하기 위한 석굴의 주실은 9.8× 10.75미터의 넓이를 가지며, 높이 6미터의 석축이 쌓여져 있다.

석불입상은 미륵리사지의 본존불로서 우리나라 대부분의 불상이 남쪽을 향하고 있

오층석탑 뒤의 석등 (충청북도 유형문화재 제19호)

미륵리사지 석불입상과 석축

는 것에 비해 북쪽을 향해 서 있다. 유독 미륵리사지의 석불입상이 북쪽을 향해 있는 것은 후삼국을 통일한 왕건이 백두산과 만주의 옛 고구려 땅을 되찾겠다는 의지를 나타낸 것이다.

일반적으로 법당 안에는 본존불로 앉아 있는 석가모니 및 부처상을 봉안하고, 그 주위에 격이 낮은 불상이 서 있는 것이 보통이다. 그러나 미륵리사지는 일반적인 것과 다른 형태를 보이고 있다. 높이 10.6미터의 석불입상은 맨 위의 팔각형 보관까지

미륵리사지 석불입상 (보물 제96호)

합하여 여섯 개의 대형 석재를 쌓아 올려 조성하였다. 신체 표현은 생략되어 단순한 이미지를 주고 있다. 석불입상의 정체에 대해서도 일반적으로 미륵불로 보는 주장이 강하다. 그러나 다른 이들은 석불입상이 손에 약병을 들고 있기 때문에 약사여래라고 주장하기도 한다.

몸체에 비해 유난히 흰 석재로 된 불상의 얼굴에는 마치 살아있는 듯 은은한 미소가 번지고 있다. 얼굴에 비해 좁은 어깨와 원통형 몸체, 엉성한 옷고름은 소탈한 느낌을 갖게 한다. 머리는 깨달은 자를 의미하는 곱슬머리의 나발로 팔각형의 보개를 얹어 놓았다. 충청지역에서 만들어진 고려시대 불상에서 공통으로 나타나는 지역적 특성은 불상의 머리를 보개(寶蓋)나 보관(寶冠)으로 장식하고, 특별한 조각이 없는 원통형의 신체, 그리고 소박하게 표현된 옷주름의 형태 등으로 나타난다.

석불입상 주위는 입구쪽만 트여 있고, 나머지는 거대한 석축으로 둘러싸여 있다. 본래 석굴형식의 절집이 있었으며, 석굴은 중간 정도까지만 석재를 쌓고, 그 위로는 목조지붕을 올린 형태였다. 그러나 석실 내부에서 본존불이 약간 뒤로 물러나 있고, 본존불 앞에 배례와 의식을 위한 공간이 설치되었던 것으로 보아 근본적으로 석굴암을 모방하고 계승한 것으로 추정할 수 있다.

지금은 목조 부분은 불타 없어지고, 돌로 된 석축만 남아 있다. 석축의 벽을 살펴보면 아랫부분에 길다란 장대석을 3단으로 눕혀 쌓고, 그 위에 띄엄띄엄 돌기둥을 세워 감실을 만들었

석축 내부의 모습

다. 다시 그 위로 긴 돌을 두 줄로 가로 놓은 후 다시 그 위에 작은 기둥을 띄엄띄엄 세워 작은 감실을 만들었다. 그리고 작은 감실 위에 다시 긴 돌을 놓아 마무리하였다.

석축 내부 벽의 감실에는 작은 불상들이 앉아 있는 자세로 놓여 있다. 감실의 불상들을 자세히 살펴보면 심하게 불에 탄 흔적이 보인다. 또한 감실 내부에도 같은 흔적이 보인다.

『고려사』에는 "몽고군이 대원령을 넘자 충주에서 정예군을 보내 천여 명을 죽였다."라고 기록되어 있다. 이처럼 몽고 침입 때 이 지역에서 많은 몽고군이 죽음을 당했다고 한다. 몽고는 수차례 침입하는 동안 그 분풀이로 이 사찰에 불을 질렀다고 전해지고 있다.

불에 탄 흔적이 보이는 불좌상

석불입상 뒤에는 큼지막한 돌이 한 개 놓여 있다. 충주시 문화유산 해설사에 의하면, 그 돌을 들어내면 물이 나와 흐른다고 한다. 그래서 절터 뒤쪽에서 흘러내려오는 물줄기를 막기 위해 큰 돌을 석불입상 뒤에 놓았다고 한다. 석굴구조에서 바닥에 습기가 있으면 자연적인 습도조절장치로 결로 현상을 예방할 수 있기 때문이라고 한다.

석굴 앞에는 판석에 새긴 여래좌상이 있다. 여래좌상은 석굴 뒤쪽

석불입상 뒤에 있는 큼지막한 돌

바위 위에 있던 것이 병자년(1936) 홍수 때 쓸려왔다고 한다.

현재 석굴 안은 석불입상의 보호 및 유지보수를 위해 막아 놓았다. 나무로 막아 놓은 왼쪽 석축 앞에 용머리와 사자상이 놓여 있다.

본존불에서 석등, 오층석탑으로 이어지는 일직선상을 벗어난 동쪽에 석등 한 기가 놓여 있다. 고려시대 전형적인 형식을 보여 주는 사각석등이다. 석등 기둥에는 활활 타오르는 불꽃 모양의 무늬를 새겨 놓았다.

석굴 앞에 있는 여래좌상

석축 바로 옆의 기단 위에는 과거 건물이 있었던 흔적인 초석들이 일렬로 놓여 있다. 법당을 중심으로 회랑이 있었던 흔적이다. 그러나 회랑은 확인

사각석등

남북으로 긴 건물이 있었던 흔적인 주춧돌들

충주 미륵리사지 | 337

되지 않은 대신 동쪽에 남북으로 긴 건물이 있었고, 서쪽에도 대칭되는 건물이 있어 회랑을 대신했던 것으로 추정된다.

미륵리사지는 지형상, 입구에서부터 위로 올라가는 구조로 되어 있다. 따라서 위로 올라가면서 건물들을 세우기 위한 많은 기단들이 보인다. 기단은 땅으로부터의 열기와 습기를 차단하는 동시에 건물들의 위계성을 표현한다. 기단의 재료로는 내구성과 압축력에 강한 흰색의 화감암을 주로 사용하였다. 미륵리사지에서는 여러 가지 종류의 기단들을 볼 수 있다.

장대석 기단은 가로로 긴 가공석으로 쌓은 기단이다. 또한 자연석 기단은 자연석을 이용하여 쌓아올려 만든 기단을 말한다. 자연석 기단에는 자연석

장대석 기단

자연석 기단

석굴 입구의 자연석을 이용한 기단

여러 가지 종류의 기단들

석불입상 뒤에서 본 전경 (멀리 월악산 산줄기가 보인다)

을 그대로 쌓아올린 것과 자연석을 약간 가공 처리하여 쌓아올린 것이 있다. 미륵리사지 동쪽을 보면 장대석 기단과 자연석 기단 둘 다 볼 수 있다. 석굴 입구에서는 길고 커다란 자연석을 약간 가공 처리하여 기단으로 사용하였다.

석불입상의 옆모습

 석불입상의 뒷모습이 궁금하여 동쪽의 기단 옆 석불입상의 뒤로 올라갔다. 석불입상의 뒤로 돌아가는 들판이 한창 가을빛에 물들어 있었다.
 석불입상 뒤쪽에서 보면 미륵리사지 전체 전경이 한눈에 들어온다. 뿐만 아니라 멀리 월악산 산줄기가 손에 잡힐 듯이 보인다.

　미륵리사지의 다른 특징 중의 하나는 사찰 옆에 역원(驛院)이 위치하고 있다는 것이다. 미륵리사지는 백두대간의 남쪽과 북쪽을 연결하는 길목에 위치한 관계로 사찰의 동쪽에 역의 기능을 담당하는 원(院)을 세우고 '미륵대원(彌勒大院)'이라고 한 것으로 추정된다.
　『삼국유사』의 기록에 '미륵대원은 계립령(지금의 하늘재)의 동쪽에 있다(彌勒大院鷄立嶺東嶺也)'는 기록과 일치한다. 미륵대원의 터는 '回'자 구조로, 가운데에는 말을 묶어 두는 마방(馬房)시설의 흔적이 남아 있다. 즉, 소백산맥의 험한 고갯길을 넘어오느라 지친 말과 사람을 쉬어갈 수 있도록 나그네 숙소 및 관리인이 기거했던 건물터의 흔적이 희미하게 남아 있다.

　미륵대원 터를 오른쪽으로 끼고 옆길을 따라 올라가면 하늘재를 알리는 표지석이 보인다. 아마 우리나라의 백두대간에 있는 고개 중에서 가장 예

미륵대원의 터

하늘재 표지석

쁜 이름을 가진 고개일 것이다. 하늘재 표지석 옆에는 나무로 만든 두 개의 무심한 장승이 말없이 서 있다.

 인간의 역사와 더불어 생겨난 길을 통해 물자교류는 물론 다른 지역의 문화가 옮겨진다. 특히, 미륵리사지는 백두대간의 중심으로 영남지역과 한강 이북지역을 연결하는 교류의 중심지였고, 바로 그 교류 중심 역할을 한 것이 하늘재이다.

 하늘재 표지석을 따라 조금 올라가면 오른쪽에 높이 3.3미터의 단아한 형태를 가진 삼층석탑이 외로이 서 있다. 장중한

미륵리 삼층석탑 (충청북도 유형문화재 제33호)

충주 미륵리사지 | 341

이중기단 위에 3층의 탑신을 올리고, 탑신 위에는 노반을 얹어 놓았다. 이중기단으로 보아 전형적인 신라시대 양식을 따르고 있으며, 고려시대 초기의 것으로 추정되고 있다. 과거에는 미륵리사지 사찰의 영역이 삼층탑이 있는 위치까지 넓었다는 것을 보여 주고 있다.

미륵리사지를 중심으로 낙동강의 물줄기와 남한강의 물줄기가 충주에서 합쳐지고 이어져 서로 간의 물자와 인적 교류가 이루어졌다. 낙동강을 거슬러 올라온 조세 등의 물자가 이곳 미륵리사지의 하늘재를 통해 충주의 목계나루터로 옮겨졌다. 충주의 목계나루터에서 다시 짐을 실은 배는 남한강 줄기를 따라 여주, 이천, 양평을 지나 한강의 마포나루에 닿았던 것이다. 물길이 좋은 3월부터 6월 사이에는 낙동강 하류에서 배에 물자를 싣고 출발하면, 소백산맥을 넘어 12시간 안에 한강 마포나루까지 도달하였다고 한다.

고려시대에는 물자 운반 및 보관 등을 위해 12조창(漕倉 : 인근 여러 고을의 세미(稅米)를 걷어 보관하고 있다가 뱃길을 이용하여 서울로 운반하는 역할을 하는 곳)을 두었으며, 남한강 줄기에만 충주의 가흥창(可興倉)과 원주의 흥원창(興元倉)의 2개의 조창이 있었다. 충주 북부지역에는 이런 물자 및 인적 교류의 중심 수로인 남한강 줄기를 따라 청룡사지, 거돈사지, 법천사지, 흥법사지, 고달사지 등의 대사찰들이 존재하였던 것이다.

삼층석탑을 뒤로 하고 마의태자와 덕주공주의 전설이 서린 덕주사 마애불을 찾아 올라가는 길에 덕주산성(德周山城)이 위치하고 있다. 덕주산성 서문에 해당되는 이곳은 문루가 망실되고, 성문만이 옛 모습을 간직하고 있다. 덕주사 올라가는 길로 인해 석성이 잘려 나갔으며, 길의 오른쪽엔 석성 일부만이 과거의 형태를 보존하고 있다. 도로를 만들기 위해 성의 일부가

덕주산성 (충청북도 유형문화재 제35호)

파괴된 모습을 보니, 누구를 위한 도로인가를 다시 한번 생각하게 해 준다.

덕주사는 충청북도 제천시 한수면 송계리 월악산 남쪽 능선에 자리잡고 있으며, 대한불교조계종 제5교구 본사인 법주사(法住寺)의 말사이다. 한 무리의 여학생들이 주차장 앞에 서 있는 남근석(男根石)을 보면서, 킥킥거리며 웃는다. 절에 남근석이 있다는 것이 의아해 보였다. 하늘에서 월악산을 내려다보면 여인네가 누워 있는 형국이라 한다. 즉, 음이 너무 강해 그것을 완화시키기 위해 남근석을 세웠다고 하는데, 일부 남근석의 귀두 부분은 떼어가고 없었다.

덕주사는 신라 진평왕 9년(586)에 창건되었으며, 당시에는 월형산(月兄山) 월악

덕주사 앞마당에 있는 남근석

사(月岳寺)라고 불리었다. 그러나 신라 경순왕이 천년사직을 고려 태조 왕건에게 바친 후, 마의태자의 누이동생인 덕주공주가 이곳에 머물다 높이 15미터의 암벽에 마애불(磨崖佛)을 조성하였다. 신라 재건의 염원을 이루지 못하고 일생을 마친 후 산의 이름을 월악산, 절 이름을 덕주사라 개명하였다. 덕주사는 마애불이 있는 산 위쪽의 상덕주사와 산 아래의 하덕주사로 나누어 불리고 있다.

상덕주사는 하덕주사의 오른쪽 동편계곡으로 약 1.5킬로미터 올라간 산 중턱에 자리잡고 있다. 덕주산성의 출입구를 지나 조금 더 오르면 덕주사 마애불의 모습이 보이기 시작한다.

마애불은 높이 15미터의 암벽에 불상을 새겨 놓았다. 마애불이 있는 상덕주사는 해발고도 700미터의 높은 곳에 위치하고 있으며, 월악산 영봉(1,097미터)까지는 400여 미터를 남겨두고 있었다. 망국의 한을 품은 덕주공주가 자기의 형상을 마애불로 조성하였다고 전해오는 마애불은 몸에 비

덕주사 마애불 (보물 제406호)

마애불의 발가락 모습

해 머리가 크고, 얼굴 부분은 두드러지게 새겼지만, 전체적으로 얕게 새겨져 있다.

마애불 앞에는 촛불을 피우고, 예배하기 위한 시설이 있다. 이 시설 때문에 마애불의 맨 아랫부분이 보이지 않았다. 계단 위로 올라가 마애불 아랫부분을 보니, 맨 먼저 마애불의 다섯 개 발가락이 눈에 들어온다. 큼지막한 두 발을 옆으로 벌리고 있으며, 발 아래에는 넓은 연꽃 무늬를 새겨 넣어 마애불의 대좌로 삼았다.

마애불 근처의 상덕주사는 이미 폐사된 채 석축과 과거 건물터 흔적을 보여 주는 주춧돌만 덩그러니 놓여 있었다. 원래 덕주사는 마애불 앞에 있었는데, 1951년 국군 8사단이 작전상의 이유로 소각하여 폐사되고 말았다. 출입금지 팻말의 실례를 무릅쓰고 마애불 위쪽 언덕으로 올라가 보았다. 이름모를 탑(부도?) 한 기가 외로이 서 있다. 탑의 아랫부분은 손실되어 보이고, 돌 위에 탑의 윗부분만 올려 놓았다.

탑 옆에는 과거 상덕주사의 건물터 흔적이 비닐로 씌워진 채 보존되어 있었다. 건물터의 기단 및 계단 등은 비교

상덕주사 터의 탑(부도?) (뒤에 마애불 암벽이 보인다)

충주 미륵리사지 | 345

상덕주사 옛 건물터(보존을 위해 비닐로 덮어 놓았다)

적 원형 그대로 형태를 유지하고 있었다. 건물터 위쪽에 건물 기와 조각들이 쌓여 있었다.

마애불 앞의 나무 그늘에 앉아 땀을 식혔다. 전설대로 마의태자가 세웠다는 미륵리사지의 석불입상이 마주 보이는지 바라보았다. 그러나 멀리 산자락만 보일 뿐이었다. 이곳에 서서 망국의 한을 가슴에 묻은 채 이곳저곳으로 떠돌았을 마의태자와 덕주공주를 생각해 보니 안타까움이 밀려왔다.

깊은 산골의 해는 일찍 저무는지 벌써 옅은 땅거미가 밀려들고 있었다. 가을 햇빛을 받아 가을산의 단풍이 화려하게 다가와 이런저런 상념을 깨운다. 인생은 빈손으로 와서 빈손으로 가야 한다는 소박한 진리를 생각하면서, 어둠속으로 숨어 버린 화려한 월악산 단풍을 밟으며 산을 내려왔다.

[충주] 청룡사지

7백년 전 보각국사와의 만남

청룡사지(靑龍寺址)는 충주 소태면 오량리 청계산 기슭에 자리잡고 있다. 이른 새벽의 충주 방면 38번 국도에는 지나가는 차량이 쉽게 눈에 띄지 않았다. 목계리 못 미쳐 남한강 다리를 건너니, 늦가을 새벽 기운에 강물 여기저기서 물안개가 뽀얗게 피어오르는 모습이 인상적이다.

물안개가 피어오르는 남한강

다리를 건너 원주 방향으로 좌회전하였다. 일요일 이른 아침이라 지나가는 사람들도 보이지 않아, 길을 물어보기 위해 할 수 없이 주유소에 차를 세웠다. 주유를 하면서 청룡사지 찾아가는 길에 대해 물었더니, 면사무소를 끼고 계속 가면 된다고 알려 주었다. 주유를 마치고 계속 차를 몰았다. 두 갈래 길에서 마침내 길 안내 표지판이 보였다.

안내 표지판

좁은 포장길을 따라 계속 올라가니, 차가 더 이상 갈 수 없는 막다른 곳에 비교적 넓은 주차장과 함께 청룡사지 안내 간판이 보였다. 인적이 없어 조용하다 못해 무서운 적막감이 밀려왔다. 사진장비를 챙기고 산의 오솔길을 따라 올라갔다.

깊어가는 가을의 나뭇잎 향기를 맡으며 오솔길을 따라 조금 올라가다 보면 비석 하나가 세월의 이끼를 뒤집어 쓴 채 서 있다. 조선 숙종 18년(1692)에 세운 청룡사 위전비(位田碑)이다.

청룡사 위전비의 아랫부분을 보니, 몸체는 거북인데 머리는 용의 모습을 하고 있는 것이 특이해 보였다. 아무도 없는 산길에 무서운 얼굴로 이곳을 지키고 있는 것 같아 산에 대한 경건한 마음으로 옷매무새를 바로 잡아 보았다.

청룡사 위전비 (충주시 향토유적 제5호)

위전비의 내용은 청룡사 부근의 토지가 사찰에 소속되기까지 숭엄(崇嚴) 스님 및 이현(梨玄)·현등(玄等)·극술(克述)스님 등 여러 사람들의 노력이 있었음을 밝히고 있다. 네 면에 글자가 새겨져 있으며 높이는 69센티미터, 너비 23센티미터, 귀부 높이 73센티미터로 크기가 아담했다.

청룡사 창건에 대한 기록은 남아 있지 않다. 다만 고려시대의 창건 설화가 전해져 오고 있을 뿐이다.

어느 화창한 봄날 '도승(道僧 : 법력 높은 스님)'이 청계산 근처를 지날 때 갑자기 소나기가 쏟아져 급히 나무 밑으로 피하는데, 하늘에서 두 마리의 용이 여의주를 갖고 놀다가 땅에 떨어뜨리고 말았다. 용 한 마리가 여의주를 향해 내려오다가 청계산 위로 올라갔으며, 여의주는 큰 빛을 내다가 사라지고 용도 사라지면서 비도 멈추었다. 이를 이상히 여겨 산세를 두루 살피던 도승은 그곳이 비룡상천형(飛龍上天形)의 길지임을 깨달았다. 용의 힘이 꼬리에 있음을 상기한 스님은 용의 꼬리에 해당하는 곳에 암자를 짓고 청룡사(靑龍寺)라 하였다고 한다.

청룡사의 창건이 설화로 시작되듯, 폐사되는 과정도 마치 한 편의 설화를 보는 것과 같다.
조선 말기에 판서를 지낸 민태룡이란 사람이 소실의 묘를 이곳에 쓰려고, 스님들에게 돈을 주어 사찰을 불태우게 했다. 그러나 절을 불태우고 달아나던 스님은 벼락에 맞아 죽었다고 한다.
이것은 숭유배불정책에 의해 유생들이 강제로 절문을 닫게 만든 후 지어 퍼뜨린 이야기일 것이다.

위전비를 지나 오솔길을 오르기 시작했다. 사람의 발길이 닿을 것 같지

팔각원당형의 부도의 부재와 사리공, 뒤쪽의 석종 모양의 부도

않은 이곳에는 낙엽이 우수수 떨어져 있고 여기저기서 산짐승 뛰어다니는 소리가 산의 고요함을 깨뜨렸다.

조금 오르다보니 옥개석 등 부도의 부재와 석종 모양의 부도 한 기가 조용히 나를 맞아 주었다.

부도의 부재를 보니 중간 탑신은 안 보이고 옥개석, 하대석, 상대석만 덩그러니 남아 있었다. 가까이 다가가 살펴보니, 중간부분의 석재에서 구름무늬가 보인다. 석종은 전형적인 조선 초기의 돌종 모습을 하고 있으며, 높이 약 1.7미터의 화강암 부도이다. 윗부분은 보발 모양으로 장식되어 있으며, 적운당이라는 글귀가 음각되어 있다.

석종 모양의 부도를 지나면, 그림에서 보던 석등과 보각국사 부도, 부도비가 한 줄로 늘어서 있는 모습이 멀리서 보인다. 좌·우의 소나무 숲이 유물들을 둘러싸고 있어 한층 운치를 더해 주고 있다.

보각국사는 고려시대 후기인 충숙왕 7년(1320)에 태어나, 충혜왕 1년

(1331)에 출가하여 학문에 몰두한 뒤 내외의 경전을 모두 섭렵함으로써 이름을 세상에 떨치기 된다. 1341년 선과에 응시하여 장원인 상상과(上上科)에 올랐다. 그 후 송광사 주지가 되었고, 1383년 국사가 되어 개성으로 부름을 받게 된다. 그러나 조선 태조의 부름을 거부하고 청룡사에 은거하다가, 태조 원년(1392)에 입적하였다. 이에 태조는 보각국사(普覺國師) 시호를 내리고, 사리탑 및 탑비를 세우게 했다. 국사(國師)란 임금의 스승이 될 만한 스님에게 내리는 칭호인데, 보각국사는 고려공민왕, 공양왕, 조선 이태조 3대에 걸쳐 국사 칭호를 받은 큰 스님이다.

맨 앞에 석등이 보이고, 배례석·부도·부도비와 일렬로 나란히 배열되어 전형적인 조선시대 초기의 배치 방법을 따르고 있다.

보각국사정혜원융탑석등(普覺國師定慧圓融塔石燈, 보물 제656호)은 보각국사의 명복을 빌기 위하여 만들어진 일종의 장명등(長明燈)이다. 이 석

앞에서부터 보각국사정혜원융탑석등, 보각국사정혜원융탑, 보각국사정혜원융탑비

보각국사정혜원융탑석등 (보물 제656호)

사자의 뒷모습

등은 하대석이 사자상으로 되어 있어 일명 사자석등이라고도 한다. 네모 반듯한 지대석 위에 웅크려 앉은 사자 한 마리를 하대석으로 하여 중대석과 상대석을 두고, 그 위에 화사석과 옥개석을 올려 놓았다. 사자상은 울퉁불퉁한 근육과 함께 앞다리와 뒷다리의 발톱도 힘차게 땅을 디디고 있는 모습으로 표현되어 있으며, 옆으로 비낀 꼬리 또한 사실적으로 표현되어 있다. 화사석은 하나의 돌에 사각형의 터널을 뚫어 표현하였고, 옥개석의 추녀에는 작은 꽃을 돌출시켜 조각하여 놓았다.

석등 바로 위에는 보각국사정혜원융탑(국보 제197호)이 보인다. 사리탑은 높이 2.63미터로 바로 앞에는 배례석이 배치되어 있다. 사리탑의 팔각 지대석은 앞의 배례석과 높이를 맞추기 위해 비교적 높은 편이다. 팔각 지대석 위에 하대석·중대석·상대석이 차례로 올려져 있고, 팔각의 하대석 위에 16개의 연꽃잎이 복련으로 아름답게 조각되어 있다. 배흘림 모양의 중대석 각 면에는 구름 위에 용이 노니는 모양과 사자상이 네 면에 교대로 조각되어 있다. 상대석은 하대석과 대칭 구조로 되어 있으며, 팔각의 홈을 파서 사리탑의 탑신을 단단히 고정시키고 있다.

보각국사정혜원융탑의 탑신에는 임신한 여인의 배처럼 유난히 부풀려 있는 모습을 볼 수 있다. 각 면에는 무기를 든 신장상(神將像)이 조각되어 있고, 모서리에는 꽈리를 튼 용이 휘감긴 배흘림 기둥에 부조로 새겨져 있다. 특히 무기를 든 신장상과 용은 금방이라도 튀어나올 듯이 사실적인 입체감으로 조각되어 있다. 또한 기둥 위에는 목조 건축처럼 창방까지 보인다. 옥개석 윗면은 여덟 귀퉁이가 높이 들려 있는데, 옥개석의 가장자리 부분에는 용의 머리 모양이 장식되어 있다.

옥개석 윗부분에는 연꽃잎을 조각하여 상륜부를 받치고 있으며, 노반·복발·보개·보주가 거의 원형을 유지한 채 올려져 있

몸돌의 신장상과 꽈리를 튼 용

보각국사정혜원융탑의 탑신 부분

옥개석 끝의 용머리

青龍寺址

청룡사지 보각국사정혜원융탑 (국보 제197호)

무기를 든 8명의 신장상들

다. 자료에 의하면, 탑신 윗면에는 사리공이 있어서 보각국사의 사리를 비롯하여 옥촛대·금망아지·금잔 등의 장엄구가 있었으나, 일제시대 때 도둑맞았다고 한다. 전국 어느 유물을 보아도 제대로 원형을 유지하고 있는 것이 거의 드문 현실이 가슴 아프다.

청룡사지 보각국사정혜원융탑은 유난히 조각이 섬세하여 조선 초기 석조미술의 대표적인 유물로 평가되고 있다.

보각국사정혜원융탑 뒷면에 조용히 자리잡고 있는 보각국사정혜원융탑비(보물 제658호)는 높이 3.2미터로 화강암 석재로 만들어졌다.

자료에 의하면, 비문에는 국사의 이름은 혼수(混修), 자는 무작(無作), 호는 환암(幻庵), 속성은 조(趙)씨이고, 시호는 보각국사(普覺國師)로 탑명은 정혜원융(定慧圓融)으로 나타나 있다.

신라 및 고려시대의 화려한 탑비와는 달리 소박한 모습을 가지고 있다. 비신에는 문양도 보이지 않으나, 다만 비신의 위쪽 양끝 모서리가 접힌 귀접이양식 모양을 하고 있다. 비문은 권근이 지었으며, 글씨는 천택스님이 썼고, 문인인 희진이 왕명을 받아 세웠다고 한다. 비신을 자세히 보면 글씨의 필력이 뛰어나고, 거의 빈틈이 없어 보인다.

청룡사지 보각국사정혜원융탑비 (보물 제658호)

이른 일요일 아침에 도착하여, 청룡사지를 둘러보는 사이 해는 거의 중천에 떠 있었다. 간혹 들리는 산짐승의 움직이는 소리만이 산속의 고요함을 깨뜨렸다.

7백년 전의 인물을 유물들을 통해 만나니 감회가 새로웠다. 비록 완전한 원형으로 남아 있지는 않지만, 다행히 지금까지 보존되어 후세까지 자기 모습을 보여 주고 있는 것이다. 아무도 없는 옛 절터를 돌아보면서 우리들이 후세에 남길 것은 무엇인지 생각해 보았다.

청룡사지를 떠나면서 이 좁고 험한 산길을 따라 석재를 운반해 오고 탑을 세우고 사찰을 건축하면서 불심(佛心)을 생각했던 분들의 정성과 숨결을 다시금 느껴보았다. 그리고 비록 많은 사람들이 찾지 않는 폐사지이기에 오히려 더 정감이 가는 곳이다.

용어 해설

가람(伽藍) : 많은 승려가 모여 불도를 수행하는 장소로, 불교 사찰을 총칭하거나 단순히 사찰 내의 전당을 일컬어 말한다.

간공(竿孔) : 당간지주에 가로로 뚫린 안쪽 구멍

간구(竿溝) : 당간지주의 맨 윗부분에 가로로 파인 홈

간대(竿臺) : 당간지주 두 기둥 사이 안쪽 아래에 당간을 설치하기 위한 시설물

갑석(甲石) : 돌 위에 다시 포개어 얹는 납작한 돌. '갑돌' 이라고도 한다.

광배(光背) – 두광(頭光)·신광(身光)·거신광(擧身光) : 광배는 부처님이나 보살의 몸에서 뻗어나오는 빛의 표현으로 몸의 뒤에 붙이는 장식을 말한다. 머리 뒤의 원형의 것은 두광, 등 뒤의 타원형의 것은 신광, 온몸을 둘러싼 것은 거신광이다.

구산선문(九山禪門) : 신라말 고려초 불교 전성기 때 중국 당나라로부터 선종(禪宗)이 전래되면서 아홉 개의 산에 퍼뜨려 당대의 사상계를 주도했던 아홉 갈래의 대표적 승려집단. 선종의 구산선문은 스승으로부터 제자로 법맥을 이어가면서 불상보다는 고승들의 사리와 유골을 담은 부도를 중요한 예배 대상으로 삼았다. 이런 연유로 인해 구산선문이 활동하던 시대에 많은 부도들이 건립되었다.

귀갑문(龜甲紋) : 거북이 등껍질의 무늬

귀두(龜頭) : 거북 모양의 머리

귀부(龜趺) : 거북 모양을 한 비석의 받침돌

금고(金鼓) : 금속으로 만든 북의 일종인 금고는 '반자(飯子)', '금구(禁口)' 등으로 표기하기도 한다. 형태는 꽹과리를 크게 만들어 놓은 모양으로 상·하 밑에 2~3개의 고리를 장식하여 매달 수 있게 되어 있다.

금당(金堂) : 석가모니 부처님을 모시는 대웅전을 말하며, 절의 모든 건물들이 이 금당을 기준으로 배치된다. 금당이라는 명칭은 전당 안을 금색으로 칠한 데서 유래했다는 설과 금색의 본존불을 내부에 안치한 데서 유래했다는 설이 있다.

금석문(金石文) : 금속이나 돌로 만든 각종 유물에 있는 명문

기단(基壇) : 빗물이 건물 안으로 들어오지 못하도록 돌과 흙으로 주변보다 높이 쌓은 것

노반(露盤) : 탑 상륜부의 가장 아랫부분으로, 위의 각종 장식물들을 받치기 위한 기단

당(幢) : 부처의 위엄과 공덕을 나타내는 기(旗)

당간(幢竿) : 당을 달아주는 장대

당간지주(幢竿支柱) : 당간을 지탱하기 위하여 당간의 좌·우에 세운 기둥

당좌(撞座) : 일반적으로 종 가운데는 두 개의 원형으로 되어 있으며, 연꽃 무늬 또는 당초 무늬로 조각되어 있다.

당초문(唐草紋) : 여러 가지 덩굴풀이 꼬인 상태로 뻗어가는 모양의 무늬. 당나라풍 또는 이국풍의 덩굴이라는 의미가 있다.

대좌(臺座) : 대좌는 부처님을 모시기 위해 한 단계 높게 만들어 놓은 자리

마애불(磨崖佛) : 절벽과 거대한 바위면이나 돌

에 선각이나 돋을새김 기법 등으로 어떤 주제나 사상을 담아 새긴 불상

면석(面石): 탑 기단의 주축부. 면석에는 우주(바깥기둥)와 탱주(안기둥)가 새겨져 있다.

방형(方形): 네모 반듯한 모양

배례석(拜禮石): 예경(禮敬)을 위한 종교행사에 사용되는 일종의 판석(板石). 주로 법당의 정면이나 석등 또는 석탑의 바로 앞에 놓이게 된다.

보개(寶蓋): 탑 상륜부 장식의 일종. 왕이 행차할 때 쓰는 햇빛 가리는 양산을 표현한 것으로 부처의 고귀함을 상징하는 것이다.

보륜(寶輪): 탑 상륜부의 중심이 되는 부분으로, 탑마다 그 숫자가 다르다.

보살(菩薩): 대승불교에서 '깨달음을 구하고자 노력하고 있는 자'라는 의미를 지니고 있다. 위로는 깨달음을 구하고, 아래로는 자비를 실천하여 중생을 구하려고 애쓰는 사람. 신앙의 대상이 되는 보살로는 관음보살, 문수보살 등 다양한 보살이 있다.

보주(寶珠): 탑의 찰주 끝에 달려 있는 구슬 모양의 장식. 한 개나 두 개의 구슬 모양으로 되어 있다.

복련(覆蓮): 꽃부리가 아래로 향하여 연꽃이 덮여 있는 모양의 무늬

복발(覆鉢): 탑 상륜부 노반 위에 있는 것으로, 그릇을 엎어 놓은 모양 같다고 해서 붙여진 이름이다.

부도(浮屠): 스님의 사리를 봉안한 곳이다. 탑에 비해 격이 낮은 부도는 절 뒤편 조용한 곳에 한데 모아 세우는 것이 보통이다. 이렇게 부도가 모여 있는 곳을 흔히 부도밭이라 한다. 부도는 기본적으로 팔각원당형과 종형의 두 가지 형식으로 구분할 수 있다.

비(碑): 고승의 일평생 행적이 건립 시기와 함께 새겨져 있어서 그 비문의 내용이 역사적으로 귀중한 사료가 되고 있다. 또한 서체는 금석학의 입장에서 중요한 연구 자료가 되기도 한다. 비에는 여러 종류가 있으나, 옛 절터에는 일반적으로 고승의 묘비인 탑비(塔碑)가 세워져 있다.

비로자나불: 비로자나란 '광명'을 의미한다. 원래는 태양의 빛을 의미하였으나 후에 불교의 근원적인 부처가 되었다. 이 부처는 무한한 과거로부터 끊임없는 수행을 통해 깨달음을 얻은 부처이며 그 경지를 표현한 불상이다.

비신(碑身): 비문을 새긴 비석의 중심이 되는 돌을 말한다.

비좌(碑座): 비신과 비의 대석과의 연결 부분

사리(舍利): 오랜 수행을 한 승려를 화장할 때 나오는 좁쌀이나 콩알만한 크기의 결정체

사리공(舍利孔): 탑 안에 사리를 모시기 위한 공간을 만들어 놓은 곳이다.

사리장엄구(舍利莊嚴具): 부처님이나 스님의 사리를 담는 사리구와 이 사리구를 탑속에 봉안하는 사리 장치를 통틀어 일컫는 말이다. 사리장엄구에는 그것을 만든 제작 동기, 제작한 장인, 발원인 등의 이름을 기록하는 것이 보편적이다.

사천왕상(四天王像): 불교의 상상의 산 수미산 중턱에서 동서남북을 지키는 네 명의 신. 동방은 지국천왕(持國天王), 서방은 광목천왕(廣目天王), 남방은 증장천왕(增長天王), 북방은 다문천왕(多聞天王)을 말한다.

삼도(三道): 부처님 목에 표현된 세 줄기의 주름. 수행의 세 단계 또는 원만·광대한 부처

를 상징적으로 표현한 것이다.

삼존불(三尊佛) : 부처와 부처 양 옆의 보살들을 합하여 이르는 말이다.

상대(上臺) : 종의 상단에 위치하고 있는 무늬띠

상층기단(上層基壇) : 탑의 이중기단으로 되어 있는 경우 윗부분의 기단

석등(石燈) : 야외에서 불을 밝히기 위해 만들어진 석조물. 석등은 대개 사찰의 중앙에 불탑과 더불어 배치되는데 법당이나 불탑 앞에 설치하여 부처님의 광명을 상징한다는 뜻에서 '광명등(光明燈)' 이라고 불러왔다.

석조(石槽) : 절에서 물을 가두는 시설로, 물을 마실 수도 있고 손을 씻을 수도 있게 만든 물통이다. 대개 큰 바위 속을 파서 만드는데, 수조라고도 한다.

수미단(須彌壇) : 부처님을 모신 불단. 수미단 위에는 불상을 모시거나 때로는 예불과 의식에 필요한 향로, 촛대, 화병 등이 놓인다.

수연(水煙) : '물안개' 를 의미하며, 불꽃 모양으로 만든 장식

수인(手印) : 손으로 어떤 모양을 나타낸 것

시무외인(施無畏印) : 중생에게 두려움을 없애고 우환과 고난을 제거시켜 주는 자비의 손 모습. 다섯 손가락을 가지런히 위로 뻗치고 손바닥을 보이도록 하여 어깨 높이까지 올린 형태를 말한다.

심주(心柱) : 세계의 기둥이라는 상징적인 면을 가지고 있으며, 목조 건축에서는 1층부터 꼭대기 층까지 서 있는 기둥

심초석(心礎石) : 목탑의 심주를 받치는 기둥의 받침돌

십이지신상(十二支神像) : 열두 가지 동물의 얼굴에 인간의 몸을 가진 신으로 각 방위를 상징한다. 보통 쥐, 소, 범, 토끼, 용, 뱀, 말, 양, 원숭이, 닭, 개, 돼지를 뜻한다.

아미타여래상(阿彌陀如來像) : 모든 중생을 제도하겠다는 큰 기원을 품고 있는 부처이다.

안상(眼象) : 코끼리 눈 모양을 본뜬 장식 무늬

암거(暗渠) : 지하에 매설해서 수면이 보이지 않도록 한 수로를 말하며, '속도랑' 이라고도 한다.

앙련(仰蓮) : 꽃부리가 위로 향하며 연꽃이 피어 있는 모양의 무늬

앙화(仰花) : 연꽃잎이 위로 활짝 핀 모양으로 되어 있는 형태

여래상(如來像) : 원래 여래는 진리에 도달한 사람이라는 뜻이다. 수행을 통해 최고의 경지에 이른 깨우친 자를 의미한다.

여원인(與願印) : 부처님께서 중생에게 사랑을 베풀고 중생이 원하는 바를 다 주시는 손 모습. 손의 모습은 손바닥을 밖으로 하고 다섯 손가락을 펴서 밑으로 향하고 손 전체를 늘어뜨리는 형태를 말한다.

여의주(如意珠) : '여의보주' 라고도 한다. 불교에서 모든 소원을 뜻대로 이루어지게 해 준다는 신기한 구슬. 중생의 소원을 성취시켜 주는 부처의 공덕을 상징한다.

연꽃 : 연꽃은 불교를 상징한다. 아무리 더러운 곳이라 하더라도 그 더러움에 물들지 않고 항상 아름다운 향기와 우아한 자태를 간직하는 꽃이다.

연화좌(蓮花坐) : 더러운 흙속에서도 청정함을 잃지 않는 연꽃잎 위에 불상을 봉안하는 형식. 복련과 앙련을 아래 위로 배치하고 상단에 불상을 안치한다.

오륜탑(五輪塔) : 아래에서 위로 사각, 원, 삼

각, 반월, 보주의 5가지 형태를 쌓아 올린 탑으로, 아래로부터 땅·물·불·바람·공(空)의 5대를 상징하는 것이다. 라마탑의 기본 구조이다.

옥개석(屋蓋石) : '지붕돌'이라고도 한다. 목조 건축에서 지붕의 역할로 보면 된다.

옥개(屋蓋)받침 : 옥개의 밑을 받치어 괴는 받침돌. 신라 전성기의 석탑은 옥개받침이 5단으로 되어 있지만, 신라말 이후 고려시대에는 4단, 3단으로 줄어든다.

용뉴(龍紐) : 용 한 마리가 허리를 구부려 종의 고리를 이루고 있는 것

용두(龍頭) : 종을 걸어 매다는 고리

우주(隅柱) : '바깥기둥'이라고도 한다. 탑신에서 양쪽 가장자리에 새겨지는 기둥 모양. 즉, 탑의 기단부에 집의 기둥 모양을 양각(돋을새김)으로 새긴 것으로 바깥쪽의 기둥을 말한다.

원공(圓孔) : 당간지주에서 당간을 세우는 구멍

유두(乳頭) : 종의 표면에 젖꼭지 모양의 돌기에서 생겨난 말이다.

윤장대(輪藏臺) : 불교 경전을 넣어 축을 달아서 회전하도록 만든 나무로 된 책장. 한 번 돌리기만 하면 경전을 한 번 읽은 것과 같은 공덕을 쌓을 수 있다고 한다.

음통(音筒) : 종의 용두에 붙은 원통형 모양의 음향조절 장치

이수(螭首) : 비(碑) 머리 등에 세 마리의 이무기(뿔없는 용)가 여의주를 가운데 놓고 서로 엉켜 있는 모습

인왕상(仁王像) : 여러 신들과 마찬가지로 불교의 수호신으로 금강역사라고도 한다. 인왕상은 사찰 문의 양쪽이나 불상의 좌우, 탑의 양쪽 등에 조각이나 그림으로 많이 등장한다.

입상(立像) : 부처가 서 있는 모습을 그리거나 조각한 상으로, 우리나라 불상 표현에서 가장 많이 나타나는 자세로 직립상이라고도 한다.

일탑일금당식 가람배치 : 남북축선상에 중문, 탑, 금당, 강당이 나란히 배치되는 형식으로 정림사지 등 주로 백제의 절에서 나타난다.

일탑삼금당식 가람배치 : 사찰의 중심에 탑을 두고, 남쪽에 중문을, 동서와 북쪽에 금당을 두는 형식으로 한자의 품(品)자와 같다고 하여 '품자형 가람 배치'라고도 부른다.

장방형(長方形) : 직사각형

장육존상(丈六尊像) : 일반적으로 부처의 상을 만들 때 사람 키 크기인 8척의 배수, 즉 16척의 불상을 만드는데, 1장 6척이므로 장육상이라고 부른다. 따라서 장육상은 크기를 지칭하는 것이다. 신라 삼보 가운데 하나였던 경주 황룡사의 장육존상이 유명하다.

전각(轉角) : 탑 옥개석의 처마와 처마가 마주치는 부분

제액(題額) : 가로로 된 긴 액자에 그림을 그리거나 글씨를 쓴 것

좌상(坐像) : 부처의 앉아 있는 모습으로, 우리나라 불상에서 가장 보편적으로 나타나는 자세이다.

주좌(柱座) : 당간을 지탱하는 맨 아랫자리

주춧돌(礎石) : 흔히 '초석'이라고도 하며, 기둥으로부터 받는 무게를 땅에 전하는 돌

중창(重創) : 낡은 건물을 고쳐서 다시 새롭게 만드는 것을 말한다.

지권인(智拳印) : 오른손으로 왼손의 검지손가락 윗부분을 감싸는 형태의 손 모습. 부처님과 중생(衆生)이 하나임을 나타내고 있다.

지대석(地臺石) : 탑이 세워질 땅을 단단하게 다진 후에 놓는 돌로 탑의 무게를 땅에 전달하는 역할을 한다.

찰주(擦柱) : 탑의 꼭대기에 있는 것으로, 대부분 쇠로 길쭉하게 되어 있다. 찰주에 하나하나 부재들을 끼우도록 되어 있다. 목탑에서는 심주라고 부른다.

천의(天衣) : 하늘옷, 날개옷

탑(塔) : 부처의 사리를 봉안한 곳이다. 탑은 부처의 상징인 만큼 절 경내의 중심부에 세우는 것이 원칙이다.

탑신(塔身) : '몸돌' 이라고도 한다. 탑의 몸체를 말한다.

탑신괴임 : '옥신(屋身)괴' 이라고도 한다. 각 층의 탑신(몸돌)을 받치는 부분

탱주(撑柱) : '안기둥' 이라고도 한다. 탑신에서 우주(바깥기둥) 안쪽에 새겨지는 기둥 모양. 즉, 탑의 기단부에 집의 기둥 모양을 양각으로 새긴 것으로 안쪽 기둥을 말한다. 안쪽 기둥의 숫자는 대개 두 개이었으나, 신라말 이후 고려시대에는 한 개로 줄어든다.

통견(通肩) : 통양견법의 약칭으로, 가사 착용 시 양어깨를 모두 덮는 착의법이다. 승려의 경우 사찰 밖으로 외출하거나 속인의 집에 들어갈 때 옷 입는 방법이다.

팔부중상(八部衆像) : 불법을 수호하는 8종류의 신으로 사천왕 아래 세계에 있으며 인도의 악마나 귀신에 해당되지만 부처에게 교화한 뒤 10대 제자와 함께 부처의 설법을 호위하는 역할을 맡게 된다. 각 방위에 따라 천, 용, 야차, 건달파, 아수라, 가루라, 긴나라, 마루라기의 이름을 갖는다.

팔정도(八正道) : 불교의 건축물 가운데 8각형을 취하고 있는 것이 대부분인데, 이것은 팔정도를 상징한다고 보면 틀림없다.
- 정견(正見) 바르게 보라
- 정사(正思) 바르게 생각하라
- 정어(正語) 바르게 말하라
- 정업(正業) 바르게 행동하라
- 정명(正命) 바르게 생업을 유지하라
- 정정진(正精進) 바르게 수행하라
- 정염(正念) 바른 신념을 가져라
- 정정(正定) 마음을 바로 잡아라

풍탁(風鐸) : 작은 종처럼 만들어 가운데 추를 달고, 밑에 붕어 모양의 쇳조각을 달아 바람이 부는 대로 흔들리며 맑은 소리를 낸다. '풍경' 이라고도 한다.

풍탁구멍(風鐸孔) : 지붕돌 끝에 풍탁을 달기 위해 만든 작은 구멍이다.

하대(下臺) : 종의 하단에 위치하고 있는 무늬띠

하층기단(下層基壇) : 탑이 이중기단으로 되어 있는 경우 아랫부분의 기단

항마촉지인(降魔觸地印) : 부처님이 마귀에게 항복을 받을 때 했던 손 모습. 손바닥을 오른쪽 무릎에 대고 땅을 가리키는 형태

협시보살(挾侍菩薩) : 부처의 양옆에서 부처를 호위하듯이 있는 보살

화불(化佛) : 부처나 보살의 신통력에 의해 변화된 부처의 모습으로서 여래의 형태이다. 중생을 제도하기 위해 언제 어디서든지 변화하여 나타난다는 의미를 갖는다.

화염문(火焰紋) : 광배 주변에 불꽃과 같이 타오르는 형상으로 부처님의 자비와 광명이 불꽃과 같이 활활 발산되는 것을 형상화한 것

회랑(回廊) : 건물과 건물을 연결하는 복도의 성격을 지닌 건물

탑의 부분별 명칭

부도의 부분별 명칭

당간지주의 부분별 명칭

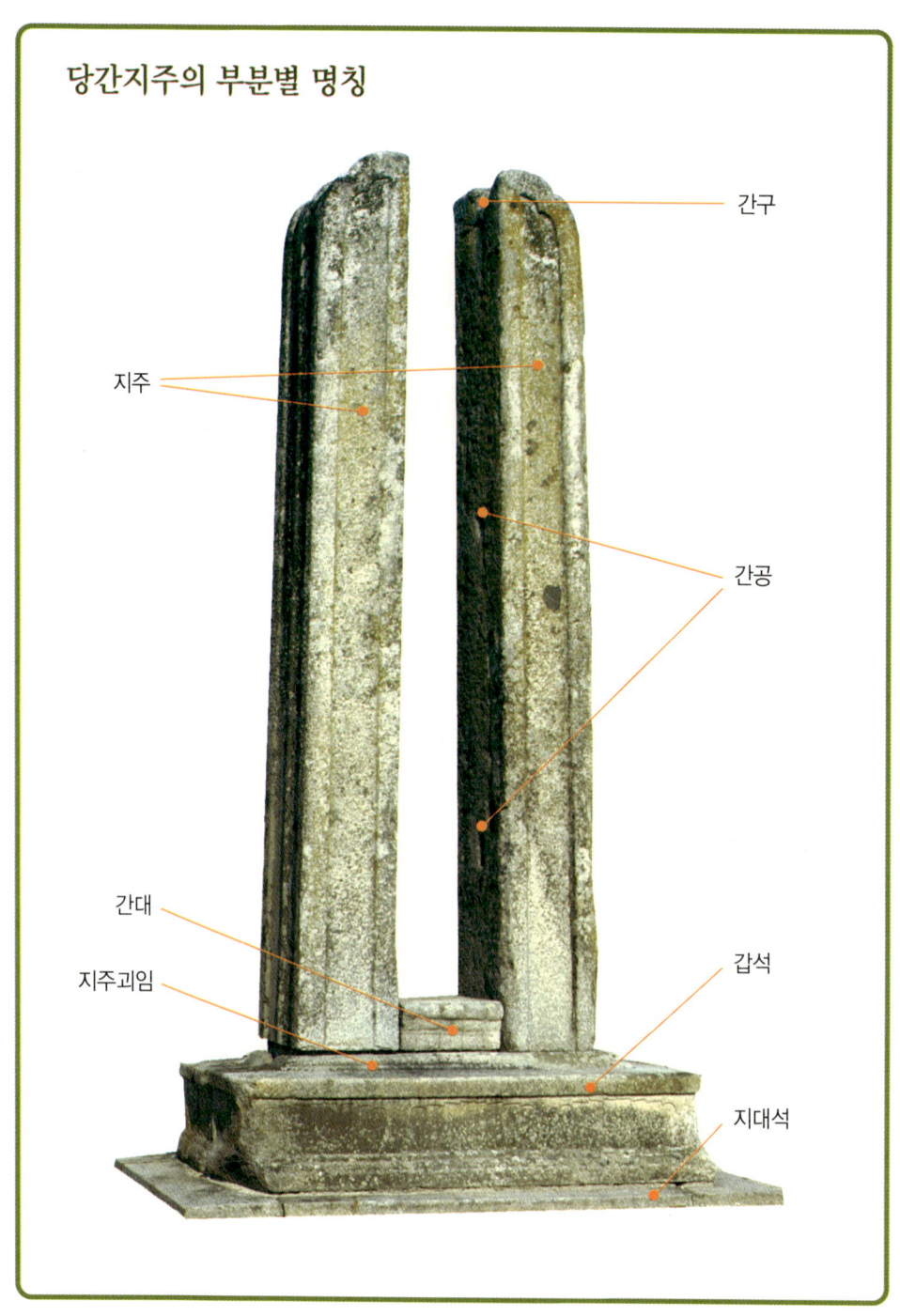

- 간구
- 지주
- 간공
- 간대
- 갑석
- 지주괴임
- 지대석

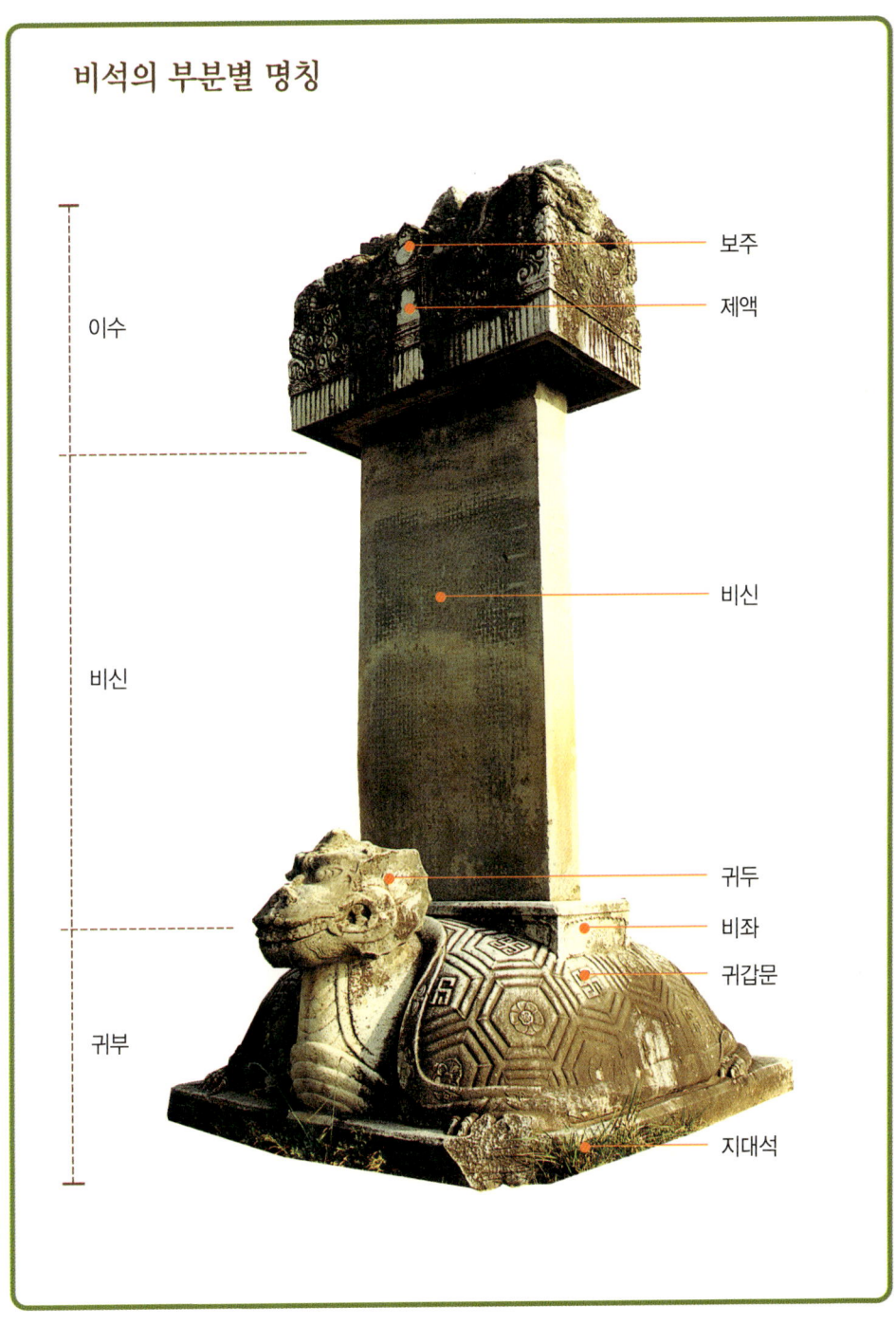

국보와 보물 찾아보기

국보 제 2 호	원각사지 십층석탑 • 186	보물 제 95 호	미륵리사지 오층석탑 • 332
국보 제 4 호	고달사지 부도 • 104	보물 제 96 호	미륵리사지 석불입상 • 334
국보 제 8 호	성주사지 낭혜화상 부도비 • 280	보물 제100호	안국사지 석불입상 • 266
국보 제 9 호	정림사지 오층석탑 • 286	보물 제101호	안국사지 석탑 • 266
국보 제 11 호	미륵사지 석탑 • 238	보물 제102호	보원사지 석조 • 294
국보 제 30 호	황룡사지 분황사탑 • 154	보물 제103호	보원사지 당간지주 • 293
국보 제 59 호	법천사지 지광국사현묘탑비 • 43	보물 제104호	보원사지 오층석탑 • 296
국보 제 77 호	의성 탑리 오층석탑 • 171	보물 제105호	보원사지 부도 • 300
국보 제 84 호	서산 마애삼존불 • 291	보물 제106호	보원사지 법인국사보승탑비 • 300
국보 제101호	경복궁 지광국사현묘탑 • 46	보물 제108호	정림사지 석불좌상 • 290
국보 제112호	감은사지 동탑 • 144	보물 제 111 호	개선사지 석등 • 228
국보 제112호	감은사지 서탑 • 144	보물 제190호	경복궁 원공국사승묘탑 • 32
국보 제122호	진전사지 삼층석탑 • 20	보물 제219호	개태사지 석불입상 • 312
국보 제197호	청룡사지 보각국사정혜원융탑 • 354	보물 제228호	여주 신륵사 나옹선사 부도 • 96
국보 제289호	익산 왕궁리 오층석탑 • 246	보물 제236호	미륵사지 동서 당간지주 • 242
보물 제 3 호	원각사지 대원각사비 • 189	보물 제298호	월남사지 삼층석탑 • 218
보물 제 4 호	중초사지 당간지주 • 78	보물 제313호	월남사지 진각국사비 • 225
보물 제 5 호	중초사지 삼층석탑 • 80	보물 제327호	빙산사지 오층석탑 • 174
보물 제 6 호	고달사지 원종대사혜진탑비 • 101	보물 제353호	영암사지 쌍사자석등 • 130
보물 제 7 호	고달사지 원종대사혜진탑 • 107	보물 제387호	회암사지 선각왕사비 • 94
보물 제 12 호	춘궁동사지 오층석탑 • 112	보물 제388호	회암사지 무학대사 부도 • 94
보물 제 13 호	춘궁동사지 삼층석탑 • 112	보물 제389호	회암사지 쌍사자석등 • 94
보물 제 19 호	성주사지 오층석탑 • 274	보물 제435호	봉업사지 죽산리 오층석탑 • 64
보물 제 20 호	성주사지 중앙삼층석탑 • 278	보물 제439호	진전사지 부도 • 23
보물 제 30 호	만복사지 오층석탑 • 257	보물 제480호	영암사지 삼층석탑 • 129
보물 제 31 호	만복사지 석조대좌 • 252	보물 제488호	안성 칠장사 혜소국사비 • 75
보물 제 32 호	만복사지 당간지주 • 251	보물 제489호	영암사지 귀부 • 136
보물 제 43 호	만복사지 석불입상 • 258	보물 제541호	물걸리사지 석조여래좌상 • 56
보물 제 46 호	익산 고도리 석불입상 • 248	보물 제542호	물걸리사지 석조비로자나불좌상 • 56
보물 제 47 호	성주사지 서삼층석탑 • 278	보물 제543호	물걸리사지 불대좌 • 56
보물 제 72 호	단속사지 동삼층석탑 • 122	보물 제544호	물걸리사지 불대좌 및 광배 • 56
보물 제 73 호	단속사지 서삼층석탑 • 122	보물 제545호	물걸리사지 삼층석탑 • 53
보물 제 78 호	거돈사지 원공국사승묘탑비 • 34	보물 제657호	삼천사지 마애여래입상 • 194
보물 제 85 호	굴산사지 범일국사 부도 • 12	보물 제750호	거돈사지 삼층석탑 • 28
보물 제 86 호	굴산사지 당간지주 • 10	보물 제983호	봉업사지 석불입상 • 74

국보와 보물이 있는
옛 절터 이야기

2005년 8월 10일 인쇄
2005년 8월 15일 발행

저　자 : 김남용
펴낸이 : 이정일

펴낸곳 : 도서출판 **일진사**
140-896 서울시 용산구 효창동 5-104
대표전화 : 704-1616, 팩스 : 715-3536
등록번호 : 제 3-40호(1979. 4. 2)
http://www.iljinsa.com

값 **16,000원**

ISBN : 89-429-0869-1

* 이 책에 실린 글이나 사진은 문서에 의한 출판사의
동의 없이 무단 전재·복제를 금합니다.